Inhalt

W0087511

Sandra Runge   Karline Wenzel

GLÜCK-WUNSCH ZUM BABY,

SIE SIND GEFEUERT!

Diskriminierung von Eltern im Job: Fallgeschichten von Betroffenen und Lösungsansätze

Eden
BOOKS

Für unsere Kinder

Einer der Hauptgründe für die Diskriminierung von Frauen in der Arbeitswelt ist ein überkommener, aber weit verbreiteter Irrglaube, der jeglicher Grundlage entbehrt, nämlich dass Frauen und Kinder zusammengehören und Männer und Arbeit.

Ruth Bader Ginsburg, ehemalige Richterin
am US Supreme Court

Vorwort

In Deutschland ziehen knapp 13 Millionen Eltern mindestens ein Kind unter 15 Jahren groß. Rund 67 Prozent dieser Mütter und 92 Prozent dieser Väter haben daneben noch einen zweiten, bezahlten Job.[1] Dieses Land könnte einpacken ohne all die Mütter und Väter, die sicherstellen, dass auch noch in dreißig Jahren jemand die Renten bezahlt, die Pflege der immer älter werdenden Bevölkerung übernimmt und Produkte von Unternehmen kauft. Worüber bisher noch niemand gesprochen hat: Nach neuesten Statistiken fühlen sich 41 Prozent der erwerbstätigen Eltern im Job diskriminiert.[2] Diese Zahl ist gewaltig.

Elterndiskriminierung findet in Deutschland alltäglich statt. Vermutlich auch genau in dem Moment, in dem du dieses Buch in der Hand hältst.

Trotz dieser alarmierenden Ergebnisse, die zeigen, dass es sich um ein ernstzunehmendes strukturelles Problem handelt, wird Elterndiskriminierung von einem Großteil der verantwortlichen Akteur*innen aus Politik, Wirtschaft und Verbänden nur mit Scheuklappen wahrgenommen und zur Bedeutungslosigkeit heruntergespielt. Das schadet nicht nur Eltern und Kindern, sondern spiegelt auch den erschreckend niedrigen Stellenwert von Fürsorgearbeit und Geschlechtergerechtigkeit in unserer Gesellschaft wider.

Wir, die Autorinnen dieses Buches, haben es beide persönlich erlebt, dass der Fakt, dass wir Mütter sind, in unseren Jobs plötzlich zum Problem wurde. Die Coronapandemie, eine nie da gewesene Krise und Belastung für Familien – mit einem Nährboden für Elterndiskriminierung –, war der Auslöser dafür, dass wir die Initiative #proparents gegründet haben. Unser Ziel: das strukturelle Problem der Elterndiskriminierung so laut beim Namen zu nennen, bis es endlich seinen verdienten Platz auf der politischen Agenda und in unserer Rechtsordnung erhält.

Mit diesem Buch wollen wir daher auch ein Sprachrohr, nein ein Megafon für alle Mütter, Väter und Kinder sein. Es muss Schluss damit sein, dass Eltern, die diskriminiert werden, allein auf der Bürotoilette weinen und beim Arbeitsamt Schlange stehen.

Vereinbarkeit von Familie und Beruf wird in Deutschland meistens so verstanden, dass Eltern möglichst viel Erwerbsarbeit leisten können – die Fürsorgearbeit für Kinder oder zu pflegende Angehörige wird als privates Problem abgetan. Die zentrale Frage müsste aber eigentlich doch sein: Was können wir alle, Gesellschaft, Politik und Wirtschaft, verändern, um diese Aufgabe gemeinschaftlich zu schultern? Welche Rahmenbedingungen brauchen berufstätige Menschen, um Kinder zu bekommen? Durch unsere Arbeit und unsere Initiative #proparents wissen wir: Viele Menschen in Deutschland bekommen kein Kind oder kein weiteres mehr, weil sie das Gefühl haben, es sich nicht leisten zu können, noch einmal im Beruf auszusetzen, und Angst davor haben, benachteiligt zu werden. Und diese Sorge ist berechtigt!

Neben den gesellschaftlichen Auswirkungen von Elterndiskriminierung sowie einer statistischen und juristischen Bestandsaufnahme ist es uns vor allem wichtig, Lösungswege aufzuzeigen. Daher haben wir in diesem Buch neben Betroffenen auch Arbeitgeber*innen zu Wort kommen lassen. Wir wollen erreichen, dass es selbst bei scheinbar gegensätzlichen Interessen in den Chef*innenetagen von nun an heißen wird: »Glückwunsch zum Baby, lassen Sie uns gemeinsam über Ihre Beförderung sprechen.«

Sandra Runge und Karline Wenzel

DER ELEFANT IM RAUM

Lynn ist eine kluge, lebensfrohe und offene Frau, die davon ausgehen kann, dass ihr gelingt, was sie anpackt. Als sie uns zum ersten Mal davon berichtete, welchen Bruch ihre Schwangerschaft für ihre Karriere bedeutete, waren wir fassungslos:

Lynn leitete gerade eine Besprechung ihres Teams in einer Kommunikationsagentur in Berlin, als der Anruf der Frauenärztin kam: Ja, ihre Vermutung stimmte – Lynn war schwanger! Mit Zwillingen! Als sie ein paar Wochen später ihren Chef über die Schwangerschaft informierte, traf sie seine Reaktion jedoch wie ein Schlag: Eine berufstätige Mutter in einer Führungsposition – das sei für ihn ein No-Go. Man könne sich nur auf eine Sache konzentrieren, es ginge nur eines von beiden: Job oder Kinder.

Lynn fühlte sich wie in einem Albtraum. Die letzten zehn Jahre hatte sie all ihre Zeit, Kraft und Energie in ihren Job investiert, und nun sollte ihre Karriere vorbei sein, weil sie Kinder bekam? Das konnte und wollte sie nicht akzeptieren. Aber ihr Chef blieb bei seiner Ankündigung: Als Lynn nach 14 Monaten Elternzeit zurück in ihren Job kam, lag gleich am ersten Tag die Kündigung auf dem Tisch. Lynn entschied sich dafür, gegen diese Ungerechtigkeit anzugehen und Klage einzureichen. Da die Firma weniger als zehn Mitarbeiter beschäftigte, hatte Lynn keinen Kündigungsschutz, auch der offenbar diskriminierende Charakter der Kündigung half ihr nicht weiter. Das Urteil des Richters war eindeutig: Das Allgemeine Gleichbehandlungsgesetz (AGG), das vor Diskriminierungen schützen soll, sei in Lynns Fall nicht anwendbar, da keine Geschlechterdiskriminierung vorlag – schließlich stehe die Kündigung zeitlich nicht mit der Schwangerschaft im Zusammenhang, außerdem könnten ja sowohl Mütter als auch Väter Elternzeit anmelden. Die Klage wurde abgewiesen, die Kündigung galt als rechtmäßig, Lynn verlor ihren Job und musste sich arbeitslos melden.

Da läuft etwas schief im System: unser persönlicher Blick auf das Thema Elterndiskriminierung

Schon vor dem Start von #proparents und bevor wir Lynns Geschichte hörten, der noch viele weitere, immer gleiche Geschichten folgten, wussten wir: Eltern und Erwerbstätigkeit – da läuft etwas ganz gewaltig schief im System. Elterndiskriminierung ist der Elefant im Raum, den alle sehen, aber keiner redet darüber – mit gravierenden Folgen für viele Familien in Deutschland. Aus unseren persönlichen Erfahrungen als berufstätige Mütter – eine als langjährige Fachanwältin für Arbeitsrecht, eine als Kommunikationsberaterin – waren wir täglich nah dran an den Erfahrungen und den Erlebnissen vieler Eltern, denen es nicht möglich war, unter fairen Rahmenbedingungen Familie und Job zu vereinbaren. Immer wieder berichteten uns Mandant*innen, Auftraggeber*innen, Freund*innen und Follower*innen in sozialen Netzwerken von Kündigungen, Degradierungen und sozialer Herabwürdigung, nur weil sie eine Mutter oder ein Vater waren. Wir fragten uns: Ist das die viel gepriesene Vereinbarkeit von Job und Familie in deutschen Unternehmen? Im 21. Jahrhundert? Frauen, denen wie Lynn trotz hervorragender Ausbildung ohne Begründung am ersten Tag nach der Elternzeit gekündigt wird? Frauen, die aufgrund einer Schwangerschaft nicht befördert werden? Frauen, die nach jahrzehntelangem Kampf für Gleichberechtigung durch Benachteiligungen wieder in ein Familienmodell zurückkatapultiert werden, in dem der Mann der Alleinverdiener ist? Männer, die nach Abgabe der Elternzeitanmeldung zuerst gefragt werden, ob sie darauf überhaupt einen Anspruch hätten? Denen plötzlich alle Fortbildungen gestrichen werden? Die zu dem Schluss kommen, dass es sicherer ist, im nächsten Job lieber keine Elternzeit mehr anzumelden?

Bereits 2017, beim Erscheinen ihres ersten Buches, dem Elternrechtsratgeber *Don't worry, be Mami*, forderte Sandra, die bereits unzählige Diskriminierungsfälle als Anwältin vertreten hatte, dass Elternschaft als Diskriminierungsmerkmal in das AGG aufgenommen werden solle. Trotz mehrerer Berichterstattungen wurde das Thema in der Politik nicht aufgegriffen.

Fünf Jahre später, genervt und müde von den Folgen der Coronakrise, zwischen Quarantäne, Lockdown, Homeoffice und Homeschooling-Wahnsinn lernten wir zwei uns im September 2020 mit dunklen Augenringen bei einem virtuellen Gespräch mit dem Bundesarbeitsminister Hubertus Heil, organisiert von der Initiative #Elterninderkrise, kennen. Wir hatten beide das Bedürfnis, das strukturelle Problem Elternbenachteiligung beim Namen zu nennen, laut und politisch zu werden und unseren eigenen Beitrag zu leisten, um künftig in einer Gesellschaft zu leben, in der es möglich ist, Beruf und Familie ohne Benachteiligung und mit gleichen Chancen für Mütter, Väter zu vereinbaren. Das war die Geburtsstunde von #proparents.

Die zentrale Forderung: Elternschaft – oder allgemeiner gefasst Fürsorgeleistung – muss als neues Diskriminierungsmerkmal im AGG verankert werden!

Bereits vor dem Launch von #proparents führten wir Hintergrundgespräche mit potenziellen Unterstützer*innen und Journalist*innen und merkten schnell, dass wir mit unserer Forderung in ein Wespennest gestochen hatten und dass daraus etwas Großes werden würde. Im Januar 2021 war es so weit: Unsere Website ging online, mit Zitaten vieler großartiger Unterstützer*innen, darunter Marie Nasemann, Schauspielerin, Autorin und Nachhaltigkeitsaktivistin; der Bundestagsabgeordneten und ehemaligen Staatsministerin im Bundeskanzleramt Dorothee Bär; der Rechtsanwältin, Autorin und Moderatorin Laura Karasek; der Präsidentin des Deutschen Juristinnenbundes, Prof. Dr. Maria Wersig, der Sprecherin für Frauenpolitik und Diversity der FDP-Bundestagsfraktion Nicole Bauer und vieler weiterer einflussreicher und schlauer Menschen sowie großer Verbände. Es erschien ein Artikel in der *Süddeutschen Zeitung* mit dem Titel »Elternzeit: Und raus bist du«[3]. Und seitdem haben wir alles darangesetzt, unsere Forderung über soziale Netzwerke hör- und sichtbar zu machen. Schon nach wenigen Tagen hatten wir über tausend Instagram-Follower, unsere Postings wurden tausendfach gelikt.

Und danach ging es erst richtig los: Der Verlag Gruner + Jahr fragte uns, ob wir gemeinsam mit den Zeitschriften *Brigitte* und *Eltern* eine Petition gegen die Diskriminierung von Eltern starten wollen. Gesagt – getan: Unter dem Hashtag #GleichesRechtfürEltern ging im März 2021 auf der Plattform openPetition die Petition »#proparents, BRIGITTE und ELTERN fordern: Elternschaft als Diskriminierungsmerkmal ins AGG!« online. Innerhalb weniger Wochen sammelten wir 51.364 Unterschriften für unsere Forderung.[4] Damit wurde erstmals in der Geschichte der Bundesrepublik in der breiten Öffentlichkeit ein Zeichen gegen die Benachteiligung von Eltern gesetzt. Die Petition kam auch einem Aufschrei gleich: Von den Unterzeichnenden gaben über die Hälfte an, selbst betroffen zu sein.

Ganz besonders berührt haben uns die unzähligen Kommentare zur Petition – knapp dreizehntausend Eltern, Großeltern und Arbeitgeber*innen berichteten uns kürzer oder länger, wie sie auf das Thema blicken und warum sie unsere Forderung nach einem besseren Schutz für Eltern im Arbeitsleben mittragen:[5]

> »Ich bin es leid, als junge Mutter bei Bewerbungsgesprächen gefragt zu werden, ob mein Kind a) auch ja in Betreuung ist und b) (indirekt) ob ich ein zweites Kind möchte. Es ist eine himmelschreiende Ungerechtigkeit, dass ich bei Bewerbungsprozessen als Mutter per se aussortiert werde.«
>
> Petitionsunterzeichnerin

»Als es zu Gehaltsgesprächen kam, wurde mir eine Gehaltserhöhung verweigert, da ich zu viele Kind-Krank-Tage hätte.
Zur Einordnung: Meine Tochter war circa sechs Tage im Jahr
krank, und diese Tage habe ich mir auch noch mit meinem
Mann geteilt.«

Petitionsunterzeichnerin

»Mir wurde von meinem Chef ›geraten‹, keine Elternzeit zu
nehmen, dies zeige sonst nur, dass ich kein Teamplayer sei
und keine Verantwortung übernehmen könne.«

Petitionsunterzeichner

»Ich musste nach der Rückkehr aus der Elternzeit eine Ge-
haltsstufe tiefer gehen. Die Personalerin und mein Chef sagten, dass es ›einfache‹ Arbeit für mich gäbe, da ich sicher mit
Kleinkind oft ausfallen werde. Wichtige Entscheidungen fän-
den nun mal nach fünfzehn Uhr dreißig statt.«

Petitionsunterzeichnerin

»Vor Kurzem wurde meine bisher alleinige Stabsstelle in
einem Klinikum in eine eigene Abteilung umgewandelt. Nachdem ich die Abteilung geplant und den Inhalt konzeptioniert
hatte, wurde mir ein Mann vor die Nase gesetzt. Mein Chef
meinte, er habe mich nicht mal ›in Betracht gezogen‹. Ich
hätte doch zwei kleine Kinder, auf die ich mich konzentrieren
müsse.«

Petitionsunterzeichnerin

»Ich habe es nach der Geburt meiner zweiten Tochter sel-
ber erlebt, am ersten Tag nach der Elternzeit in den Betrieb

zurückzukehren und direkt eine betriebsbedingte Kündigung auf dem Tisch zu haben.«

Petitionsunterzeichnerin

»Ich (Juristin) habe in der Pandemie meinen Job aufgegeben, weil ich durch das zusätzliche Homeschooling mit vier Kindern, einem pflegebedürftigen Vater und voller beruflicher Belastung einfach nicht mehr konnte. Es kamen Bemerkungen wie: ›Ja können denn die Kinder nicht mal einen Tag allein bleiben?‹ (von morgens um sieben bis abends um zweiundzwanzig Uhr …) und ›Ist Ihr Vater immer noch nicht im Heim?‹««

Petitionsunterzeichnerin

#proparents und die Petition schlugen ein wie ein Blitz. Wir wurden überrannt von Erfahrungsberichten von inzwischen tausenden Eltern. Der Elefant im Raum namens Elterndiskriminierung wurde mit jeder Geschichte, die an uns herangetragen wurde, größer und größer, setzte sich in Bewegung und fing an, die Schlagzeilen, Bühnen und auch ein Stück weit die zuständigen Bundesministerien und den Bundestag zu erobern. Im Juni 2021 überreichten wir die Petition und mehrere Hundert Diskriminierungsfälle benachteiligter Eltern gemeinsam mit den Magazinen *Brigitte* und *Eltern* der damaligen Justiz- und Familienministerin Christine Lambrecht. Diese beteuerte, dass ihr das Problem bekannt sei und sie angesichts der nicht mehr lang andauernden Legislaturperiode die Fälle an ihre Nachfolgerin oder ihren Nachfolger übergeben werde.

Nach einer kurzen Verschnaufpause glühten im Sommer 2021 unsere Laptops erneut heiß. Wir stürzten uns in den Endspurt des Wahlkampfes und platzierten unser Anliegen bei fast allen politischen Parteien im Bundestag. Wir führten viele virtuelle Hintergrundgespräche und erreichten, dass führende Politiker*innen unsere Petition offiziell durch Presseerklärungen und Statements unterstützten.[6]

Daraus eine kleine Auswahl:

»Als Mutter und Bildungspolitikerin ist mir wichtig, dass wir Kinder und Familien stärker in den Blick nehmen – damit kein Kind zurückbleibt und die Vereinbarkeit von Beruf und Familie erleichtert wird. Außerdem möchte ich (…) erreichen, dass der Umstand der Elternschaft als Diskriminierungsmerkmal in das Allgemeine Gleichbehandlungsgesetz aufgenommen wird. Damit Eltern nicht mehr erleben, einen Job nicht zu bekommen, weil in ihrem Lebenslauf kleine Kinder stehen.«

Dr. Wiebke Esdar, Bundestagsabgeordnete der SPD

»Wir wenden uns gegen jede Form der Diskriminierung, dazu zählt selbstverständlich auch eine Diskriminierung von Eltern am Arbeitsplatz. Vor diesem Hintergrund wollen wir gern prüfen, ob die Elternschaft als Diskriminierungsmerkmal in das Allgemeine Gleichbehandlungsgesetz aufgenommen werden sollte.«

Silvia Breher, Bundestagsabgeordnete und stellvertretende Vorsitzende der CDU

»Bündnis 90/Die Grünen befürworten notwendige Maßnahmen inklusive gesetzlicher Änderungen, damit Eltern nicht aufgrund der Tatsache, dass sie Kinder haben, in der Arbeitswelt benachteiligt werden (…).«

Annalena Baerbock, Bundestagsabgeordnete und Bundesaußenministerin, Bündnis 90/Die Grünen

»Menschen, die beruflich und privat Verantwortung übernehmen, dürfen nicht schlechter gestellt werden, sondern
müssen die gleichen Verwirklichungs- und Aufstiegschancen
haben. Ob und inwiefern eine Aufnahme von Elternschaft als
Diskriminierungsmerkmal ins Allgemeine Gleichbehandlungsgesetz (AGG) der beste Hebel und zielführendste Weg ist,
bleibt zu prüfen. Eine gute und faire Lösung für Arbeitgeber
und Arbeitnehmer liegt uns am Herzen.«

Nicole Bauer, Bundestagsabgeordnete und Sprecherin für
Frauenpolitik und Diversity der FDP-Bundestagsfraktion

In der Woche vor der Wahl standen uns Politiker*innen von Bündnis
90/Die Grünen, der SPD, der LINKEN, der CDU und der FDP in
unserem Interviewformat »5 Fragen – 5 Abgeordnete« auf Instagram
Rede und Antwort.[7] Knapp drei Monate nach der Bundestagswahl
unterzeichneten die Ampelparteien den Koalitionsvertrag, in dem
die Regierungsbeteiligten vereinbarten, das AGG zu reformieren:
»Das Allgemeine Gleichbehandlungsgesetz (AGG) werden wir evaluieren, Schutzlücken schließen, den Rechtsschutz verbessern und
den Anwendungsbereich ausweiten.«[8]

Was für ein großartiger Erfolg für uns und alle, die mitgemacht
haben! Die vereinte Kraft und Lautstärke der vielen Eltern, die sich
hinter #proparents versammelt hatten, trug zu dieser Formulierung
bei – dies wurde uns von führenden Politiker*innen in Hintergrund-
gesprächen immer wieder berichtet.

Außerdem einigten sich die drei Parteien im Koalitionsvertrag auf
die Einführung eines dreimonatigen Sonderkündigungsschutzes nach
der Elternzeit – eine weitere Verbesserung für erwerbstätige Mütter und
Väter.[9] Diese Entwicklungen zeigen, dass die Forderung, endlich etwas
gegen die strukturelle Diskriminierung von Eltern zu tun, angekommen
ist, worüber wir uns riesig freuen. Jetzt müssen den Versprechen Taten

folgen und aus dem Koalitionsvertrag Gesetze werden. Das wird nur passieren, wenn mutige Politiker*innen, nicht nur im Wahlkampf, sondern auch darüber hinaus das unbequeme Thema Elterndiskriminierung auf die Tagesordnung setzen. Insbesondere im Familienministerium sehen wir hier noch einen großen Handlungsbedarf.

Mit diesem Meilenstein hätten wir unser Engagement erst einmal herunterfahren können. Doch das Interesse der Medien an der Situation von Eltern im Arbeitsleben ließ nicht nach, so erschienen auch nach der Bundestagswahl zahlreiche Artikel zu #proparents in vielen regionalen und überregionalen Tageszeitungen, Zeitschriften, Online-Medien und Fernsehsendungen – es verging keine Woche ohne Presseanfrage.[10] Parallel ging unsere politische Arbeit weiter, wir sprachen mit Vertreter*innen der neuen Regierung und zeigten auf, warum wir es für so wichtig halten, das Diskriminierungsmerkmal Elternschaft im AGG zu ergänzen.

Wir werden oft gefragt, wieso wir uns zusätzlich zu unserem Job, zum Familienleben, zur Kinderbetreuung und zu all den anderen Punkten, die täglich die To-do-Listen von Eltern füllen, für dieses Thema so intensiv und mit hohem Zeitaufwand ehrenamtlich engagieren. Ganz einfach: weil wir etwas verändern wollen und können. Wir alle gemeinsam können neue Rahmenbedingungen schaffen – und zwar jetzt! Indem wir uns als Mütter und Väter gegen Diskriminierungen wehren! Einige Reformen werden wir schon in dieser oder in der nächsten Legislaturperiode anstoßen können, der tiefgreifende Wandel wird allerdings Jahrzehnte dauern und dann hoffentlich unseren Töchtern und Söhnen zugutekommen.

Die Vorstellung, dass die Arbeitswelt, in die unsere Kinder starten, eine andere, eine gerechtere und gleichberechtigtere sein wird als die heutige, und die vielen Fälle benachteiligter Eltern, die uns anvertraut werden, der Mut, den wir vielen Eltern durch unsere Arbeit und #proparents machen, verleihen uns jeden Tag aufs Neue Kraft. Die Kraft, unsere Stimmen zu erheben, ein Netzwerk für Betroffene und Unterstützer*innen zu schaffen und dieses Buch zu schreiben. Das große Ziel, das wir dabei vor Augen haben: Wir wollen durch Öffentlichkeitsarbeit und konstruktiven Druck auf die Politik und den Gesetzgeber erreichen, dass die strukturelle Benachteiligung von Eltern sichtbar und sanktioniert wird. Gemeinsam mit allen Akteur*innen wollen wir Veränderungsprozesse anstoßen. Mütter, Väter, Fürsorgeleistende, Kinderlose und Eltern, Arbeitgeber, Arbeitgeberinnen, Interessenverbände und Politik – alle müssen mitmachen und verstehen, dass der Kuchen nicht kleiner, dass niemandem etwas weggenommen wird – ganz im Gegenteil: Am Ende gewinnen wir alle!

Zahlen und Statistiken zur Benachteiligung erwerbstätiger Eltern in Deutschland – ein Skandal für sich

»Haben Sie Zahlen dazu?« Die Antwort auf diese Frage war eine der größten Herausforderungen im Rahmen unserer Arbeit für #proparents. Leider mussten wir dann immer im Rechtfertigungsmodus antworten: »Äh na ja, in der Rechtsberatung gibt es täglich neue Fälle, wir hören von sehr vielen Müttern und Vätern, dass das ein Problem ist, natürlich sind das nur unsere subjektiven Erfahrungen – richtig aussagekräftige Zahlen existieren noch nicht, sollen aber bald kommen.«

Auch wenn bereits einige Studien Anhaltspunkte dafür gaben, dass Elterndiskriminierung am Arbeitsplatz keine Seltenheit ist, und auch wenn regelmäßig Beratungsanfragen und Beschwerden von Müttern und Vätern an die Antidiskriminierungsstelle des

Bundes gerichtet wurden:[11] Das Zahlenwerk zur Benachteiligung erwerbstätiger Mütter und Väter in Deutschland war bislang dünn gesät.

Erst im Mai 2022 erschien die erste umfassende empirische Studie zur Benachteiligung von Eltern in Deutschland, beauftragt von der Antidiskriminierungsstelle des Bundes. Der Zeitpunkt und die hinter der Studie stehende Behörde sagen bereits vieles aus: Zum einen ist es bedauerlich, dass jahrzehntelag keine differenzierten Zahlen erhoben wurden – eine Grundvoraussetzung, um das Problem genauer einzuordnen, zu beleuchten und zu versachlichen. Zum anderen ist es enttäuschend, fast schon beschämend, dass Studien und Statistiken, die Elterndiskriminierung eindeutig belegen, von der Antidiskriminierungsstelle des Bundes – und nicht etwa durch das Familienministerium – beauftragt wurden. Auch bei der Präsentation der Ergebnisse der Studie im Mai 2022 blieb Familienministerin Lisa Paus trotz Einladung der Antidiskriminierungsstelle der Veranstaltung fern. Interessanterweise wurde die Studie, zumindest bis Ende Juni 2022, weder auf der Webseite des Familienministeriums noch auf der Webseite »Erfolgsfaktor Familie« veröffentlicht. Es gab nicht einmal eine Pressemitteilung des Familienministeriums dazu. Die Tatsache, dass Eltern in Deutschland jahrzehntelang auf eine derartige Studie warten mussten und das Familienministerium diese erschreckenden Zahlen nach außen ausblendet, ist ein Beweis dafür, dass Elterndiskriminierung trotz der Vereinbarungen im Koalitionsvertrag, das AGG zu reformieren, auf politischer Ebene oftmals immer noch als unbequemes Thema, das familienpolitische Versäumnisse offenbart, verdrängt wird und bislang auch nicht als strukturelles Problem im gesellschaftlichen und politischen Bewusstsein angekommen ist.

Studien bis 2022

Bis 2022 existierten nur einzelne Erhebungen, die allerdings bereits schon deutliche Hinweise auf die weite Verbreitung von Eltern-, vor allem von Mütterdiskriminierung gaben.

Die erste – und bislang einzige – Frankfurter Karrierestudie »Karriereperspektiven berufstätiger Mütter« aus dem Jahr 2015, verfasst von Prof. Dr. Yvonne Ziegler, Prof. Dr. Regine Graml und Caprice Weissenrieder von der Frankfurt University of Applied Sciences, blickt auf die Situation erwerbstätiger Frauen mit Kindern. Die Studie gibt einen Einblick in die persönlichen Erfahrungen zur Vereinbarkeit von Beruf und Familie von rund 1.800 berufstätigen Müttern in Deutschland. Die Ergebnisse sind alarmierend: Nur 68 Prozent der Befragten sind nach Mutterschutz und Elternzeit zu ihrem alten Unternehmen zurückgekehrt.[12]

Diese Zahlen zeigten bereits im Jahr 2015 die erheblichen Brüche im Arbeitsleben von Müttern. Die Studie belegte zudem, dass eine Schwangerschaft unmittelbare Auswirkungen auf Karriere, Gehalt und Arbeitsplatz hat: Über siebzig Prozent der befragten Frauen berichteten, dass anstehende berufliche Verbesserungen während ihrer letzten Schwangerschaft auf Eis gelegt oder komplett gestrichen worden seien. Knapp die Hälfte der betroffenen Frauen musste die Streichung oder Reduzierung einer anstehenden Gehaltserhöhung hinnehmen.[13]

»Gesellschaftspolitisch ist dies ein fatales Signal. Beruflich engagierten Frauen wird vor Augen geführt, welche negativen Folgen eine Schwangerschaft für die eigene Karriere haben kann«, fasst Prof. Dr. Yvonne Ziegler die Ergebnisse zusammen.[14]

Leider stellt die Studie jedoch Benachteiligungen nicht in den Vordergrund, da diese nicht detailliert genug abgefragt wurden, zudem kommen Väter darin nicht vor. Und trotzdem: Die Frankfurter Karriere-Studie zeigt eindeutig, dass die Diskriminierung von

Müttern weitverbreitet ist, ja sogar beinahe selbstverständlich zum Alltag von Müttern gehört und meist einfach hingenommen wird.

Zwei Jahre später führte die Soziologin Christina Mundlos qualitative Interviews mit (werdenden) Müttern durch und untersuchte dabei, welche diskriminierenden Erfahrungen sie gemacht haben. In einem Report und Ratgeber analysierte sie anhand der Erfahrungsberichte von 25 Müttern unterschiedlicher Berufe und Hintergründe, wie Arbeitgeber*innen versucht haben, sie aus dem Beruf zu drängen oder ihnen den Einstieg in den Beruf zu verwehren.[15]

Die Soziologieprofessorin Lena Hipp untersuchte 2018, wie sich die Dauer der Elternzeit von Müttern und Vätern auf deren Chancen im Bewerbungsprozess auswirkt. Und siehe da: Mütter, die lediglich zwei Monate Elternzeit beanspruchten, hatten eine um fünfzig Prozent geringere Chance, zu einem Bewerbungsgespräch eingeladen zu werden, als Mütter, die zwölf Monate Elternzeit nahmen. Solch ein Effekt ließ sich bei männlichen Bewerbern nicht feststellen. Die Dauer der Elternzeit von Vätern hatte keinerlei Auswirkungen darauf wie oft sie zu einem Bewerbungsgespräch eingeladen wurden.[16] Wir staunten: Frauen, die nur kurz Elternzeit genommen haben, müssten doch bessere Chancen haben – oder nicht? Schließlich wird Frauen, die lange Elternzeit nehmen, ja gern vorgeworfen, dass sie sich selbst damit aus der Karriereplanung rausbefördern.

Auch Lena Hipp wunderte sich über die Ergebnisse und wollte ihnen auf den Grund gehen. Dazu befragte sie in einem Laborexperiment Student*innen. Diese sollten Lebensläufe erfundener Bewerber*innen lesen und ihnen anschließend Charaktereigenschaften zuordnen. Das erstaunliche Ergebnis: Mütter, die länger Elternzeit genommen hatten, wurden im Schnitt als intelligenter eingestuft als die besseren Führungskräfte, als warmherziger, gutmütiger, weniger intrigant und weniger einschüchternd. Frauen, die fiktiv nur zwei Monate auf dem Papier hatten, wurden als egoistischer und feindseliger eingestuft. Diese Studie zeigt eindrücklich, wie stark der Blick auf Mütter im Erwerbsleben von Vorurteilen und Stereotypen geprägt ist und wie schnell daraus Diskriminierungspotenzial erwachsen kann.

Die Studie der Antidiskriminierungsstelle des Bundes

Im Mai 2022 erschien zum ersten Mal in der Geschichte in Deutschland eine umfassende, von einer Bundesbehörde beauftragte wissenschaftliche Erhebung zur Benachteiligung von Eltern im Arbeitsleben. Dabei handelte es sich um eine empirische Studie der Antidiskriminierungsstelle (kurz ADS) zu »Diskriminierungserfahrungen von fürsorgenden Erwerbstätigen im Kontext von Schwangerschaft, Elternzeit und Pflege von Angehörigen«.[17] Parallel dazu veröffentlichte die ADS ein Rechtsgutachten mit dem Titel »Diskriminierungsschutz von Fürsorgeleistenden – Caregiver Discrimination«[18] von Prof. Dr. Gregor Thüsing, Direktor des Instituts für Arbeitsrecht und Recht der Sozialen Sicherheit der Universität Bonn, und Lena Bleckmann, wissenschaftliche Mitarbeiterin.

Im Rahmen der empirischen Studie wurden erwerbstätige Eltern mit jungen Kindern und Erwerbstätige, die Angehörige pflegten, zu ihren subjektiven Diskriminierungserfahrungen befragt sowie Expert*innen, die aufgrund ihrer beruflichen Tätigkeit über spezifische Erfahrungen und Kenntnisse verfügten. Die Ergebnisse sind alarmierend und zeigen, wie weitverbreitet Elterndiskriminierung tatsächlich ist:

1. Insgesamt 64 Prozent der befragten Eltern berichteten von mindestens einer **negativen Erfahrung im Arbeitsleben**. Davon waren Mütter (74 Prozent) häufiger betroffen als Väter (52 Prozent).

2. Geparkt auf dem Abstellgleis oder plötzlich vergessene Zusagen für eine Weiterbildung – die Bandbreite ist groß: Im Zusammenhang mit einer **Schwangerschaft** berichteten insgesamt 56 Prozent der Eltern von mindestens einer negativen Erfahrung. In dieser Phase waren deutlich mehr Mütter (72 Prozent) als Väter (44 Prozent) betroffen.

3. »Ein Vater, der Elternzeit nimmt? Das hatten wir noch nie!« 52 Prozent der befragten Eltern berichteten von mindestens einer der abgefragten negativen Erfahrungen bei der Anmeldung oder Inanspruchnahme von **Elternzeit.**

4. Die Elternzeitvertretung ist übernommen worden und erledigt jetzt meine Aufgaben? Mein Chef ist während meiner Elternzeit gegangen und unsere Absprachen gelten nun nicht mehr? Nach **Rückkehr aus der Elternzeit** machten 62 Prozent der befragten Eltern mindestens eine negative Erfahrung am Arbeitsplatz. Mütter zu 69 Prozent und Väter zu 48 Prozent.

5. Kind da, Job weg: 15 Prozent der Mütter und dagegen nur 6 Prozent der Väter gaben an, dass ihnen im Zusammenhang mit der Schwangerschaft oder der Elternzeit **gekündigt** oder der Arbeitsplatz gestrichen wurde. Besonders stark ausgeprägt ist der Arbeitsplatzverlust im Zusammenhang mit **befristeten Arbeitsverträgen:** 48 Prozent der Mütter berichteten, dass ihr Vertrag nicht verlängert oder entfristet wurde, bei den Vätern waren es nur 15 Prozent.

6. Einige Gruppen waren besonders von Diskriminierungen bedroht: **Eltern der niedrigsten Einkommenskategorie, alleinerziehende Mütter, Eltern** mit befristeten Arbeitsverträgen, Mütter in **Teilzeit** und Eltern, die **drei oder mehr Kinder** betreuten. Interessant auch: Während und nach der Rückkehr aus der Elternzeit waren Mütter in Führungspositionen häufiger betroffen als Mütter in niedrigeren Positionen.

7. **Branche und Größe des Unternehmens** spielten keine ausschlaggebende Rolle für das Risiko, am Arbeitsplatz diskriminiert zu werden. Das heißt: Sowohl in großen Dax-Konzernen als auch in der Verwaltung und in kleinen Familienbetrieben wurden Eltern strukturell benachteiligt.

8. Besonders erschreckend ist: Ein Viertel der befragten Eltern hatten **nichts** gegen die erfahrene Diskriminierung oder die negativen Situationen **unternommen**. Häufigster Grund: Eltern empfanden es als zu belastend, sich damit auseinanderzusetzen.

9. Von den Eltern mit Diskriminierungserfahrungen berichteten mehr als die Hälfte von **negativen Auswirkungen** auf ihre finanzielle Situation, die Work-Life-Balance beziehungsweise die Vereinbarkeit von Familie und Beruf oder auf ihre Karriere- und Aufstiegsmöglichkeiten. Jeder dritte Elternteil gab an, dass von dieser Erfahrung auch die **Gesundheit angegriffen** und die Zufriedenheit mit der Arbeit deutlich gesunken sei.

10. Es muss dringend etwas getan werden: Die Antidiskriminierungsstelle des Bundes sieht aufgrund der Ergebnisse der Studie und des Rechtsgutachtens **Handlungsbedarf,** um erwerbstätige Eltern, aber auch pflegende Angehörige zukünftig besser vor Diskriminierung zu schützen, unter anderem durch die **Erweiterung des AGG** um den Diskriminierungsgrund »familiäre Fürsorgeverantwortung«.

Die erschreckenden Zahlen der Antidiskriminierungsstelle belegen unseren subjektiven Eindruck und bringen Licht ins Dunkel der Elterndiskriminierung. Allerdings gibt es auch wichtige Fragen, die nicht oder nicht ausführlich genug Bestandteile der Studie waren und dringend weiter analysiert werden müssen – etwa inwiefern Eltern, insbesondere Frauen, bei Bewerbungen benachteiligt werden. Auch eine intensivere Befragung und Analyse zu Gründen, warum ein Arbeitsverhältnis nach der Elternzeit beendet wurde, und zu den Ablehnungsgründen der Elternteilzeit erfolgten leider nicht. Ebenso offen bleibt die Frage, ob mehr Eltern in Ost- oder in Westdeutschland diskriminiert werden. Nach unserem Eindruck ist Elterndiskriminierung deutlich stärker ein westdeutsches Phänomen, Indiz dafür ist die Beteiligung an unserer Petition: Nur wenige der Unterschriften kamen aus den ostdeutschen Bundesländern.[19] Zudem stammt ein Großteil der an uns herangetragenen Fälle aus Westdeutschland. Zu diesem Ergebnis kam im Übrigen auch die Soziologin Christina Mundlos in ihren Erhebungen. Sie führt dies darauf zurück, dass die Einstellung zur Berufstätigkeit von Müttern deutlich aufgeschlossener ist und die öffentlichen Betreuungssysteme weiter ausgebaut sind. »Dass Frauen beides leben – Beruf und Familie –, ist in Ostdeutschland Alltag. Daraus kann man schließen, dass vermutlich Vorgesetzte nicht derart schockiert, überfordert, verunsichert und ängstlich reagieren, wenn eine Mitarbeiterin Kinder bekommt und dennoch weiterhin ihre Stelle behalten möchte oder sich eine Frau mit kleinen Kindern bei ihnen bewirbt.«[20]

Die Studie der ADS hat bei den teilnehmenden Eltern zudem abgefragt, ob diese Diskriminierungen auch in Bezug auf andere Gründe erlebt haben. Eltern, die mindestens einmal im Arbeitsleben aufgrund ihrer Elternschaft oder Kinderbetreuung diskriminiert worden zu sein, gaben auch an, aufgrund ihres Alters (53 Prozent), aufgrund des sozialen Status (43 Prozent) und aufgrund des Geschlechts (41 Prozent) diskriminiert worden zu sein. Väter gaben dabei häufiger die Merkmale Religion, Weltanschauung, Herkunft, rassistische Gründe, sexuelle Orientierung, sozialer Status an, Mütter als häufigsten Grund die Schwangerschaft (69 Prozent).[21] An dieser Stelle sollten noch intensiver geforscht werden, insbesondere, welche konkreten besonderen Auswirkungen es hat, wenn Mütter und Väter weitere Diskriminierungsmerkmale erfüllen.

ELTERN-DISKRIMINIERUNG – WAS IST DAS ÜBERHAUPT?

David kommt nach einer sechsmonatigen Elternzeit zurück und will nun wieder hoch motiviert in seinem alten Job loslegen. Also bewirbt er sich für ein Führungskräfteprogramm. »Schade«, sagt sein Chef, für dieses Programm komme er nicht infrage – schließlich habe er ja Elternzeit genommen. Ehrgeizige männliche Nachwuchskräfte stelle er sich anders vor. Klingt unfair? Ist es auch! Aber ist es auch diskriminierend?

»Stellt euch mal nicht so an, wer ein Kind hat, kann nicht alles haben!«; »Das sind halt mal ein paar unglückliche Kommentare, die man aushalten muss!«; »Wer soll denn noch alles vor Diskriminierung geschützt werden? Das kann man doch gar nicht mehr eingrenzen! Das wird doch missbraucht, um Schadensersatz einzuklagen!« Von Kritikern unserer Forderung hören wir diese Sätze immer wieder.[22]

Die Gretchenfrage lautet daher: Wie erkenne ich überhaupt Elterndiskriminierung? Reicht das Gefühl? Gibt es dafür Kriterien? Und wer sind eigentlich Eltern? Das Allgemeine Gleichbehandlungsgesetz (AGG) – unser Antidiskriminierungsgesetz – definiert das Wort »Elterndiskriminierung« zwar nicht, gibt uns anhand der bestehenden gesetzlichen Regelungen aber eine Orientierung.

Wagen wir nun also einen Versuch, die negativen Erlebnisse, die Mütter und Väter seit Jahrzehnten tagtäglich in deutschen Unternehmen erleben, einzugrenzen und zu umschreiben, damit du sie einordnen und leichter erkennen kannst.

Nachteil oder Gefühl? Was ist eine Diskriminierung?

Vom Gefühl her würden wir alle sagen, dass David diskriminiert wurde, aber hält das auch der offiziellen Diskriminierungsdefinition der Antidiskriminierungsstelle stand? Diese lautet:

»Eine Diskriminierung im rechtlichen Sinne ist eine Ungleichbehandlung einer Person aufgrund einer (oder mehrerer)
rechtlich geschützter Diskriminierungskategorien ohne einen
sachlichen Grund, der die Ungleichbehandlung rechtfertigt.
Die Benachteiligung kann ausgedrückt sein z. B. durch das
Verhalten einer Person, durch eine Vorschrift oder durch
eine Maßnahme.«[23]

Klingt ganz schön kompliziert – ist es aber nicht. Wenn wir nun davon
ausgehen, dass es bereits eine Diskriminierungskategorie für Eltern
gäbe, müssten drei Voraussetzungen vorliegen, um das Vorliegen einer
Diskriminierung zu bejahen: Elterneigenschaft, Benachteiligung und
ein fehlender Rechtfertigungsgrund. Das erklären wir jetzt Schritt für
Schritt anhand Davids Fall und erarbeiten so für euch eine Formel,
mit der ihr Elterndiskriminierung schnell erkennen könnt.

Die Elterneigenschaft: Mutter, Vater, Kind, Fürsorge – Personen, die vor Elterndiskriminierung geschützt werden müssen

Wir unterstellen in unserem Beispielfall natürlich, dass David in
rechtlichem Sinne Vater ist. Aber wie bestimmt sich Elternschaft?
Wer ist nach unseren gesetzlichen Regelungen Mutter und Vater?
Gemäß § 1591 des Bürgerlichen Gesetzbuches (BGB) ist Mutter
eines Kindes die Frau, die es geboren hat. Vater eines Kindes ist
gemäß § 1592 BGB der Mann, der zum Zeitpunkt der Geburt mit
der Mutter verheiratet ist, der die Vaterschaft anerkannt hat oder
dessen Vaterschaft gerichtlich festgestellt wurde. Das ist in vielen Fällen klar, doch nicht jede Familienkonstellation entspricht
dieser Norm, daher ist es wichtig, Elternschaft möglichst weit zu
verstehen. Prägend für die Elternschaft und gleichzeitig auch die
Ursache für Elterndiskriminierung ist das Element der Fürsorge

für die schutzbedürftigen Kinder. Daher muss der »Schutzkreis« für Diskriminierungen weiter als die biologische Elternschaft und die bisherige Definition von Mutterschaft und Vaterschaft gezogen werden. Das heißt: Geschützt werden müssen unter anderem auch fürsorgeleistende Stief- und Pflegeeltern sowie Personen, die Kinder in Co-Elternschaft oder in Regenbogenfamilien großziehen.

Eine ganz wichtige Frage dabei, über die wir immer wieder intensiv diskutieren: Sollen oder müssen nur die Personen geschützt werden, die auch wirklich Fürsorgeleistung übernehmen? Also aktiv etwas tun? Was ist, wenn sich David, der Vater aus unserem Fall, in seiner sechsmonatigen Elternzeit auf die faule Haut gelegt hat und allein in den Urlaub gefahren ist, während sich seine Partnerin zu Hause um das Kind gekümmert hat? Wenn er auch nach der Elternzeit keine Lust hat, Verantwortung für die Fürsorgeaufgaben in seiner Familie zu tragen?

Auch diese Thematik spricht sehr stark dafür, bei der Definition eines zusätzlichen Elterndiskriminierungsmerkmals die Fürsorge in den Vordergrund zu stellen und einen Diskriminierungsschutz nur dann zu gewährleisten, wenn wirklich Verantwortung und tatsächliche Fürsorgeleistung übernommen wird. Väter, die beispielsweise das Sorgerecht haben, sich jedoch nicht um ihr Kind kümmern und trotz entsprechender Verpflichtung keinen Unterhalt zahlen, hätten demnach keinen Anspruch auf rechtlichen Schutz. Wir geben zu: Wo hier Grenzen zu ziehen sind und wie das überprüfbar ist, wird im Einzelfall sicherlich nicht immer ganz leicht zu entscheiden sein. Hier wird es – sofern es eines Tages zu einem gesetzlichen Schutz vor Elternbenachteiligung kommen wird – im Zweifel einen Spielraum geben, über den unsere Gerichte entscheiden werden.

Bei der Definition von Elternschaft ist es wichtig, auch die zeitliche Dimension von Elternschaft im Blick zu haben, denn es stellt sich naturgemäß die Frage: Wie lange kann ich mich als Mutter und Vater auf Elterndiskriminierung berufen? Bis mein Kind seinen sechsten, zehnten, achtzehnten oder gar dreißigsten Geburtstag feiert? Die Lösung ist einfach – ihr könnt euch die Antwort schon denken: Entscheidend muss auch hier wieder die elterliche Fürsorgeleistung sein.

Das ist bei Kindern bis zum Kindergartenalter relativ eindeutig. Aber wie geht es danach weiter? Nach unseren Beobachtungen können auch Eltern von Kindern im Grundschulalter benachteiligt werden, also bis die Kinder, je nach Schulsystem, ungefähr zwölf Jahre alt sind. Daraus lässt sich schnell ein entsprechendes Elternalter von grob zwanzig bis fünfzig Jahren errechnen. Auch wenn Kinder ab zwölf Jahren zunehmend selbstständig sind, werden auch deren Eltern – etwa angesichts der Herausforderungen der Pubertät oder ganz aktuell aufgrund der Coronakrise – benachteiligt. Man kann sich also gut vorstellen, dass Mütter oder Väter, die erst mit 45 oder später Kinder bekommen haben, bis fast in das Rentenalter von Elterndiskriminierung betroffen sein können.

Was ist eine Benachteiligung und wer muss dahinterstecken?

Unterstellt, es gäbe bereits ein Diskriminierungsmerkmal »Fürsorgeleistung«, läge in unserem Beispielfall auf jeden Fall eine Benachteiligung vor. David, dem aufgrund seiner Elternzeit ein Zugang zum Führungskräfteprogramm verwehrt wurde, ist im Vergleich zu Personen, die sich nicht in Elternzeit befanden und daher für die Weiterbildung vorgeschlagen wurden, schlechter behandelt worden.

Denn: Entscheidend ist nach der Definition von »Benachteiligung« laut AGG die weniger günstige Behandlung einer Person aufgrund eines Diskriminierungsmerkmals im Gegensatz zu einer anderen Person in vergleichbarer Situation. Dazu zählen auch Belästigungen, mit Ausdrucksformen wie Beleidigungen, abwertende Äußerungen, Anfeindungen oder Drohungen.[24]

Benachteiligungen beziehungsweise Diskriminierungshandlungen gehen dabei meistens von Personen aus, die Arbeitgeber*innen-funktionen erfüllen, und treten typischerweise am Arbeitsplatz auf. Arbeitgeber*innen sind dabei im juristischen Sinne Gesellschaften oder Privatpersonen, Vorgesetzte, Teamleiter*innen oder Personal-sachbearbeiter*innen – aber auch Kolleg*innen oder Kund*innen.

Wichtig: Eine Benachteiligung wird meistens ausgedrückt durch das Verhalten einer Person, aber auch durch eine Vorschrift oder durch eine Maßnahme. Dazu zählen beispielsweise betriebsinterne Regelungen, Vergütungsmodelle, Tarifverträge, Betriebsvereinba-rungen oder Sozialpläne.

Olga, eine betroffene Mutter, berichtete zum Beispiel, wie eine Be-nachteiligung auf dem Papier aussehen kann:

>In unserer Firma wurden massiv Stellen abgebaut. Im Sozial-plan war festgehalten, dass alle Mitarbeiter*innen, deren Stel-len gestrichen wurden, je nach Kündigungsfrist mindestens drei Gehälter mit Freistellung und eine Abfindung nach Be-triebszugehörigkeit erhalten. Eltern, die in Elternzeit waren und gerade nicht aktiv arbeiteten, erhielten dagegen nur die Ab-findung, nicht jedoch weitere Gehälter – unterm Strich also sehr viel weniger Geld für den verlorenen Arbeitsplatz und das nur weil sie in Elternzeit waren.«

Auch Greta berichtet von diskriminierenden Vereinbarungen, genau genommen über einen Tarifvertrag, der ihre Vergütung regelt:

>Ich arbeite als Krankenschwester in einer Klinik. Ich empfinde es als absolut unfair, dass der für mich zuständige Tarifvertrag vorsieht, dass der Zeitpunkt der nächsten Stufenerhöhung sich um die Länge der Elternzeit verlängert. Das hat für mich

finanzielle Nachteile, die sich nicht nur jetzt, sondern auch in der Höhe meiner Rente bemerkbar machen werden. Ich verstehe nicht, warum sich die Gewerkschaften nicht stärker für Mütter, aber auch Väter in Elternzeit einsetzen.«

Der sachliche Grund – kann Elterndiskriminierung gerechtfertigt sein?

Es klingt seltsam, aber unser Antidiskriminierungsgesetz sieht vor, dass Benachteiligungen unter sehr strengen Voraussetzungen erlaubt sein können. Das lässt sich gut an einem Fall erklären, den der Europäische Gerichtshof zu entscheiden hatte: Eine Frau, Anwärterin für die höhere Laufbahn der italienischen Justizvollzugspolizei, wurde von einem für ihre Beförderung wichtigen Ausbildungskurs nebst Prüfung ausgeschlossen, weil sie aufgrund ihrer Schwangerschaft und der darauffolgenden Elternzeit nicht daran teilnehmen konnte. In seinem Urteil stellte der Europäische Gerichtshof unter anderem fest, dass es im sogenannten »öffentlichen Schutzinteresse« zulässig sei, die Frau nicht zu befördern.[25]

Dieser Fall zeigt, dass sich unser Gesetzgeber bei Einführung eines neuen Diskriminierungsmerkmals Gedanken machen muss, ob und mit welchem Inhalt er in das AGG bestimmte Rechtfertigungsgründe für Elterndiskriminierungen aufnimmt. Im Rechtsgutachten der ADS gibt es dafür einen entsprechenden Vorschlag von Prof. Dr. Thüsing und Lena Bleckmann.[26]

Und um noch einmal auf David zurückzukommen: In seinem Fall ist ein Rechtfertigungsgrund wie zum Beispiel ein öffentliches Interesse nicht ersichtlich – und damit auch die letzte der drei eingangs genannten Diskriminierungsvoraussetzungen erfüllt. Wir können also nicht nur vom Gefühl, sondern auch nach der offiziellen Diskriminierungsdefinition der Antidiskriminierungsstelle sagen:

David wurde – unterstellt, es gäbe bereits ein Diskriminierungsmerkmal »Fürsorgeleistung« im AGG – diskriminiert.

Wie erkenne ich Elterndiskriminierung?

Elterndiskriminierung in der Arbeitswelt erkennst du, angelehnt an
die offizielle Diskriminierungsdefinition und an die Regelungen des
AGG, grob zusammengefasst anhand folgender Checkliste:

1. Ich bin in weitem Sinne Fürsorgeleistende oder Fürsorge-
   leistender, das heißt, ich bin Mutter oder Vater eines Kindes
   und/oder pflege oder betreue ein Kind aufgrund rechtlicher
   oder gesetzlicher Pflichten, auch unabhängig von biologi-
   scher Elternschaft.
2. Ich wurde weniger günstig behandelt als eine andere Person, die keine Kinder hat beziehungsweise keine Fürsorgeleistung erbringt, oder wurde aufgrund der Tatsache, dass
   ich Kinder habe oder für sie sorge, herabgewürdigt.
3. Die Benachteiligung ging von Vorgesetzten, Kolleg*innen
   oder Dritten aus, die mit meinem*meiner Arbeitgeber*in
   in Verbindung stehen, oder erfolgte aufgrund einer betrieblichen Maßnahme oder Regelung.

Zuletzt noch ein abschließender Hinweis: Es handelt sich um eine
Definition, die dir die Einordnung erleichtert. Wenn du hinter alle
Punkte der Checkliste einen Haken setzt, heißt es jedoch nicht, dass
du nach den aktuellen gesetzlichen Regelungen auch wirklich geschützt bist. Darauf gehen wir gleich noch näher ein.

WAS ELTERN-DISKRIMINIERUNG FÜR UNSERE GESELLSCHAFT BEDEUTET

Gehen wir noch einmal zu Davids Fall aus dem vorherigen Kapitel zurück: Nachdem sein Chef das Führungskräfteprogramm für ihn auf Eis gelegt hat, schaut er seiner Partnerin Mia tief in die Augen. Er müsse jetzt echt im Job Vollgas geben und könne daher nicht den Sohn von der Kita abholen und auch nachmittags keine Hausarbeit machen. Er arbeitet wie verrückt, und drei Jahre später hat er es endlich geschafft: Der Schandfleck der Elternzeit ist aus dem Gedächtnis seines Chefs gelöscht, er darf endlich ins Führungskräfteprogramm. Und was macht Mia seitdem? Sie übernimmt sämtliche Fürsorgeaufgaben und merkt schnell, wie das ewige Jonglieren im Familienalltag plus Karriere an ihren Kräften zehrt, außerdem dauert die Kitaeingewöhnung aufgrund des ersten Corona-Lockdowns deutlich länger, und auch danach schließt die Kita wegen Personalmangel bereits um fünfzehn Uhr. Die Entscheidung ist klar: Es ist für alle besser, wenn Mia ihren Job bis auf Weiteres auf zwanzig Wochenstunden reduziert und »erst mal« jegliche Ambitionen begräbt. Obwohl Mia und David eigentlich ein anderes Modell leben wollten.

So bitter es ist: Das ist immer noch die Realität in vielen Familien – Wunsch und Wirklichkeit klaffen weit auseinander und ein gleichberechtigtes Vereinbarkeitsmodell funktioniert in vielen Fällen nicht. Die Arbeitsbedingungen für Eltern entsprechen kaum ihren Bedürfnissen und führen, befeuert von struktureller Diskriminierung, dazu, dass sie in traditionelle Rollenverteilungen zurückfallen und insbesondere Mütter finanzielle Einbußen davontragen.

Unabhängig von den Folgen für einzelne Betroffene stellt sich darüber hinaus automatisch die Frage: Was heißt das eigentlich für uns als Gesellschaft, wenn Eltern systematisch benachteiligt werden? Und: Welche Ursachen hat dies und welche Auswirkungen zieht es nach sich?

Gesellschaftliche Ursachen für Elterndiskriminierung

Viele Arbeitgeber*innen stellen Schwangere und junge Mütter, aber auch Väter, die wie David Fürsorgeaufgaben übernehmen, mental aufs Abstellgleis, degradieren sie beim Wiedereinstieg, bieten ihnen einen Aufhebungsvertrag an oder kündigen, wie im Fall von Lynn, ihren Job direkt am ersten Tag nach der Elternzeit. Aber warum ist das so?

Die jahrelange Rechtsberatung und die zahlreichen Gespräche, die wir in knapp zwei Jahren #proparents geführt haben, sowie jetzt auch die Zahlen der ADS zeigen immer wieder: Hauptgrund dafür ist fast immer die überholte, aber allseits gegenwärtige Gleichung **»Frau = Kinder/Fürsorgearbeit, Mann = Erwerbsarbeit«.**

Dieses stereotype Denkmuster hat sich seit Jahrhunderten in den Köpfen vieler Menschen festgesetzt. Es beeinflusst seitdem sowohl gesellschaftliche Strukturen als auch Rahmenbedingungen unserer Arbeitswelt und verursacht dadurch Vorurteile gegenüber erwerbstätigen Eltern, die schnell und oft zwangsläufig zu einer Diskriminierung führen.

Who cares?

Das tatsächliche Zusammenspiel von ungleich verteilter Fürsorgearbeit und Elterndiskriminierung spielt dabei eine wichtige Rolle. Laut Bundesfamilienministerium verwenden Frauen im Durchschnitt stolze 52 Prozent mehr Zeit auf das Betreuen und Pflegen von Kindern oder Angehörigen als ihre Partner.[27]

Warum ist das so? Warum wird Fürsorgearbeit wie selbstverständlich Frauen zugeschrieben? Warum ist das immer noch gelebte Realität?

Verrückterweise wünschen sich Eltern eine andere Vereinbarkeit, als sie es aktuell leben. Das gilt für Mütter und für Väter. Im aktuellen Väterreport des Bundesfamilienministeriums[28] geben 52 Prozent der befragten Väter an, dass sie gern weniger Stunden arbeiten würden. Dementgegen stehen 42 Prozent der befragten Mütter, die ihre Erwerbstätigkeit gern ausweiten oder eine Berufstätigkeit wieder aufnehmen würden.

Schauen wir noch mal auf unsere Familie vom Anfang dieses Kapitels: Mia hat automatisch die Hauptlast der – unbezahlten – Fürsorgearbeit bei sich verortet, und David sieht nach ein paar einschlägigen negativen Erfahrungen die Hauptlast der – bezahlten – Erwerbstätigkeit bei sich, weil beide das Gefühl haben, das wäre der einzig mögliche Weg. In Mias berufliche Laufbahn, vielleicht auch in mögliche Aufstiegschancen, die dazu führen könnten, dass sie sogar mehr verdient als David, haben beide scheinbar kein Vertrauen. »Die Karriere der Männer als feststehende Konstante wird weder von Männern noch Frauen wirklich infrage gestellt. Dass die berufliche Laufbahn von Frauen Unterbrechungen aufweist, gilt hingegen als selbstverständlich«,[29] schreibt die Autorin Franziska Schutzbach. Das stereotype Denken, das Grundlage vieler Vorurteile gegenüber Eltern ist, fängt also schon in der Paarbeziehung selbst an. Franziska Schutzbach sieht beide Geschlechter in der Pflicht, diese selbstverständliche Rollenzuteilung infrage zu stellen: »Frauen wie Männer tragen [...] also letztendlich zur Aufrechterhaltung der Geschlechterungleichheit in der Familienarbeit bei, ihre Argumente speisen sich aus strukturellen Bedingungen, aber auch aus den Vorstellungen darüber, was die Rolle des Mannes oder der Frau ist.«[30]

Daraus folgt: Die selbstverständliche Verteilung der Fürsorgearbeit nach dem Motto »Mutti macht das schon« erfolgt einerseits, weil Väter noch zu sehr in der Ernährer- und Frauen zu sehr in der

Versorger-Rolle verhaftet sind, aber auch deswegen, weil dies der wirtschaftlich sicherere Weg scheint. Aufgrund der immer noch stereotypen Denkmuster von Arbeitgeber*innen besteht eine größere Angriffsfläche für Diskriminierungen, wenn David doch noch einmal Elternzeit angemeldet hätte und sich Mia statt der Stundenreduzierung auf eine nächsthöhere Position beworben hätte. Anhand der Studie der ADS wissen wir, dass in diesem Fall die Wahrscheinlichkeit von Elterndiskriminierung massiv steigt und geringere Aussichten auf ein höheres Familieneinkommen bestehen. Daraus folgt: Nur wenn wir es schaffen, diese starren Rollenbilder aufzubrechen und die Fürsorgearbeit gerechter zu verteilen, werden wir Elterndiskriminierung verhindern können. Wenn Väter genauso viel Fürsorgearbeit übernehmen wie Mütter, wenn sie genauso oft und lang Elternzeit anmelden wie Mütter, ist davon auszugehen, dass Arbeitgeber*innen weniger diskriminieren, da es keine eindeutigen Rollenzuschreibungen mehr gibt.

Ein umfassender und wirksamer gesetzlicher Diskriminierungsschutz bietet somit mehr Anreize, Fürsorgearbeit gerechter zu verteilen und kann auch dazu beitragen, den Gender-Pay-Gap zu verringern.

Die Gender-Pay-Gap-Falle

»Es geht nicht anders, mein Mann verdient eben einfach viel mehr« – bei der Entscheidung von heterosexuellen Paaren, wie sie die Fürsorge- und die Erwerbsarbeit untereinander aufteilen, spielen Gehaltsunterschiede der Geschlechter, wie auch in Davids und Mias Fall, nach wie vor eine wichtige Rolle.

Eine Ursache dafür ist der Gender-Pay-Gap, also die ungleiche Bezahlung von Männern und Frauen: Im Jahr 2021 haben Frauen in Deutschland pro Stunde durchschnittlich 18 Prozent weniger verdient als Männer, bemessen am Bruttostundenlohn aller erwerbstätigen Männer und Frauen. Wie das Statistische Bundesamt anlässlich des Equal Pay Days mitteilte, erhielten Frauen mit durchschnittlich 19,12 Euro einen um 4,08 Euro geringeren Bruttostundenverdienst als Männer, diese verdienten 23,20 Euro. Selbst dann, wenn die Qualifikation, die Erwerbsbiografie und der Job gleich sind, verdienen Frauen immer noch sechs Prozent weniger als Männer.[31]

Nur 6 Prozent der verheirateten Frauen im Alter zwischen dreißig und fünfzig Jahren haben ein eigenes Nettoeinkommen von mehr als 2.000 Euro, 19 Prozent haben gar kein eigenes Einkommen, und 63 Prozent verdienen weniger als 1.000 Euro netto[32] und befinden sich damit in einem prekären Beschäftigungsverhältnis.

Werdende Eltern stehen vor einer auf den ersten Blick simplen Rechenaufgabe: Wenn Papa kürzer in Elternzeit geht, bleibt mehr Geld im Familienportemonnaie. Also wird das so gemacht. Fatal ist: Diese Aufteilung hat nicht nur gravierende Folgen für die finanzielle Eigenständigkeit von Frauen, sondern bestätigt auch gleichermaßen die in vielen Köpfen vorherrschenden Vorurteile. Wenn eine Vorgesetzte von ihrer Mitarbeiterin hört »Ich bin schwanger!«, verknüpft sie diesen Satz – mit Blick auf diese Zahlen – automatisch mit der Information: »Diese Mitarbeiterin ist jetzt erst mal raus aus dem Erwerbsleben, ihr Mann kann mit seinem guten Einkommen unmöglich Elternzeit nehmen.« Und dabei ist es völlig egal, wie lang eine Frau plant, tatsächlich »raus« zu sein – die Schublade »Mutter = bleibt zu Hause« geht auf und rein damit!

»Ach, dann lohnt sich diese Weiterbildung jetzt aber erst mal nicht« oder »Gehaltserhöhung? Jetzt kümmere dich erst mal um den Nachwuchs« – die automatisierte Annahme von Vorgesetzten, dass Mütter aufgrund eines geringeren Verdienstes zugunsten ihres Mannes aus dem Erwerbsleben aussteigen werden, ist für viele Frauen fatal und kann zu einem ganzen Katalog an Benachteiligungen führen.

Für den erfolgreichen Kampf gegen Elterndiskriminierung muss auch die Einkommenslücke zwischen Männern und Frauen, zwischen Müttern und Vätern verringert und so schnell wie möglich geschlossen werden. Dabei ist es wichtig, dass sich Frauen dieser Problematik bewusst sind und ihr Handeln darauf ausrichten – das bedeutet auch: weiter für ihren beruflichen Erfolg eintreten und sich nicht selbst aufs Abstellgleis stellen. Gleichzeitig müssen aber auch eine Vielzahl struktureller Reformen angestoßen werden, beispielsweise durch mehr Transparenz bei der Verteilung der Gehälter, eine bessere Bezahlung und Aufwertung der Berufe, die mehrheitlich von Frauen ausgeübt werden, eine Reform der Minijobs, Ausbau einer zuverlässigen Kinderbetreuung bis ins Grundschulalter und Ausbau der Quotenregelung in Unternehmen, um Aufstiegschancen von Frauen zu fördern.

Das viel zitierte Brennglas Corona

Die Coronakrise hat das Schubladendenken »Frau = Kinder/Fürsorgearbeit, Mann = Erwerbsarbeit« und damit auch die Gefahr von Elterndiskriminierung verschärft, so lassen es zumindest die ersten Zahlen dazu vermuten. Der »Gleichstellungsbericht« des Wirtschafts- und Sozialwissenschaftlichen Institutes (WSI) der Hans-Böckler-Stiftung aus dem Februar 2022 zeigt: Der Anteil der Mütter, die sich überwiegend um die Kinder kümmern, ist während der Coronapandemie deutlich gestiegen, der Anteil der Paare, die sich die Kinderbetreuung ungefähr hälftig aufteilen, ist hingegen deutlich gesunken.[33]

»Im ersten Lockdown bin ich morgens um vier aufgestanden, um einen Großteil meiner Aufgaben im Job zu erledigen, bevor die Kinder aufgewacht sind. Doofe Bemerkungen meiner kinderlosen Kollegen kamen trotzdem. Das war sehr anstrengend. Im zweiten Lockdown habe ich dann meine Arbeitszeit dauerhaft reduziert, weil klar war, dass ich das nicht noch mal packe. Sollten jetzt wieder die Schulen dichtmachen, werde ich kündigen müssen. Ich kann nicht noch einmal gegen die blöden Bemerkungen und das Unverständnis meiner Kollegen ankämpfen.«

Berichte wie diesen von Isabel, einer Mutter aus München, aus dem Herbst 2021 hören wir sehr oft. Viele von euch erinnern sich sicherlich noch an ähnliche Situationen: Die Kitagruppe wird morgens um halb acht für den Rest der Woche in Quarantäne geschickt, auf dem Weg zur Arbeit ruft die Schule an, weil der Schnelltest kein eindeutiges Ergebnis gezeigt hat, die kinderlosen Kollegen rollen genervt die Augen, wenn der Vierjährige seinen wöchentlichen Wutanfall wieder einmal in der Zoomkonferenz bekommt. Die eingeschränkte und unzuverlässige Betreuung der Kinder während der Pandemie hat die Vereinbarkeit von Job und Familie so gut wie unplanbar gemacht, Eltern schnell aufs Abstellgleis verfrachtet und zu einem Nährboden für Benachteiligungen geführt – wie wir noch in unseren Fallgeschichten sehen werden.

Mütter und Väter waren im Dauerspagat zwischen den Erwartungen, sowohl den eigenen als auch denen von außen. Und zwar im Job und in der Familie.

Eine Befragung im Februar 2021 vom Institut für Demoskopie Allensbach zeigt, dass 59 Prozent der Eltern Belastungen, Stress, Streit und Spannungen infolge des Lockdowns erlebten.[34] Auch die Soziologin Lena Hipp vom Wissenschaftszentrum Berlin bewertet im März 2021 die Folgen der Pandemie für Eltern in einem Interview mit der *Süddeutschen Zeitung* als bedenklich: »In der momentanen Situation ist für viele das Stresslevel hoch, es kommt zu erhöhten physischen und psychischen Belastungen für die, die

Job und Kinderbetreuung fulltime machen müssen. Wer einmal versucht hat, Homeschooling mit Homeoffice zu verbinden, weiß eigentlich: Das ist eine Sache der Unmöglichkeit.«[35] Mit fatalen Folgen: Die Zahl der Kuranträge von Müttern und Vätern hat in den ersten Monaten 2022 stark zugenommen, zeigen die Auswertungen der Krankenkassen Barmer, AOK und des Müttergenesungswerkes.[36]

So bitter es ist: Das viel zitierte Brennglas Corona hat gezeigt, wie eng das System um Familien auf Kante genäht ist und wie leicht es platzen und so zu Konflikten am Arbeitsplatz bis hin zu Elterndiskriminierung führen kann. Grundlose Kündigungen in der Probezeit während des Lockdowns, Verdrängung in Kurzarbeit oder abfällige Bemerkungen, weil das Familienleben dann doch zu präsent war. Eltern sind in den Coronajahren zum leichten Opfer von Benachteiligungen geworden. Und dies wurde von politischen Entscheidungsträger*innen achselzuckend abgetan. Eltern müssten sich nur genug bemühen, dann wäre das alles auch machbar, so scheint es – quasi ein Kinderspiel. Selbst die damalige Bundesfamilienministerin Franziska Giffey sagte im Mai 2020 – mitten im ersten Corona-Lockdown – in einem Videogespräch mit den Initiatorinnen der Facebook-Gruppe »Eltern in der Krise«[37], Homeoffice und gleichzeitige Kinderbetreuung über Wochen und Monate hinweg seien »anstrengend, aber möglich«.[38] Zwar ruderte sie ein knappes Jahr später zurück,[39] solch eine Haltung lässt jedoch tief blicken und verunsicherte viele. Auch für Robert Franken, Digital & Diversity Consultant und Unterstützer von #proparents, offenbart die Coronakrise, wie wenig die Perspektiven von Familien in politischen Entscheidungen vertreten sind: »Die Pandemie macht deutlich, welche Anspruchsgruppen maßgeblich für die Entwicklung politischer Rahmenbedingungen sind – Eltern und Familien sind es nicht, Alleinerziehende schon gar nicht. Die Bedürfnisse von Eltern finden seit vielen Jahren keine ausreichende Beachtung.«[40]

All das erschüttert das Vertrauen von Eltern in politische Entscheidungsträger *innen – dies zeigt eine Studie der Universität Bremen.[41] »Wenn Eltern das Vertrauen verlieren, ist das eine Gefahr für unseren sozialen Zusammenhalt«, sagt die Soziologin Sonja Bastin, Mitautorin der Studie.[42]

Wenn wir nun aus der Pandemie keine Lehren ziehen, Benachteiligungen von Eltern als salonfähig betrachten und die Vereinbarkeit von Beruf und Familie nicht endlich als gesamtgesellschaftliche Aufgabe verstehen, dann riskieren wir, die familienpolitischen Gewinne der letzten drei Jahrzehnte leichtfertig zu verspielen, Eltern immer weiteren Diskriminierungen auszusetzen und sie als Arbeitnehmer*innen einfach achtlos abzuhängen.

Die Folgen von Elterndiskriminierung: warum »Weiter so« keine Lösung ist

Jede Form der Diskriminierung ist falsch, und es muss dagegen vorgegangen werden, das gilt auch für die Benachteiligung von Eltern. Auch wenn es erst im zweiten Schritt sichtbar wird: Elterndiskriminierung hat Auswirkungen auf uns alle. Betroffene Eltern spüren die Folgen der Diskriminierung schnell im Familienhaushalt, weil Einkommen durch den Verlust des Jobs wegfallen oder das Gehalt gering bleibt, da Beförderungen auf Eis gelegt sind. Nicht zu unterschätzen sind zudem die psychischen und physischen Folgen, wie etwa Schlafprobleme oder depressive Verstimmungen, die vor allem Mobbing oder finanzielle Nöte für Betroffene haben können. Das belegt auch die Studie der ADS: 38 Prozent der Eltern gaben an, dass sich Diskriminierungserfahrungen negativ auf ihre Gesundheit auswirken.[43]

Daraus entstehen Folgekosten, zum Beispiel durch vermehrte Krankschreibungen oder die Flucht in Beschäftigungsverbote, obwohl man eigentlich gern noch länger gearbeitet hätte. Unternehmen haben einen enormem Schaden, wenn Mitarbeiter*innen, in die sie viel investiert haben, innerlich oder tatsächlich kündigen oder auf dem Abstellgleis landen.

Auch auf den Staatshaushalt und Sozialkassen hat Elterndiskriminierung Auswirkungen: Der Verlust von Gehältern, Degradierungen verbunden mit Gehaltseinbußen, die nicht gezahlten Boni während des Mutterschutzes und der Elternzeit, aber auch die mangelnde Bereitschaft vieler Arbeitgeber*innen, Arbeitszeiten aufzustocken, führen zu einem Minus auf Gehaltszetteln und dadurch gleichzeitig zu einem Minus an Steuereinnahmen und Sozialabgaben.

Wir müssen uns immer vor Augen halten: Eine glückliche Gesellschaft ist ein Mosaik aus den in Einklang gebrachten unterschiedlichen Bedürfnissen aller Menschen – das gilt auch für die Arbeitswelt. Daher wollen wir die Folgen von Elterndiskriminierung für die einzelnen Akteur*innen auf dem Arbeitsmarkt genauer betrachten und zeigen, warum ein »Weiter so« langfristig nicht funktionieren kann.

Im Fokus: Mütter

Fangen wir mit den Müttern an: Obwohl die Hälfte der Frauen zwischen dreißig und fünfzig Jahren gern in einer Partnerschaft leben will, in der beide sich die Aufgaben für Haushalt und Kinder teilen und auch das Einkommen erwirtschaften, ist dies nur bei 24 Prozent der Befragten tatsächlich der Fall.[44] Auch die finanzielle Unabhängigkeit ist für fast alle Frauen zentral. In einer *Brigitte*-Studie aus dem Frühjahr 2021 gaben 95 Prozent der Frauen an, dass ihnen dies wichtig oder sehr wichtig sei.[45] »Aber in der Realität kann jede zweite Frau ihren Lebensunterhalt nicht selbst bestreiten, das wurde in der Untersuchung leider auch deutlich«, berichtet Dr. Birgit Happel, Soziologin, Finanzbildungsexpertin und Referentin für finanzielle Gleichstellung. Das hat auch Folgen für die potenzielle Rente: Mehr als die Hälfte der Frauen zwischen dreißig und fünfzig Jahren geht davon aus, dass sie trotz ihrer beruflichen Qualifikationen und trotz ihrer Erwerbstätigkeit im Alter nicht von ihrer eigenen Rente leben werden kann.[46]

Kennst du schon den Begriff »Motherhood Lifetime Penalty«? Wenn nein, dann wird es Zeit. Dieser Begriff umschreibt die negative Einkommenslücke, die Mutterschaft verursacht. Das zeigt unter anderem eine Studie der Bertelsmann Stiftung aus dem Jahr 2020. Mütter sind in Bezug auf ihr Einkommen gleich doppelt bestraft: Frauen verdienen bereits generell weniger als Männer, zusätzlich stehen Mütter noch einmal deutlich schlechter da als kinderlose Frauen. Die Ergebnisse der Studie sprechen eine sehr klare Sprache: Die Entscheidung für Kinder führt bei Frauen zu durchschnittlichen Einbußen an Lebenserwerbseinkommen von rund vierzig Prozent bei einem Kind, bei zwei Kindern sind es weitere elf Prozent und bis zu fast siebzig Prozent bei drei oder mehr Kindern.[47]

Ein Grund für die sogenannte Motherhood Lifetime Penalty liegt darin, dass Mütter häufiger als Väter in Teilzeit arbeiten oder gar nicht erwerbstätig sind. Auch wenn es wissenschaftlich noch nicht erforscht ist: Es ist davon auszugehen, dass Elterndiskriminierung einen hohen Anteil an der Motherhood Lifetime Penalty hat – beispielsweise durch Arbeitslosigkeit, Degradierungen und gläserne Decken. Brisant ist: Bei Männern verändert sich das Gehalt mit einer Vaterschaft dagegen kaum. Je nach Alter ist sogar das Gegenteil der Fall.[48] Im internationalen Vergleich steht Deutschland damit schlecht da: In Schweden, einem Land, in dem Frauen seit vielen

Jahren leichter als bei uns nach der Elternzeit wieder in den Beruf einsteigen können, verdienen Mütter ab einer gewissen Zeit im Schnitt mehr als kinderlose Frauen.[49] Davon können wir hierzulande nur träumen.

Elternbenachteiligung führt nicht nur zu finanziellen Einbußen, sondern zerstört auch die beruflichen Perspektiven von Müttern. Das fängt bereits bei Bewerbungen an und setzt sich bei Beförderungen fort. So werden Mütter bereits in Bewerbungsverfahren ausgesiebt und seltener zu Vorstellungsgesprächen eingeladen als Frauen ohne Kinder. Väter werden hingegen ebenso häufig eingeladen wie Männer ohne Kinder. Das hat Lena Hipp vom Wissenschaftszentrum Berlin für Sozialforschung (WZB) in der bereits eingangs genannten Studie über die Jobchancen von Eltern und Menschen ohne Kinder herausgefunden.[50]

Elterndiskriminierung führt bei Frauen zu Einkommenslücken und schlechteren Chancen auf dem Arbeitsmarkt. Ein verbesserter Schutz ist somit auch dringend aus gleichstellungspolitischen Gründen und zur Umsetzung von Art. 3 Abs. 2 unseres Grundgesetzes geboten. Dort heißt es: Der Staat fördert die Gleichberechtigung zwischen Frauen und Männern und beseitigt mögliche Nachteile. Wir können daher nicht oft genug betonen: Los geht's, liebe Politiker*innen, ihr habt den Auftrag, worauf wartet ihr noch?

Im Fokus: alleinerziehende Arbeitnehmer*innen

Morgens um fünf Uhr dreißig aufstehen, die Kinder wecken und auf den Weg bringen, selbst zur Arbeit hetzen, nach Feierabend schnell noch einkaufen, mit den Kindern Hausaufgaben machen, sie von der Musikschule abholen, Abendessen zubereiten und dann im Kinderzimmer auf dem Fußboden einschlafen, sich dazwischen um Förder- oder Unterstützungsangebote kümmern, mit dem getrennt lebenden Elternteil absprechen, Termine bei Anwält*innen und Behörden ausmachen. Pause und Zeit für sich? Fehlanzeige – so oder so ähnlich sieht der Alltag von rund 1,6 Millionen Alleinerziehenden[51] mit minderjährigen Kindern in Deutschland aus. Neun von zehn unter ihnen sind Frauen.[52]

Doch statt der Anerkennung für dieses tagtägliche Pensum kämpfen sie oft auch noch gegen Widerstände im Job. »Niemand bezweifelt ernsthaft, dass insbesondere Alleinerziehende auf dem Arbeitsmarkt diskriminiert werden. Es ist höchste Zeit, dagegen etwas zu unternehmen«, sagt Christine Finke, Autorin und Unterstützerin von #proparents.[53] Sie setzt sich seit vielen Jahren für die Bedürfnisse von alleinerziehenden Müttern ein, unter anderem in ihrem Blog *Mama arbeitet*[54] und auf Twitter. Auch der Verband alleinerziehender Mütter und Väter e.V. (VAMV) kennt die Probleme Alleinerziehender: »Eltern haben grundsätzlich am Arbeitsmarkt immer noch mit Vorurteilen und Benachteiligungen zu kämpfen. Bei Alleinerziehenden, überwiegend Müttern, potenzieren sich diese Benachteiligungen. Dabei ist es für sie als Familienernährer*innen so wichtig, durch gute Arbeit gutes Geld zu verdienen«, sagt Daniela Jaspers, Bundesvorsitzende des VAMV, der #proparents und unsere Forderung nach einem zusätzlichen Diskriminierungsmerkmal ebenfalls unterstützt.[55]

Die Zahlen der Antidiskriminierungsstelle belegen dies: Vergleicht man alleinerziehende mit in Partnerschaft lebenden Müttern, zeigt sich ein deutlicher Unterschied. 61 Prozent der alleinerziehenden Mütter berichteten, schon einmal Diskriminierungserfahrungen am Arbeitsplatz aufgrund der Elternschaft beziehungsweise Kinderbetreuung gemacht zu haben. Bei in Partnerschaft lebenden Müttern liegt der Anteil bei 47 Prozent. Die Wahrscheinlichkeit, Diskriminierungserfahrungen am Arbeitsplatz zu machen, ist somit für Alleinerziehende noch einmal deutlich höher.[56]

Die Coronapandemie hat das Risiko, auf dem Arbeitsmarkt abgehängt zu werden, für alleinerziehende Eltern weiter verschärft. So sind sie etwa vom Verlust des Arbeitsplatzes als Folge der Pandemie überdurchschnittlich oft bedroht.[57] Wir haben einige Berichte von alleinerziehenden Müttern gehört, die nach zwei Jahren Corona am Rande ihrer Kräfte waren und deswegen sogar freiwillig ihren Job aufgegeben haben. So schrieb uns zum Beispiel Michelle im Februar 2022:

»Mein Sohn ist zwölf Jahre alt, chronisch krank und befindet sich gerade in einer vorpubertären Phase. Ich war bis vor Kurzem noch Vollzeit in der Geflüchtetenhilfe tätig und habe zum Ende des Jahres 2021 meinen Arbeitsvertrag auslaufen lassen, weil ich es einfach nicht mehr geschafft habe. Allerdings ist die Erwerbslosigkeit ein enormes finanzielles Risiko für mich, und ich muss bald wieder einen neuen Job finden.«

Der freiwillige oder unfreiwillige Verlust des Arbeitsplatzes hat finanzielle Konsequenzen, die vor allem Alleinerziehende empfindlich treffen, da sie stärker als Personen in Paarbeziehungen auf ein eigenes Einkommen angewiesen sind, aber meist sehr viel weniger verdienen: Das durchschnittliche monatliche Nettoeinkommen von alleinerziehenden Müttern lag im Jahr 2017 bei 1.873 Euro. Über die Hälfte musste mit weniger als 1.700 Euro über die Runden kommen. Das Monatseinkommen alleinerziehender Väter lag bei 2.461 Euro. Paarfamilien hatten mit 4.094 Euro ein mehr als doppelt so hohes monatliches Einkommen zur Verfügung als alleinerziehende Mütter.[58] Hinzu kommt: Über vierzig Prozent der alleinerziehenden Familien sind von finanzieller Armut betroffen, obwohl sie in hohem Maße erwerbstätig sind.[59]

Alleinerziehende Mütter sind nicht nur insgesamt etwas häufiger erwerbstätig als Mütter in Paarfamilien, sie arbeiten auch öfter in Vollzeit oder vollzeitnaher Teilzeit, das heißt 28 bis 36 Stunden. Im Jahr 2018 arbeiteten 24 Prozent der alleinerziehenden Mütter Vollzeit, das heißt mehr als 36 Stunden in der Woche, weitere 22 Prozent arbeiteten in vollzeitnaher Teilzeit. Zum Vergleich: Bei den Müttern aus Paarfamilien gingen 16 Prozent einer Vollzeitbeschäftigung nach, weitere 15 Prozent waren vollzeitnah erwerbstätig.[60]

Diese Zahlen zeigen: Alleinerziehende arbeiten mehr, haben aber dennoch ein deutlich höheres Armutsrisiko. Elterndiskriminierung, damit verbundene Gehaltseinbußen oder gar ein Arbeitsplatzverlust haben für sie besonders gravierende Auswirkungen, da sie und ihre Kinder ohnehin stärker von Armut bedroht sind. Für Alleinerziehende ist ein besserer rechtlicher Schutz vor Benachteiligungen demnach ganz besonders essenziell, um sich selbst und ihre Kinder nachhaltig und wirksam zu unterstützen.

Im Fokus: Väter

Ein Vater, der zwölf Monate in Elternzeit geht? Ein Vater, der sechs Monate nach der Geburt und dann noch einmal zum ersten Geburtstag des Babys eine zweite Elternzeit nimmt, um das Kind in die Kita einzugewöhnen? Ein Vater, der nach der Elternzeit erst mal mit 25 Stunden pro Woche wieder einsteigt, um das Kind von der Kita abzuholen und den Haushalt zu schmeißen?

Was vor dreißig Jahren undenkbar war und vor zehn Jahren noch Exotenstatus hatte, ist heute ein zunehmend selbstverständlich gewordener Lebensentwurf, den sich der Großteil der zukünftigen Vätergeneration wünscht. Volker Baisch, Gründer der Väter GmbH und Unterstützer von #proparents, hat im Herbst 2021 die Trendstudie »Zukunft Vereinbarkeit«[61] vorgestellt, für die Forsa die zukünftige Elterngeneration nach ihren Plänen und Erwartungen befragt hatte. Ein zentrales Ergebnis der Studie: Stolze 93 Prozent der befragten zukünftigen Väter der Generation Y, also der Jahrgänge 1981 bis 1995, planen, in Elternzeit zu gehen.[62] Ein Ergebnis, das selbst den erfahrenen Väterspezialisten Volker Baisch überraschte. »Wir beobachten schon seit Jahren, dass sich immer mehr Väter eine längere Elternzeit wünschen. Dass nun aber fast jeder zukünftige Vater Elternzeit nehmen will und die große Mehrheit der Befragten sogar mehr als die klassischen zwei Partnerschaftsmonate, hat selbst uns überrascht.«

Dass es bis dahin noch ein weiter Weg ist, zeigt die die aktuelle Studie der ADS zur Dauer der Elternzeit nach Geschlecht: Mehr als zwei Drittel der befragten Väter, das heißt 64 Prozent, haben nur bis zu zwei Monate Elternzeit angemeldet, bei Müttern waren es vier Prozent. Nur 29 Prozent der Väter haben über zwei Monate und bis zu einem Jahr Elternzeit angemeldet (Mütter 37 Prozent), und lediglich drei Prozent waren über ein bis zu zwei Jahren in Elternzeit (Mütter 33 Prozent).[63] Auch der aktuelle Väterreport des Bundesministeriums für Familie, Senioren, Frauen und Jugend zeigt den Unterschied zwischen Wunsch und gelebter Realität: Zwar möchten 55 Prozent der Väter gern die Hälfte der Kinderbetreuung übernehmen, und 45 Prozent der Väter sagen, sie hätten gern mehr Zeit für ihre Kinder.[64] Aber: Nur jeder vierte Vater gibt in der Befragung des Familienministeriums an, dass er und die Mutter die Betreuung aktuell auch real so gleichberechtigt aufgeteilt haben. Bei der Mehrheit der Familien übernimmt aus der Sicht der Väter die Mutter mehr als die Hälfte der Arbeit bis hin zur gesamten Kinderbetreuung. Jedoch: Nur zwanzig Prozent der Väter finden diese Aufteilung ideal. Noch deutlicher erscheinen die Unterschiede zwischen der gleichberechtigten Idealvorstellung der Väter und gelebter Realität, wenn man die Antworten der Mütter betrachtet: denn von den Müttern gibt nur jede Zehnte an, dass die Väter tatsächlich ungefähr die Hälfte der Kinderbetreuung übernehmen.[65] Hinzu kommt: Fast kein Vater arbeitet in Teilzeit – 2019 waren es gerade mal sieben Prozent der Väter, bei den Müttern hingegen 68 Prozent. Wenn Väter tatsächlich in Teilzeit arbeiten, dann geschieht das selten wegen der Kinder: Nur 24 Prozent der Väter in Teilzeit nennen Kinderbetreuung als Motivation oder Grund, bei den Müttern hingegen sind es 64 Prozent.[66] Diese Zahlen zeigen, wie fest verankert die stereotypen Rollenzuteilungen noch immer in der Realität sind. Vor allem Väter, die sich das bewusst machen und infrage stellen und mehr Fürsorgearbeit übernehmen, tragen zu einer Veränderung bei.

Auch wenn Wunsch und Wahrheit noch weit auseinanderklaffen, zeigen die Zahlen des Väterreports, dass Väter immer häufiger in Elternzeit gehen, Teilzeit beantragen oder das Kind aus der Kita abholen wollen. Dies führt dazu, dass nicht nur Frauen, sondern auch zunehmend Männer diskriminiert werden, wie die Zahlen der ADS zeigen: Während die Phase der Schwangerschaft insbesondere für Mütter mit diskriminierenden Erfahrungen verbunden ist, fühlen sich bei der Elternzeitanmeldung mehr Männer als Frauen diskriminiert. Ebenso werden mehr Väter als Mütter unter Druck gesetzt, keine Elternzeit zu nehmen oder den Umfang zu überdenken.[67]

Männer stehen im Gegensatz zu Frauen noch nicht so stark unter »Elternzeit-Generalverdacht« und werden erst ab dem Moment diskriminiert, in dem sie aus der ihnen zugeschriebenen Schublade mit der Aufschrift »Ernährer« ausbrechen. Die traurige Folge: Wenn ein Mann so tut, als ob er sich nicht um seine Kinder kümmert, muss er nichts befürchten. Sobald er allerdings das Wort »Elternzeit« oder »Teilzeit« ausspricht, schnappt die Diskriminierungsfalle zu. Väter werden dadurch, wie auch in unserem Beispiel von David und Mia, darin bestärkt, sich für den »sicheren« Weg zu entscheiden und weiter ihre Rolle als Haupternährer der Familie wahrzunehmen.

Volker Baisch hat dazu treffend zusammengefasst: »Männer, die sich als Väter für die Familie engagieren, laufen bis heute Gefahr, im Unternehmen den Respekt und die Wertschätzung der Kollegen zu verlieren. Entscheiden sich Väter trotzdem dazu, länger Elternzeit zu nehmen, bedeutet das leider meist immer noch einen Karriereknick. Statt Väter wegen ihrer Entscheidung zu diskriminieren, könnten Unternehmen von den Kompetenzen, die sich die Männer als Väter aneignen, profitieren.«

Im Fokus: Menschen, die (noch) keine Kinder haben

So absurd es ist: Die Diskriminierung von Eltern beginnt schon oft viele Jahre, bevor ein Mensch Vater oder Mutter wird. Besonders junge Frauen können ein Lied davon singen. Theresa, Unterzeichnerin unserer Petition, beschrieb die Wirkung systematischer Elterndiskriminierung wie folgt:

> »Plötzlich bin ich mir gar nicht mehr sicher, ob ich überhaupt Kinder haben möchte.«

Auch unsere Unterstützerin Elisabeth berichtete:

> »Ich bin mit meinem Bachelorstudium in Biochemie fast fertig. Mein großer Traum war es immer, irgendwann in die Krebsforschung zu gehen. Dabei gibt es ein Problem: Um dort hinzukommen, müsste ich erst mal meinen Master und dann den Doktortitel machen. Ich bin gerade Anfang zwanzig, aber bis ich damit fertig bin, wäre ich fast dreißig. Möchte man mit Doktortitel forschen, gibt es nur befristete Verträge auf drei Jahre. In den letzten Monaten habe ich mir überlegt, was ich mir für mein Leben wünsche: Ich möchte gern Kinder bekommen, bevor ich dreißig Jahre alt bin. Deswegen habe ich

bereits jetzt beschlossen, meinen großen beruflichen Traum, in die Forschung zu gehen, aufzugeben, und mache nun ein Praktikum in der Qualitätssicherung. Es gefällt mir zwar auch gut, wird aber nie meine große Leidenschaft sein.«

Eine weitere Unterstützerin berichtete uns, wie sie in einem Bewerbungsgespräch bereits als kinderlose Berufsanfängerin unter Kinder-Generalverdacht gestellt wurde:

»Im Bewerbungsgespräch bei einer großen überregionalen Boulevardzeitung wurde ich – damals 24 Jahre alt – nach meinem Kinderwunsch gefragt. Begründung des Redaktionsleiters: Er habe gerade eine seiner besten Redakteurinnen ›verloren‹, weil sie schwanger geworden war.«

Abgesehen davon, dass die Frage nach der potenziellen Familienplanung natürlich überhaupt nicht beantwortet werden muss, entlarvt sie auch einen vernichtenden Blick auf Eltern im Job. Und dieser beginnt oft schon weit vor der eigentlichen Elternschaft.

Dies steht im absoluten Widerspruch zum Wunsch eines Großteils der heutigen Arbeitnehmer*innen: 83,5 Prozent der Erwerbstätigen, bei denen Kinder im eigenen Haushalt leben, finden die Vereinbarkeit bei der Arbeitgeber*innenwahl essenziell. Bei den Beschäftigten ohne Kinder im Haushalt sagen dies immerhin noch 73 Prozent. Es wird also ganz deutlich: Vereinbarkeit ist bei der Auswahl eines Arbeitgebers oder Arbeitgeberin nicht nur für Mütter und Väter entscheidend, sondern auch für noch kinderlose Bewerber*innen.[68]

Zum einen, weil es zunehmend ein selbstverständliches Kriterium bei der Jobwahl ist, zum anderen geht auch an kinderlosen Frauen und Männern das Thema Elterndiskriminierung im Job nicht einfach vorbei. Als Kolleg*innen, Geschwister, Freund*innen können sie beobachten, wie selbstverständlich Eltern im Job benachteiligt werden. Die Signalwirkung ist enorm – Elternschaft wird mit negativen beruflichen Konsequenzen assoziiert, damit sich, wie wir in den eingangs genannten Zitaten gesehen haben, Glaubenssätze wie »Wenn ich Kinder bekomme, ist meine Karriere futsch« oder »In meiner Branche kann man halt nicht Kinder und Karriere verbinden« festsetzen.

Auch wenn es noch nicht erforscht ist: Elterndiskriminierung hat mit Sicherheit auch eine unmittelbare Auswirkung auf unsere Geburtenrate: 2020 lag sie bei 1,53 Kindern je Frau und ist damit das vierte Mal in Folge gesunken.[69] Das hat Konsequenzen für eine immer älter werdende Gesellschaft. Immer weniger Menschen im erwerbsfähigen Alter stehen einer wachsenden Zahl von Älteren gegenüber, deren Renten sie bezahlen müssen. Das Resultat: Das Rentenniveau wird sinken, und die finanziellen Belastungen für alle nachfolgenden Generationen werden weiter steigen.[70]

Im Fokus: Unternehmen

Unternehmen werden über kurz oder lang nicht mehr am Thema Familienfreundlichkeit vorbeikommen. »Wenn ein Unternehmen Arbeitsplätze besetzen will, muss es Beruf und Familie ganzheitlich, und zwar über das Mutter-Vater-Kind Konzept hinaus, auf dem Schirm haben. Was nicht gutgehen wird und noch nie gut gegangen ist, ist das Motto: ›Familienfreundlichkeit light bitte und nur wenn es weder Zeit, Geld noch Kreativität kostet – her mit dem Siegel für die Homepage!‹«, sagt Nina Straßner, Global Head of People Initiatives bei SAP und Unterstützerin von #proparents.

Der Kampf um die Talente

Unternehmen haben zunehmend stärker den Wert ihrer Reputation und Attraktivität im Blick, nicht nur für potenzielle Kunden, sondern auch und ganz besonders als Arbeitgeber*innen im Wettbewerb um die besten Köpfe – und zwar für bestehende und auch für zukünftige Mitarbeiter*innen. Die Relevanz wird nach Einschätzung der Arbeitgeber*innen zunehmen. So meinen neunzig Prozent der Firmen, dass es in fünf Jahren wichtig bis sehr wichtig sein wird, allen Beschäftigtengruppen Vereinbarkeitsangebote machen zu können.[71] Beschleunigt wird dies sicherlich durch den akuten und weiter zunehmenden Fachkräftemangel, insbesondere für Berufe, die mehrheitlich Frauen ausüben. So rechnet der Deutsche Städtetag mit 230.000 fehlenden Erzieher*innen sowie 300.000 fehlenden Pflegekräften in den kommenden Jahren.[72] »Wir beobachten schon seit einiger Zeit einen Wandel auf dem Arbeitsmarkt, weg vom Arbeitgeber*innen- hin zum Arbeitnehmer*innenmarkt«, sagt Ilona Indra, Managing Director im People & Transformation-Team der Unternehmensberatung FTI Consulting, und fügt hinzu: »Gleichzeitig sehen wir bei Berufseinsteiger*innen einen anderen Anspruch, was Arbeit für sie bedeuten soll, welchen Stellenwert der Job im Leben hat, sie wollen viel stärker Impact kreieren und gestalten. Die Vereinbarkeit von Job und Privatleben ist für diese Generation kein Nice-to-have, sondern vielmehr ein Must-have. Der Wandel auf dem Arbeitsmarkt und das Wertegerüst der nachfolgenden Generationen – diese beiden Stränge verstärken sich gegenseitig, und Unternehmen sind gut beraten, den Mitarbeiter*innen ein entsprechend attraktives Umfeld zu bieten.«

Hohe Kosten
Anwaltshonorare, Abfindungen, Kosten für Social-Media-Ads, externe Personalberatung, Headhunter, Gespräche mit Betriebsrät*innen, Stellenausschreibungen, Bewerbungsverfahren, Übergabephasen, Einarbeitungsphasen und die damit verbundenen Personalkosten: Die Kündigung eines früheren und die Einstellung

eines neuen Mitarbeiters oder einer neuen Mitarbeiterin, aber natürlich auch Unsicherheiten im Team oder Krankschreibungen von diskriminierten Mitarbeiter*innen, sind mit hohen direkten, aber auch indirekten Kosten verbunden. Nach Analysen der Unternehmensberatung Deloitte in Österreich betragen die durchschnittlichen Kosten der Fluktuation 14.900 Euro pro Stelle.[73] In Deutschland werden die Kosten wahrscheinlich ähnlich sein. Zudem gehen dem Unternehmen durch Fluktuation wertvolles Wissen, Erfahrung, eventuell auch Kundenbeziehungen und Aufträge verloren.

Es liegt daher auf der Hand, dass es eine sehr viel günstigere Variante ist, Mitarbeiter*innen zu binden, gut zu behandeln und auch Eltern eine Entwicklungsperspektive zu geben. Gleichzeitig ist es auch eine Gelegenheit, den Effizienzcheck im Team zu machen, rät Ilona Indra. Sie ermutigt Unternehmen, sich der Aufgabe zu stellen: »Wenn jemand Vater oder Mutter wird, ist das ja etwas, auf das sich ein Unternehmen gut vorbereiten kann. Meines Erachtens ist es immer eine Frage des Blickes, es darf eben nicht als Problem gesehen werden. Vielmehr würde ich es auch immer als Chance verstehen, ein Team oder sich selbst neu aufzustellen, effizienter zu arbeiten oder weniger sinnvolle Aufgaben komplett zu streichen – und nicht zuletzt auch als Chance, gute Mitarbeiter*innen im Unternehmen zu halten.«

Mitarbeiter*innenzufriedenheit ist wertvoll

Nicht zu unterschätzen ist auch die Auswirkung auf den sozialen Zusammenhalt in Unternehmen und für den Betriebsfrieden. Jede Diskriminierung, jede Kündigung, jede Klage wegen abgelehnter Teilzeit, jede Mutter, die nach der Elternzeit nicht mehr wiederkommt, sorgt für Gesprächsstoff und Diskussionen unter Kolleg*innen. Diese beeinflussen die Arbeitsatmosphäre, Motivation und Mitarbeiterzufriedenheit und damit auch die Leistung und Produktivität im

Team. Insgesamt kostet die fehlende Motivation der Beschäftigten die deutsche Volkswirtschaft nach einer Gallup-Hochrechnung jährlich 112 bis 138 Milliarden Euro. Denn die Mitarbeiter mit verlorener Bindung lieferten weniger Ideen, seien häufiger krank und steckten die Kollegen mit ihrer Unlust an.[74]

Der gute Ruf

Elterndiskriminierungen wirken nicht nur nach innen, sondern auch nach außen, was zu einem deutlichen Imageschaden für Unternehmen führen kann. Eltern sind gut vernetzt. Egal ob in sozialen Netzwerken, in Internetforen oder WhatsApp-Gruppen, im Sandkasten oder beim Babyschwimmen: Gute, aber auch schlechte Neuigkeiten, Erfahrungen und Empfehlungen sprechen sich schnell herum und landen auf Arbeitgeber*innen-Bewertungsportalen. Das gilt auch für familienfeindliche Arbeitgeber*innen, die diskriminieren, herabwürdigen und mobben. Beim Kampf um die Talente kann eine Note sechs in Sachen Vereinbarkeit bedeuten, dass hoch qualifizierte Bewerber*innen lieber zur Konkurrenz gehen.

Mangelnde Konkurrenzfähigkeit

Das Meinungsforschungsunternehmen Civey führte im September 2019 im Auftrag der berufundfamilie Service GmbH eine Umfrage zur Zertifizierung von Arbeitgeber*innen für die Vereinbarkeit von Beruf, Familie und Privatleben durch. Bei der Frage »Wäre die schlechte Vereinbarkeit für Sie ein Grund, den Job zu wechseln?« zeigt sich ganz deutlich: Je jünger Erwerbstätige sind, desto mehr von ihnen würden den Job wechseln, wenn sich die Vereinbarkeit von Beruf, Familie und Privatleben für sie als schlecht erweist. Bei den 18- bis 29-Jährigen bekundeten 77 Prozent ihren Wechselwillen und bei den 30- bis 39-Jährigen 76 Prozent.[75]

Es wird also deutlich: Die Auswirkungen von Elterndiskriminierung sind auch für Unternehmen gravierend. Wenn sie weiterhin die besten Talente für sich gewinnen wollen, müssen sie das Vereinbarkeitsversprechen wirklich und ehrlich mit Leben füllen. Eltern spüren sehr schnell, ob es ein Unternehmen mit seinem Vorhaben ernst meint oder ob es sich nur um ein schickes Siegel auf der Internetseite oder ein paar hübsche Worte in einem Werbeprospekt handelt. Und ziehen ihre Konsequenzen.

ELTERN-DISKRIMINIERUNG – DER BLINDE FLECK IN UNSEREN GESETZEN

Gesetzeslücken, die Eltern ausbaden müssen

Trotz der besonderen Schutzbedürftigkeit, trotz der immensen negativen Auswirkungen auf unsere Gesellschaft und Wirtschaft gibt es kein in Stein gemeißeltes Gesetz, das besagt: *Die Benachteiligung von Eltern in der Arbeitswelt ist unzulässig.* Dieser klare, einfache und unmissverständliche Satz, bei dem alle mit dem Kopf nicken, ist kein Teil unserer Rechtsordnung. Man mag sich die Augen reiben, energisch mit dem Kopf schütteln oder wütend ins Kissen brüllen, leider ist es so.

Natürlich gibt es in Spezialgesetzen bewährte Regelungen wie zum Beispiel die Mutterschutzfrist oder das Kündigungsverbot während der Schwangerschaft und Elternzeit. Daher ist die Frage »Wieso brauchen wir überhaupt eine Allgemeinklausel, es gibt doch genug Gesetze?« durchaus berechtigt.

Die Antwort ist: Die aktuellen Gesetze reichen nicht aus und sind lückenhaft. Sie löschen vielleicht die größten Brandherde, stellen aber kein Konzept dar, das den Bedürfnissen von Eltern und der Wertschätzung von Fürsorgearbeit gerecht wird – und sie im Ernstfall vor Diskriminierungen schützt. Sie erwecken eher den Eindruck, dass mit dem Gießkannenprinzip der kleinste gemeinsame Nenner zum Ausgleich der Interessen von Eltern und Arbeitgeber*innen gesucht wurde.[76] Im Vordergrund standen nicht immer die Interessen von Familien und der Schutz der erbrachten Fürsorgeleistung, sondern die Verfügbarkeit der Arbeitskraft von Müttern und Vätern, also der ökonomische »Wert« von Eltern. Dadurch sind erhebliche Lücken in unseren Gesetzen entstanden, die, wie unsere Fälle zeigen werden, im Laufe der Jahrzehnte schon als »normal« und »So ist es halt« wahrgenommen werden. Es ist an der Zeit, ein neues Bewusstsein zu schaffen und unsere Gesetzeslandschaft, die im Hinblick auf den Benachteiligungs- und Diskriminierungsschutz erwerbstätiger

Eltern aktuell nur als halbherzig geknüpfter Flickenteppich bezeichnet werden kann, zu ergänzen und zu erneuern.

Wieso, weshalb und an welchen Stellen Eltern durch unser Rechtssystem rutschen, wollen wir, bevor wir uns in die Fallgeschichten stürzen, genauer aufzeigen und beleuchten. Herausgepickt haben wir uns die wichtigsten Gesetze, die im Kontext von Elterndiskriminierung eine Rolle spielen: das Allgemeine Gleichbehandlungsgesetz (AGG), das Mutterschutzgesetz (MuSchG), das Bundeselterngeld- und Elternzeitgesetz (BEEG) und die Regelungen zur Teilzeit.

Uns ist es wichtig, dass du deine Rechte kennst, damit du dich schützen und wehren kannst. Daher haben wir dir einige juristische Grundlagen zu wichtigen Gesetzen und zur Thematik Elterndiskriminierung zusammengestellt – ja wir wissen: Das ist manchmal etwas trocken, aber im Ernstfall sehr wichtig.

Das Allgemeine Gleichbehandlungsgesetz (AGG)

Wer unsere Initiative #proparents kennt, weiß, dass das AGG im Fokus unserer Arbeit steht, da es bislang keinen geschlechterunabhängigen Schutz vor Elterndiskriminierung regelt und daher eine Schutzlücke besteht.

Fünf Fakten zum AGG, die alle Eltern kennen sollten

1. **Diskriminierungsmerkmale**: Ziel des AGG ist der Schutz vor Benachteiligungen, bezogen auf verschiedene Diskriminierungsmerkmale, von denen du bestimmt schon einmal gehört hast:
    - Rasse
    - Ethnische Herkunft

- Geschlecht
- Religion
- Weltanschauung
- Behinderung
- Alter
- Sexuelle Identität

Mutterschaft, Vaterschaft, Fürsorgeverantwortung oder Fürsorgeleistung werden in § 1 AGG nicht aufgeführt.

2. **Unmittelbare und mittelbare Benachteiligung**: Die juristische Definition einer Benachteiligung haben wir ja bereits dargestellt, ihr erinnert euch an Davids Fall. Damit nicht genug – es gibt zwei wichtige Kategorien, die für das Verständnis der zulasten von Eltern bestehenden Elterndiskriminierungs-Schutzlücke sehr wichtig sind. Diese lauten – vereinfacht – wie folgt:

- Eine unmittelbare, also direkte Benachteiligung liegt immer dann vor, wenn eine Person wegen eines Diskriminierungsmerkmals eine weniger günstige Behandlung erfährt als eine andere Person in einer vergleichbaren Situation.
- Eine mittelbare, also indirekte Benachteiligung liegt vor, wenn dem Anschein nach neutrale Vorschriften, Kriterien oder Verfahren Personen wegen eines Diskriminierungsmerkmals benachteiligen können und diese nicht durch ein rechtmäßiges Ziel sachlich gerechtfertigt sind.

Dazu ein konkretes Beispiel, damit die sehr abstrakte mittelbare Diskriminierung etwas leichter verständlich ist: Die Teilzeitangestellten eines Kaufhauses erhalten einen geringeren Stundenlohn als Vollzeitkräfte. Da 95 Prozent der Teilzeitkräfte Frauen sind, werden diese gegenüber der Vergleichsgruppe »Männer« aufgrund des AGG-Merkmals »Geschlecht« indirekt benachteiligt. Es wird also durch an sich neutrale und per se nicht diskriminierende Vorgaben (weil es ja nicht heißt: Wir zahlen weniger Geld an alle Frauen) quasi über die Hintertür diskriminiert (weil es überwiegend Frauen trifft, da fast alle Teilzeitarbeitende Frauen sind).

3. **Schadensersatzansprüche**: Im Diskriminierungsfall hast du ein Beschwerderecht, unter bestimmten Voraussetzungen ein Leistungsverweigerungsrecht und einen Schadensersatzanspruch. Dieser besteht, wenn dein*e Arbeitgeber*in die Diskriminierung zu verschulden, also zu verantworten hat und – das ist meistens die größte Hürde – wenn du Indizien für eine Benachteiligung beweisen kannst. Wichtig ist auch, dass du den Anspruch fristgemäß geltend machst.

4. **Frist**: Den Anspruch auf Schadensersatz musst du innerhalb einer Frist von zwei Monaten geltend machen. Die Frist beginnt wie eine Stoppuhr zu laufen, sobald du Kenntnis von der Benachteiligung hast.

5. **Beweislastumkehr:** Normalerweise müssen Ansprüche durch Beweismittel wie zum Beispiel Urkunden oder Zeugen bewiesen werden. Im AGG gibt es jedoch eine wichtige Sonderregelung, welche die Beweisführung massiv erleichtert: die »Beweislastumkehr«. Das bedeutet: Wenn du diskriminiert wurdest, musst du nur einen stichhaltigen Hinweis – ein sogenanntes Indiz – vorbringen und beweisen, mit dem sich auf eine Diskriminierung schließen lässt. Der oder die Arbeitgeber*in muss dann mit echten Beweisen zeigen, dass er*sie nicht diskriminiert hat.

Der blinde Fleck im AGG

Zunächst die gute Nachricht: Es gibt einzelne Elterndiskriminierungen, die vom AGG erfasst sind. Dazu zählen Benachteiligungen einer Frau aufgrund von Schwangerschaft und Geburt sowie während der Stillzeit. Diese werden über das Merkmal »Geschlecht« gemäß § 1 AGG erfasst. Das ist logisch, denn eine Schwangerschaft, die Geburt und die Stillzeit sind untrennbar mit dem Geschlecht verbunden, daher können sie als Differenzierungsmerkmal ausschließlich Frauen nachteilig treffen. Sogar das Wort »Mutterschaft« taucht im AGG auf – im Gegensatz zum nicht existenten Begriff »Vaterschaft«. Mit »Mutterschaft« ist aber nicht der Zeitraum vom Tag der Geburt bis zum 18. Geburtstag des Kindes gemeint, sondern nur der besondere Schutz der Frau im Zusammenhang mit einer kurz bevorstehenden oder gerade erfolgten Entbindung.

Danach, also ungefähr mit Beginn der Elternzeitphase, ist erst einmal Schluss mit eindeutigem unmittelbarem Geschlechterdiskriminierungsschutz zugunsten von Eltern. Das ist traurig, nach der aktuellen Systematik des Gesetzes aber logisch, da die Elternzeit sowohl von Vätern als auch von Müttern in Anspruch genommen werden kann. Diese Lücke hat auch Lynn zu spüren bekommen. Der Richter stellte fest, dass die Kündigung am ersten Tag nach der Elternzeit nach vorheriger Abwertung als Zwillingsmama keine Diskriminierung gewesen war, weil Elternzeit nun mal »geschlechtsneutral« sei.

Während der Elternzeit kommt daher, wenn überhaupt, nur eine mittelbare Diskriminierung in Betracht – diese führt bei einer Vergleichsgruppenbildung »Männer versus Frauen« jedoch zu schiefen Ergebnissen, insbesondere dann, wenn die diskriminierte Gruppe, also zum Beispiel die Eltern, die sich in Elternzeit befinden, aus Müttern und Vätern besteht und beide gleich schlecht behandelt werden, wie folgendes Beispiel zeigt: Ein Arbeitgeber entscheidet sich dazu, alle befristeten Verträge zu verlängern – mit Ausnahme von Eltern, deren Verträge während der Elternzeit enden. In dem Betrieb sind insgesamt sechs Personen mit befristeten Verträgen in Elternzeit angestellt, davon jeweils drei Mütter und drei Väter. In diesem Fall diskriminiert der Arbeitgeber nicht wegen des Geschlechtes.

In Lynns Fall hätte eine mittelbare Diskriminierung übrigens auch nicht weitergeholfen, da eine Vergleichsgruppenbildung überhaupt nicht möglich war: Sie war im Unternehmen die einzige Mutter in Elternzeit – in diesem Fall ist bereits umstritten, ob eine einzelne Person überhaupt eine Gruppe darstellt – nach allgemeinem Verständnis muss es mehrere Menschen geben, damit man sie als Gruppe bezeichnen kann.

Wie sieht die Rechtslage aus, wenn die Kinder älter sind? Auch in der Phase nach der Elternzeit, ja sogar im Schulalter der Kinder kann es, wie wir gesehen haben, zu Elterndiskriminierungen kommen, beispielsweise bei Ablehnung einer Bewerbung, weil das Kind im Lebenslauf erwähnt wurde. Dazu gibt es sogar eine Entscheidung des Bundesarbeitsgerichtes aus dem Jahr 2014,[77] die besagt, dass eine unmittelbare Benachteiligung aufgrund des Geschlechtes vorliegen kann, wenn Arbeitgeber*innen nur bei Bewerberinnen das Problem der Vereinbarkeit von Familie und Beruf sehen, nicht jedoch bei der männlichen Konkurrenz – wir kommen später noch auf diesen Fall zurück. Auch hier wird wieder deutlich: Elterndiskriminierungen werden nur als Geschlechterdiskriminierung erfasst. Das Urteil wäre mit Sicherheit anders ausgefallen, wenn die Bewerbung eines Vaters abgelehnt worden wäre. Auch diese höchstrichterliche Entscheidung hilft nicht darüber hinweg, dass eine Schutzlücke besteht. Zusammengefasst besteht diese zulasten von Müttern vor allem bei Diskriminierungshandlungen außerhalb der Schwangerschaftsphase in Fällen ohne Geschlechterbezug. Zulasten von Vätern besteht die Schutzlücke, da diese erst gar nicht im AGG genannt werden.

Nun gibt es Stimmen – und das ist wohl auch die aktuelle Auffassung der Bundesregierung sowie der Arbeitgeberverbände –, die sagen, dass wir keinen besonderen Diskriminierungsschutz für Fürsorgeleistende brauchen, da es dafür bereits das »Maßregelungsverbot«

gemäß § 612a BGB gäbe. Dieses etwas hölzern formulierte Verbot besagt, dass ein*e Arbeitnehmer*in bei einer Vereinbarung oder einer Maßnahme nicht benachteiligt werden darf, weil der oder die Arbeitnehmer*in in zulässiger Weise seine*ihre Rechte geltend macht. Bezogen auf Elterndiskriminierung heißt das im Klartext: Wer ein Recht, zum Beispiel auf Elternzeit oder Teilzeit in Elternzeit ausübt, darf deswegen nicht benachteiligt werden. Das klingt erst mal vernünftig, greift aber zu kurz. Erstens: Diskriminierungen können auch ohne Rechtsausübung stattfinden. Dazu zählt zum Beispiel der Fall, dass ein befristeter Vertrag nicht verlängert wird, weil eine Elternzeit im Raum steht, aber noch gar nicht angemeldet wurde. Oder: Eine Bewerbung wird abgelehnt, weil Eltern unterstellt wird, dass sie oft wegen kranker Kinder fehlen. Zweitens: § 612a BGB regelt als Folge nur die »Nichtigkeit« der Maßnahme, jedoch keine Schadensersatzansprüche. Diese können zwar bestehen, jedoch unter erschwerten Voraussetzungen, weil keine dem AGG vergleichbare Beweislastumkehr geregelt ist. Das vielgepriesene Maßregelungsverbot stellt daher keinen Rundum-sorglos-Diskriminierungsschutz für Eltern dar und kann den AGG-Schutz keineswegs ersetzen. Bedauerlicherweise hat das unser Gesetzgeber bei der Umsetzung der EU-Vereinbarkeitsrichtlinie, die auch einen Diskriminierungsschutz für Eltern vorsieht, trotz entsprechender Stellungnahmen verschiedener Verbände und Initiativen, auch von #proparents, und trotz der Studie der ADS nicht berücksichtigt.[78]

Warum wir dringend ein neues Diskriminierungsmerkmal »Fürsorgeleistung« benötigen und was sich dadurch ändern würde

- Die Ergänzung im AGG um ein eigenes Merkmal »Fürsorgeleistung« würde mögliche Benachteiligungen auch unabhängig vom Merkmal »Geschlecht« lückenlos erfassen und anerkennen, dass Benachteiligungen mit »Kinder haben« – also mit Elternschaft im Allgemeinen – verbunden sind. Wenn man die Diskriminierung von Eltern gesetzlich weiterhin nur als mittelbare Geschlechterdiskriminierung von Frauen anerkennt, wird das Bild zementiert, dass das weibliche Geschlecht und die Fürsorgeleistung fest miteinander verknüpfte Merkmale sind.[79]

- Nicht nur Mütter, sondern auch Väter werden nach aktueller Rechtslage nicht ausreichend vor Diskriminierungen geschützt. Dieses Ergebnis kann nicht gewollt sein, auch wenn Väter wesentlich seltener diskriminiert werden. Gerade die Väter, die bereit sind, einen Anteil an der Fürsorgearbeit zu übernehmen, und dadurch nicht nur aktive Väter für ihre Kinder sind, sondern vor allem auch Mütter entlasten, sollten in ihrer Rechtsposition gestärkt und lückenlos vor Benachteiligungen geschützt werden.

- Der Stellenwert von Fürsorgearbeit würde aufgewertet werden – durch den Rang eines Diskriminierungsmerkmals und durch die damit verbundene Möglichkeit, Schadensersatzansprüche unter Geltung der Beweislastumkehr im Falle von Benachteiligungen geltend zu machen.

- Die Anerkennung der Fürsorgeleistung als Diskriminierungsmerkmal kann in vielen Fällen dazu führen, dass Kündigungen aufgrund von Elternschaft unwirksam sind und Eltern nicht in die Arbeitslosigkeit rutschen. Das ist vor allem relevant, wenn das Kündigungsschutzgesetz nicht anwendbar ist, zum Beispiel weil das Unternehmen weniger als zehn Mitarbeiter*innen hat – wie auch in Lynns Fall.

- Unternehmensguidelines, Betriebsvereinbarungen oder Sozialpläne, die Eltern benachteiligen, wären aufgrund eines Verstoßes gegen das AGG ebenfalls unwirksam.

- Unternehmen wären verpflichtet, sich gegenüber fürsorgeleistenden Erwerbstätigen diskriminierungsfrei auszugestalten. Auch

Gremien wie Betriebsräte oder Gleichstellungsbeauftragte, die sich für die Rechte von Eltern einsetzen, würden gestärkt werden. Ein neues Diskriminierungsmerkmal »Fürsorgeleistung« würde dazu beitragen, das Eltern, aber auch pflegende Angehörige im »Diversity«-Kontext bei entsprechenden Maßnahmen und Vorschriften als eigene Kategorie mitgedacht werden.

- Durch ein neues Diskriminierungsmerkmal »Fürsorgeleistung« oder »Fürsorgeverantwortung« würde der Gesetzgeber das Vorhaben aus dem Koalitionsvertrag, AGG-Schutzlücken zu schließen, umsetzen.
- Das Risiko von Fehlurteilen würde geringer werden, da umständliche Herleitungen entfallen würden.

Agenda für den Gesetzgeber zur Verbesserung des AGG

Ganz oben auf der Agenda sollte natürlich die Erweiterung um das Diskriminierungsmerkmal »Fürsorgeleistung« stehen. Prof. Dr. Gregor Thüsing und Lena Bleckmann unterbreiten in dem ADS-Rechtsgutachten dazu den Vorschlag, das AGG um vier Wörter zu ergänzen:

§ 1 Ziel des Gesetzes
»Ziel des Gesetzes ist, Benachteiligungen aus Gründen der Rasse oder wegen der ethnischen Herkunft, des Geschlechts, der Religion oder Weltanschauung, einer Behinderung, des Alters, der sexuellen Identität **oder der familiären Fürsorge** zu verhindern oder zu beseitigen.«[80]

Wichtig ist vor allem auch: Das AGG sollte kein zahnloser Tiger bleiben, sondern zum scharfen Schwert werden, damit der Rechtsschutz zugunsten diskriminierter Eltern auch effektiv im wahren

Leben stattfindet. In diesem Zusammenhang sind unter anderem weitere Reformen erforderlich:[81]

- **Verlängerung der Frist** zur Geltendmachung von Schadensersatzansprüchen auf mindestens sechs Monate
- **Auskunftsrechte** der Antidiskriminierungsstelle des Bundes gegenüber diskriminierenden Arbeitgeber*innen
- Einführung eines **Klagerechtes für die Antidiskriminierungsstelle** des Bundes und für die Antidiskriminierungsverbände, damit Fälle von grundsätzlicher Bedeutung durch Gerichte entschieden werden
- **Bußgelder** für Unternehmen, unter anderem bei der Nichteinrichtung von Diskriminierungsbeschwerdestellen

Das Mutterschutzgesetz (MuSchG)

Ziel des Mutterschutzgesetzes ist der diskriminierungsfreie Gesundheitsschutz schwangerer und stillender Mütter.[82] Die Schutzvorschriften richten sich hauptsächlich an Arbeitgeber*innen, Mütter sollten sie aber auch kennen, damit sie die Regelungen bei einer Missachtung notfalls einfordern können. Man hört und liest es kaum, auch nicht in den Broschüren des Familienministeriums: Die bewusste und vorsätzliche Missachtung des Mutterschutzgesetzes kann eine Diskriminierung darstellen – deshalb ist es so wichtig, dass ihr die wichtigsten Regelungen kennt.

Zehn Fakten zum Mutterschutzgesetz, die alle Eltern kennen sollten

1. **Anwendbarkeit:** Das Mutterschutzgesetz gilt für alle Frauen, die in einem Beschäftigungsverhältnis stehen, sowie unter anderem für Auszubildende, Schülerinnen, Studentinnen und

Praktikantinnen. Auf Selbstständige findet das Gesetz keine Anwendung, es sei denn, sie arbeiten »arbeitnehmerähnlich« – also für nur eine*n Auftraggeber*in. Für einige Berufsgruppen, wie zum Beispiel Beamtinnen, gelten Spezialgesetze.

2. **Gesetzliche Mutterschutzfrist:** Der*die Arbeitgeber*in darf eine schwangere Frau sechs Wochen vor dem errechneten Entbindungstermin und acht Wochen nach der Entbindung nicht beschäftigen – es gilt ein absolutes Beschäftigungsverbot. Ausnahme: Während der sechs Wochen vor dem Entbindungstermin darf eine Schwangere freiwillig weiterarbeiten. Die Schutzfrist verlängert sich auf zwölf Wochen bei Frühgeburten, Mehrlingsgeburten sowie wenn acht Wochen nach der Entbindung eine Behinderung des Kindes festgestellt worden ist. Kommt das Baby früher oder später als zum errechneten Termin, verkürzt oder verlängert sich die Schutzfrist entsprechend. Leider besteht im Falle einer Fehlgeburt ein gesetzlicher Mutterschutz erst ab der 24. Schwangerschaftswoche beziehungsweise nur dann, wenn das Gewicht des Kindes mindestens 500 Gramm beträgt.

3. **Arbeitszeiten:** Schwangere und stillende Frauen dürfen nicht mehr als 8,5 Stunden pro Tag beschäftigt werden (ohne Pausen), Mehrarbeit ist verboten oder muss beantragt werden. Nachtarbeit, Sonn- und Feiertagsarbeit sind verboten. In einzelnen Fällen gibt es davon Ausnahmen beziehungsweise Ausnahmegenehmigungen auf Antrag bei der zuständigen Behörde.

4. **Gefährdungsbeurteilung:** Der*die Arbeitgeber*in ist verpflichtet, allen schwangeren und stillenden Müttern einen mutterschutzgerechten Arbeitsplatz einzurichten und dazu eine allgemeine Gefährdungsbeurteilung der Arbeitsbedingungen im Unternehmen zu erstellen – und zwar unabhängig von einer bestehenden Schwangerschaft. Im Falle einer Schwangerschaft

wird diese dann bezogen auf die konkrete Tätigkeit der Schwangeren individualisiert und besprochen sowie noch mal ganz genau geprüft: Ist der Arbeitsplatz gefährlich oder nicht?

5. **Beschäftigungsverbot:** Bei einer unverantwortbaren Gefährdung laut Gefährdungsbeurteilung, die weder durch Umgestaltung des Arbeitsplatzes noch durch Versetzung beseitigt werden kann, muss der*die Arbeitgeber*in ein betriebliches Beschäftigungsverbot aussprechen. Das gilt nicht nur für die Schwangerschaft, sondern auch während der Stillzeit. Darüber hinaus gibt es noch ärztliche Beschäftigungsverbote. Diese werden von einem Arzt oder einer Ärztin ausgesprochen, wenn aufgrund des persönlichen Gesundheitszustandes eine Gefahr für die schwangere Mutter oder das ungeborene Kind besteht, zum Beispiel bei einem hohen Fehlgeburtsrisiko. Darüber hinaus können auch Aufsichtsbehörden Beschäftigungsverbote anordnen.

6. **Kündigungsschutz:** Eine Kündigung ist ab dem ersten Tag der Schwangerschaft und bis zum Ablauf der nachgeburtlichen Mutterschutzfrist, mindestens aber bis zu vier Monate nach der Entbindung unzulässig. Das gilt ebenfalls im Falle einer Fehlgeburt, jedoch erst nach der zwölften Schwangerschaftswoche. Nur dann, wenn die für Arbeitsschutz zuständige oberste Landesbehörde die Kündigung für zulässig erklärt, darf der*die Arbeitgeber*in kündigen. Achtung: Bestehen Zweifel an der Rechtmäßigkeit der Kündigung, muss innerhalb von drei Wochen nach Zugang eine Kündigungsschutzklage beim Arbeitsgericht eingereicht werden, andernfalls wird die Kündigung wirksam.

7. **Mutterschaftsgeld und Arbeitgeberzuschuss:** Während der gesetzlichen Mutterschutzfrist und am Tag der Geburt erhalten werdende Mütter pro Tag bis zu 13 Euro Mutterschaftsgeld, wenn sie gesetzlich mit Anspruch auf Krankengeld versichert

sind. Privatversicherte oder über den oder die Partner*in familienversicherte Mütter erhalten einen einmaligen Betrag in Höhe von bis zu 210 Euro. Zusätzlich stockt der*die Arbeitgeber*in das Mutterschaftsgeld so auf, dass Mütter ihr Nettoarbeitsentgelt in Höhe des durchschnittlichen Gehaltes aus den letzten drei Monaten vor Beginn der Mutterschutzfrist erhalten. Diesen Betrag erhält der*die Arbeitgeber*in über ein Umlageverfahren von der Krankenkasse erstattet.

8. **Mutterschutzlohn:** Frauen, die sich außerhalb der gesetzlichen Mutterschutzfrist in einem Beschäftigungsverbot befinden, erhalten den Mutterschutzlohn. Die Höhe bestimmt sich nach dem durchschnittlichen Gehalt der letzten drei Monate vor Beginn der Schwangerschaft.

9. **Urlaub:** Dieser Anspruch besteht während der Beschäftigungsverbote beziehungsweise der gesetzlichen Mutterschutzfristen fort und darf nicht gekürzt werden. Resturlaub, der vor einem Beschäftigungsverbot nicht genommen wurde, kann nach dem Beschäftigungsverbot sowie im darauffolgenden Urlaubsjahr genommen werden.

10. **Stillzeiten:** Die Mindeststillzeit beträgt zweimal täglich eine halbe oder einmal täglich eine Stunde. Arbeitet die stillende Mutter länger als acht Stunden, beträgt die Stillzeit mindestens zweimal 45 Minuten oder einmal 90 Minuten. Die Stillzeiten können auch für das Abpumpen verwendet werden und dürfen nicht auf Ruhepausen angerechnet werden. Während der Stillzeiten besteht ein Anspruch auf bezahlte Freistellung von der Arbeit sowie auf die Einrichtung eines Stillraums.

Mutterschutz – aber ohne Diskriminierungsschutz

Im Mutterschutzgesetz existiert keine Regelung, die besagt, dass Benachteiligungen aufgrund einer Schwangerschaft, Geburt oder Stillzeit unzulässig sind. Auch wenn Benachteiligungen einer Frau in diesem Zeitraum grundsätzlich über eine Geschlechterdiskriminierung abgedeckt sind, ergibt es Sinn, mutterschutzspezifische Sachverhalte und Benachteiligungen beim Namen zu nennen und zu verbieten – quasi als Konkretisierung des Diskriminierungsmerkmals Geschlecht. Das betrifft Fälle wie zum Beispiel die Ausgrenzung und Herabwürdigung nach Offenbarung einer Schwangerschaft oder abgelehnte Bewerbungen aufgrund einer Schwangerschaft.

Im Fokus muss dabei nicht nur der Schutz der schwangeren und stillenden Frau und des ungeborenen Kindes stehen, sondern auch die Vermeidung der Verdrängung vom Arbeitsmarkt, indem Schwangeren ein möglichst langer Zugang zu diskriminierungsfreier Erwerbstätigkeit ermöglicht wird.

Mutterschutz – aber nicht für Selbstständige

Eigentlich kann es keinen Unterschied machen, ob ein Baby im Bauch einer angestellten oder einer selbstständigen Mutter wächst. Tut es aber doch, denn es gibt immer noch Personengruppen, auf die das Gesetz nicht anwendbar ist. Die Folgen sind fatal und zeigen sich zum Beispiel bei selbstständigen Handwerkerinnen. So berichtet die Tischlermeisterin Johanna Röh, Initiatorin der Petition »Schwanger und selbstständig: Es braucht endlich eine Reform des Mutterschutzes!«:[83]

»Als angestellte Tischlermeisterin hätte ich direkt zu Beginn der Schwangerschaft ein Beschäftigungsverbot bekommen, da die gesundheitlichen Gefahren in meinem Beruf für mich und das Baby zu gravierend sind. Als Selbstständige muss ich es mir leisten können, nicht zu arbeiten, da es keinerlei Absicherung für mich gibt. Die meisten Schwangeren in meiner Situation geben ihren Betrieb auf oder stehen hochschwanger auf der

Leiter, an den Maschinen und im Bankraum. Jetzt müsste ich mir einen finanziellen Puffer für die Zeit des Mutterschutzes zulegen, damit ich nicht im Wochenbett wieder in die Werkstatt muss. Andererseits sollte ich zurzeit aber keine Einnahmen haben und darf noch nicht einmal zu Büroarbeit fähig sein, um Anspruch auf Krankengeld zu haben. Dazu kommt: Wenn ich keine gesundheitliche Gefährdung für das Kind und mich eingehen möchte, darf ich fast keine Tätigkeit meines Berufes ausführen. Dass die Fixkosten einer Tischlerei durchgehend anfallen und eine mögliche Krankengeldzahlung ohnehin bei Weitem übersteigen, macht die Situation nicht einfacher.«

Johanna Röh fordert daher eine umfassende Reform des Mutterschutzgesetzes, insbesondere einen bezahlten Mutterschutz auch für Selbstständige. Dieser Forderung können wir uns nur anschließen.

Die Evaluierung des Mutterschutzgesetzes und die Studie des DGB

Der Großteil der Mutterschutz-Paragrafen, wie zum Beispiel das Kündigungsverbot in der Schwangerschaft oder das absolute Beschäftigungsverbot während der Mutterschutzfrist, sind erfolgreiche Gesetze, da sie umfassend und wirkungsvoll sind. Viele Regelungen sind sowohl bei Arbeitgeber*innen als auch bei Eltern bekannt und werden respektiert. Auch die finanziellen Leistungen und die Verzahnung zwischen Arbeitgeberleistungen und Krankenkassenleistungen funktionieren in der Praxis weitgehend gut.

Dennoch stellt sich die Frage: Reichen die Gesetze aus? Werden sie auch wirklich in der unternehmerischen Praxis angewendet? Genau deswegen ist in § 32 MuSchG vorgesehen, das Gesetz regelmäßig zu evaluieren. Das bedeutet: Es wird geprüft, ob die Schutzvorschriften Wirkung zeigen und ob gegebenenfalls nachgebessert werden muss. Ein entsprechender Bericht hätte laut Gesetz eigentlich bis Januar 2021 von der Regierung vorgelegt werden müssen. Wer danach im Netz oder auf den Seiten des Familienministeriums sucht, wird allerdings nicht fündig. Kein Wunder, denn dieser Bericht existierte bis Ende Juni 2022 noch nicht. Auf Nachfrage wurde uns mitgeteilt, dass es aufgrund von Corona Verzögerungen gegeben habe. Schade, wir hätten uns gewünscht, dass gerade während der Coronapandemie mit Hochdruck an Verbesserungen des Mutterschutzgesetzes gearbeitet wird.

Dennoch gibt es einen kleinen Trost: Der Deutsche Gewerkschaftsbund (DGB) und das Institut für sozialwissenschaftlichen Transfer (SowiTra) haben bereits eine Studie veröffentlicht,[84] deren Ergebnisse voraussichtlich in den Evaluationsbericht einfließen werden. Die Zahlen sind erschreckend:

- 35 Prozent der befragten Mütter gaben an, dass **keine Gefährdungsbeurteilung** durchgeführt worden sei, 11 Prozent wussten nicht, ob eine solche durchgeführt wurde. Daraus ist zu schließen, dass nur bei 54 Prozent der Befragten eine solche Prüfung durchgeführt wurde.
- Nicht einmal der Hälfte der Schwangeren wurde das gemäß § 10 Abs. 2 MuSchG durchzuführende gemeinsame **Gespräch über weitere Anpassungen der Arbeitsbedingungen** angeboten.
- 56 Prozent gaben an, mehrmals **unzulässige Mehrarbeit** über die vertraglich vereinbarte Wochenarbeitszeit hinaus geleistet zu haben, 55 Prozent gaben an, dass die **Tageshöchstarbeitszeit** überschritten wurde.
- Mehr als jede dritte Befragte berichtete von **physischen oder psychischen Belastungen** während der Schwangerschaft (39 Prozent).
- 53 Prozent gaben an, dass **kein Ruheraum** vorhanden sei.
- Nur 8 Prozent der Frauen gaben an, dass sie ihr Kind **am Arbeitsplatz stillen.**

Diese Erhebungen zeigen, dass bei der Umsetzung des Mutterschutzgesetzes erhebliche Defizite bestehen und der Gesetzgeber unbedingt nachbessern muss, etwa durch höhere Bußgelder und stärkere Kontrollen, die bislang kaum stattfinden. Der Deutsche Gewerkschaftsbund hat festgestellt, dass die Zahl der Betriebsbesichtigungen durch die Arbeitsschutzaufsicht von fast 480 000 im Jahr 2002 auf rund 125 000 in 2020 gesunken ist. Aktuell gibt es deutschlandweit nur 1.490 Aufsichtsbeamt*innen mit Arbeitsschutzaufgaben. An dieser Stelle muss durch zusätzliches Personal unbedingt nachgebessert werden. Betriebe sollten zudem routinemäßig und in regelmäßigen Abständen besichtigt werden.[85]

Agenda für den Gesetzgeber zur Verbesserung des Mutterschutzgesetzes

- Spezieller **Diskriminierungsschutz** für Schwangere
- **Erweiterung des Schutzbereiches**, unter anderem um selbstständige Schwangere
- Früherer **Mutterschutz für Fehlgeburten** vor der 24. Woche
- **Sonderkündigungsschutz bei einer Fehlgeburt** vor der 12. Woche
- Höhere **Bußgelder** bei Verstößen gegen das Mutterschutzgesetz, beispielsweise bei nicht durchgeführten Gefährdungsbeurteilungen
- Ausweitung der **Betriebsprüfungen und Prüfungsbefugnis** der Ämter in Bezug auf das Mutterschutzgesetz
- Regelmäßige **Evaluierung** des Mutterschutzgesetzes

Bundeselterngeld- und Elternzeitgesetz (BEEG)

Das BEEG regelt alle Rechte rund um Elterngeld und Elternzeit. Im Zusammenhang mit Elterndiskriminierungen spielen insbesondere die Regelungen zur Elternzeit eine Rolle, da diese die Rechtsbeziehungen zwischen Eltern und Arbeitgeber*innen betreffen. Das folgende Elternzeit-Einmaleins solltest du daher unbedingt kennen:

Zehn Fakten zur Elternzeit, die alle Eltern kennen sollten

1. **Dauer:** Sowohl Mütter als auch Väter haben bis zu 36 Monate Anspruch auf Elternzeit. 24 Monate davon können auf einen Zeitraum zwischen dem dritten und dem achten Lebensjahr übertragen werden. Für die ersten beiden Lebensjahre müssen sich Mütter oder Väter festlegen, wie lange sie in Elternzeit gehen wollen. Melden sie zum Beispiel nur ein Jahr an, bedeutet das, dass sie im zweiten Jahr automatisch auf eine Inanspruchnahme von Elternzeit verzichten. Eine nachträgliche Verlängerung der angemeldeten Elternzeit kann dann nur mit Zustimmung des*der Arbeitgeber*in erfolgen.

2. **Abschnitte:** Die Elternzeit kann in verschiedene Abschnitte bis zum achten Lebensjahr des Kindes aufgeteilt werden. Liegt der dritte Abschnitt zwischen dem dritten und achten Lebensjahr des Kindes, kann der*die Arbeitgeber*in die Elternzeit aus dringenden betrieblichen Gründen ablehnen.

3. **Frist:** Elternzeit muss bis zum dritten Geburtstag der Kinder spätestens sieben Wochen vorher und in der Zeit vom dritten bis zum achten Lebensjahr mindestens dreizehn Wochen vorher angemeldet werden.

4. **Form:** Die Elternzeit muss schriftlich angemeldet werden, also mit echtem Papier und Originalunterschrift. Achtung: Eine Elternzeitanmeldung per Mail oder WhatsApp ist formunwirksam!

5. **Kündigungsverbot:** Während der Elternzeit besteht ein Sonderkündigungsschutz und damit ein Kündigungsverbot. Bei Müttern besteht dieser Schutz meistens schon aufgrund der Schwangerschaft. Das Kündigungsverbot beginnt frühestens acht Wochen vor Beginn einer Elternzeit, wenn diese vor dem dritten Geburtstag des Kindes beginnt, sowie frühestens 14 Wochen, wenn diese zwischen dem dritten und achten Geburtstag beginnt. Der*die Arbeitgeber*in kann diese ebenfalls, wie im Mutterschutzgesetz, behördlich für zulässig erklären lassen. Auch hier gilt: Eine Kündigung muss innerhalb von drei Wochen nach Zustellung mit einer Kündigungsschutzklage angefochten werden, sonst wird sie wirksam. Der Sonderkündigungsschutz endet am letzten Tag der Elternzeit, das heißt, ab dem darauffolgenden Tag kann wieder, wie im Fall von Lynn, nach den für alle Arbeitnehmer*innen geltenden Regelungen gekündigt werden.

6. **Teilzeit:** Während der Elternzeit ist es möglich, 15 bis 32 Stunden pro Woche in Teilzeit – im Rahmen des bestehenden Arbeitsvertrages oder aber bei einem*einer anderen Arbeitgeber*in – zu arbeiten.

7. **Nebentätigkeit:** Es ist auch möglich, bis zu 32 Stunden pro Woche woanders, also bei einem*einer anderen Arbeitgeber*in oder selbstständig zu arbeiten. Dafür braucht man allerdings vorab eine Genehmigung von der alten Arbeitsstelle.

8. **Urlaub:** Der Urlaubsanspruch während der Elternzeit kann von dem*der Arbeitgeber*in gekürzt werden. Resturlaub, der vor der Elternzeit nicht verbraucht wurde, verfällt nicht, sondern kann in dem Jahr, in dem die Elternzeit endet, sowie im darauffolgenden Jahr genommen werden.

9. **Eigenkündigung:** Der oder die Elternzeitler*in kann den Arbeitsvertrag während der Elternzeit ganz normal zu den

vereinbarten Fristen kündigen. Nur wenn eine Kündigung direkt zum Ende der Elternzeit erfolgen soll, ist eine Dreimonatsfrist zu beachten.

10. **Vorzeitige Beendigung und Verlängerung:** Die Elternzeit kann aus wichtigen Gründen vorzeitig beendet und verlängert werden. Dies bedarf in bestimmten Konstellationen der Zustimmung des*der Arbeitgeber*in.

Was das BEEG in Bezug auf potenzielle Elternbenachteiligung nicht regelt

Auch das Elternzeitgesetz hat zahlreiche Schwachstellen und wird dem Schutzbedürfnis von Müttern und Vätern nicht in allen Punkten gerecht. Es fehlt zum Beispiel eine Regelung, die elternzeitspezifische Benachteiligungen verbietet, vor allem aber den Wiedereinstieg in den Fokus nimmt. Da der überwiegende Teil der Eltern nach der Elternzeit wieder in den Job einsteigt, ist vor allem das Rückkehrrecht – eigentlich ein Gebot der Selbstverständlichkeit und Fairness – von besonderer Bedeutung, selbst wenn die Interessen während dieses sensiblen Zeitpunktes oft sehr gegensätzlich sind: Eltern wollen wieder im gleichen Job arbeiten und Geld verdienen, vielleicht auch in Teilzeit und zu familienfreundlichen Arbeitszeiten. Arbeitgeber*innen dagegen stehen vor der Herausforderung, eine*n Arbeitnehmer*in, der oder die vielleicht sogar jahrelang ausgesetzt hat, wieder gemäß ihres oder seines Arbeitsvertrages zu beschäftigen, obwohl es die Stelle oder die Abteilung vielleicht nicht mehr gibt oder eine Vertretung unbefristet eingestellt wurde. Gegensätze, die, wie wir in unseren Fallgeschichten sehen werden, lösbar sind. Aber: Die Verführung ist groß, es sich einfach zu machen und am ersten Tag nach der Elternzeit, an dem kein Sonderkündigungsschutz besteht – wie auch in Lynns Fall – zu kündigen. Viele Arbeitgeber*innen kaufen sich dadurch frei und nehmen das

Risiko in Kauf, nach einer Kündigung verklagt zu werden, oder bieten gleich einen Aufhebungsvertrag mit einer Abfindung an. Das Machtgefälle ist groß, und Eltern bewegen sich auf hauchdünnem Eis, daher bedarf es zugunsten von Müttern und Vätern eines starken und schlagkräftigen Rückkehrrechts nach der Elternzeit.

Absurd ist, dass der in mehreren EU-Richtlinien[86] verankerte Grundsatz »Wenn ich nach der Elternzeit wiederkomme, bekomme ich meinen Job wieder, zumindest aber einen gleichwertigen« nicht im BEEG geregelt ist. Es existiert noch nicht einmal eine halbherzige Regelung wie in § 25 des Mutterschutzgesetzes. Dort steht immerhin, dass eine Frau das Recht hat, mit dem Ende des Beschäftigungsverbots »entsprechend den vertraglich vereinbarten Regelungen beschäftigt zu werden«. Nein, aktuell ist eines der bedeutsamsten Elternrechte versteckt und umständlich über § 106 unserer Gewerbeordnung geregelt. Darin steht, dass ein Arbeitgeber verpflichtet sei, einem Arbeitnehmer einen adäquaten Arbeitsplatz zuzuweisen. Ein Zustand, der untragbar ist, denn: Wer liest schon in der Gewerbeordnung nach, wenn er oder sie wissen will, ob ein Rückkehrrecht nach der Elternzeit besteht? Ein starkes und klares Rückkehrrecht nach der Elternzeit gehört schwarz auf weiß ins BEEG!

Zu einem fairen Wiedereinstieg würde neben einem gesetzlich geregelten Rückkehrrecht im BEEG, auch die Verlängerung des Sonderkündigungsschutzes nach Beendigung der Elternzeit beitragen. Im aktuellen Koalitionsvertrag ist solch eine Ausweitung des Sonderkündigungsschutzes auf drei Monate nach der Elternzeit sogar bereits vorgesehen. Damit wäre es nicht mehr möglich, ohne behördliche Genehmigung am ersten Tag nach der Elternzeit zu kündigen. Lynn hätte bei einer derartigen gesetzlichen Regelung sicherlich nicht am ersten Tag ihres Wiedereinstiegs eine Kündigung erhalten.

»Eine Verlängerung der Elternzeit, weil die Kitaeingewöhnung nicht klappt? Geht nicht, wir haben schon anders geplant.«

Ein weiteres Problem stellt für viele Eltern die mangelnde Flexibilität der Elternzeitdauer dar. Wie bereits ausgeführt, muss man sich für die ersten beiden Jahre nach der Geburt gegenüber dem*der Arbeitgeber*in »verpflichten«, welche Monate man in Elternzeit geht. Was ist nun, wenn man ein Jahr Elternzeit angemeldet und keinen Kitaplatz bekommen hat oder die Eingewöhnung aufgrund Personalmangels länger dauert? Was ist, wenn man merkt, dass man später als geplant in den Job einsteigen will, vielleicht weil man mit der neuen Situation überfordert ist oder das Gefühl hat, das Kind sei noch nicht reif für die Kita?

Prinzipiell ist es natürlich möglich, eine Elternzeit zu verlängern, allerdings bedarf es dazu immer einer gewissen Kulanz der Vorgesetzten. Wenn die Mutter oder der Vater weniger als zwei Jahre Elternzeit anmelden, also etwa nur ein Jahr, und dann kurzfristig noch einige Zeit dranhängen wollen, muss der*die Arbeitgeber*in zustimmen. Eine Situation, in der sich vermutlich viele Eltern, hauptsächlich Mütter, befinden, da der Großteil von ihnen das maximale Elterngeld für zwölf Monate bezieht und daher ein Jahr in Elternzeit gehen will. Wenn die Familie dann aber unerwartet doch noch ein paar Monate länger Elternzeit braucht, zum Beispiel weil der Krippenplatz fehlt, sind sie plötzlich abhängig von der Entscheidung ihres*ihrer Arbeitgeber*in. Auch an dieser Stelle muss dringend die Rechtsposition von Eltern gestärkt werden.

Interessant ist dazu die Perspektive von Sissi Rasche, die als freiberufliche Hebamme viele Mütter und Väter in der intensiven Zeit nach der Geburt betreut:

»In den ersten Monaten nach der Geburt brauchen Eltern viel Schutz und Sicherheit. Mir fällt auf, dass gerade beim ersten Kind viele Eltern vor der Geburt planen, schnell wieder in den Job einzusteigen und das Kind manchmal auch sehr lange in der Kita betreuen zu lassen. Dann kommt die Realität. Für viele Mütter ist das erste Jahr nach der Geburt eine sehr große Herausforderung. Plötzlich sind da große Veränderungen, nicht nur durch das neue Familienmitglied, sondern auch in der Paarbeziehung. Die Mental Load wird durch die Verantwortung für das Baby immer stärker, und es fallen Sätze wie: ›Ich schaffe es ja noch nicht mal mehr zu duschen!‹ Auch mit einem Jahr ist das Kind immer noch ein Baby, das wird immer wieder unterschätzt. Bei der Kitaeingewöhnung wird die Erfahrung gemacht, dass das Kind mehr Zeit zum Ankommen braucht und die Betreuungsqualität nicht stimmt, weil das Personal fehlt. Eltern müssen an dieser Stelle die Möglichkeit haben, sich neu auszurichten. Dazu gehören auch flexible Gesetze, die es Eltern und besonders Müttern in den ersten ein bis zwei Jahren nach der Geburt ermöglichen, eine vorher nicht geplante Jobpause einzulegen.«

Agenda für den Gesetzgeber zur Verbesserung der Elternzeit-Regelungen

- **Diskriminierungsschutz** im Zusammenhang nach der Elternzeit
- **Erweiterung des Sonderkündigungsschutzes** auf mindestens drei Monate nach Beendigung der Elternzeit
- Ausweitung des Rechts auf **Verlängerung der Elternzeit**
- Gesetzlich normiertes **Rückkehrrecht** auf den gleichen oder einen gleichwertigen Arbeitsplatz nach der Elternzeit
- Verteilung der **Elternzeit bis zum zwölften Lebensjahr** des Kindes

Teilzeit

Insbesondere Mütter, die in Teilzeit arbeiten, sind überdurchschnittlich oft von Diskriminierungen bedroht. Auch wenn wir eine dauerhafte Erwerbstätigkeit in Teilzeit eher kritisch sehen, wissen wir, dass viele Familien auf Teilzeitmodelle angewiesen sind, um die Vereinbarkeit von Familie und Beruf zu stemmen. Teilzeit gibt es in verschiedenen Varianten, die in unterschiedlichen Gesetzen geregelt sind:

Teilzeitvarianten, die Eltern zur Auswahl stehen

1. **Elternteilzeit:** Wie bereits ausgeführt, können Eltern während der Elternzeit zweimal ihre Arbeitszeit auf 15 bis maximal 32 Stunden verkürzen. Das erfolgt entweder durch die Verhandlungslösung – also durch eine einvernehmliche Regelung mit dem*der Arbeitgeber*in zu verkürzten Arbeitszeiten. Ein einseitig durchsetzbarer Anspruch besteht nur bei bestimmten Voraussetzungen: Du hast vorher mindestens ein halbes Jahr in einem Betrieb gearbeitet, in dem mehr als 15 Arbeitnehmer beschäftigt sind. Und: Der Antrag muss sieben Wochen vor Beginn der Elternzeit gestellt werden, wenn das Kind bei Beginn der Teilzeit jünger als drei Jahre alt ist, beziehungsweise dreizehn Wochen vor Beginn, wenn das Kind drei bis acht Jahre alt ist. Die Elternteilzeit kann abgelehnt werden – jedoch nur aus dringenden betrieblichen Gründen innerhalb von vier Wochen nach Antragstellung.

2. **Teilzeit außerhalb der Elternzeit:** Die ganz »normale« Teilzeit ist im Teilzeit- und Befristungsgesetz geregelt: Wer länger als sechs Monate in einem Unternehmen beschäftigt ist, in dem mehr als 15 Mitarbeiter*innen tätig sind, hat das Recht, die Verringerung seiner Arbeitszeit zu verlangen. Dafür muss

ein Antrag bei dem*der Arbeitgeber*in unter Einhaltung einer Dreimonatsfrist vor dem gewünschten Teilzeitstart eingereicht werden. Diese*r kann den Antrag allerdings auch aus betrieblichen Gründen ablehnen. Die Ablehnung muss mindestens einen Monat vor der gewünschten Verringerung der Arbeitszeit schriftlich erfolgen, andernfalls gilt sie als genehmigt.

3. **Brückenteilzeit:** Arbeitnehmer*innen, die außerhalb der Elternzeit ihre Arbeitszeit verringern und nicht für immer in Teilzeit arbeiten wollen, können Brückenteilzeit beantragen. Dieser Anspruch ist eine Art befristete Teilzeit für einen Zeitraum von ein bis fünf Jahren, weil man danach wieder in Vollzeit zurückkehren kann. Allerdings besteht dieser erst ab einer Unternehmensgröße von 45 Mitarbeiter*innen. Der Antrag muss schriftlich und mit einer Frist von acht Wochen vor Beginn der Arbeitszeitverringerung gestellt werden. Das Teilzeitrückkehrrecht gilt uneingeschränkt nur in Unternehmen mit mehr als zweihundert Arbeitnehmer*innen. In Unternehmen von 45 bis 200 Arbeitnehmer*innen erhält pro rechnerisch 15 Mitarbeiter*innen nur ein*eine Arbeitnehmer*in das Rückkehrrecht.

Teilzeit? Wo kommen wir dahin!

Unsere aktuelle gesetzliche Lage macht es Elternzeitler*innen schwer, in Teilzeit zu arbeiten und Arbeitgeber*innen sehr leicht, Teilzeitanträge abzuwimmeln. Das »Recht« auf Teilzeit ist gesetzlich stark eingeschränkt und hängt oft vom Gutdünken des Arbeitgebers ab. Dadurch birgt es erhebliches Diskriminierungspotenzial.

Wie wir gesehen haben, ist ein Großteil der Eltern bereits von einem Anspruch auf Teilzeit ausgeschlossen, da dieser nur in Unternehmen mit mehr als 15 Mitarbeiter*innen gilt. Ist das Unternehmen kleiner, bleibt zur Durchsetzung einer Elternteilzeit nur die sogenannte »Verhandlungslösung«, die jedoch eine Farce ist. Um eine wirkliche Verhandlung handelt es sich dabei nicht, denn mit einem bloßen »Nein« des Arbeitgebers ist sie beendet und gescheitert.

Allerdings ist der in größeren Unternehmen bestehende Anspruch auch kein Selbstläufer, da dieser aus (dringenden) betrieblichen Gründen abgelehnt werden kann. Mögliche gerechtfertigte Ablehnungsgründe können beispielsweise fehlende Beschäftigungsmöglichkeiten, bereits erfolgte Einstellung einer Vertretungskraft oder ein entgegenstehendes Organisationskonzept sein. Die Rechtsprechung bewertet das relativ streng – Fälle dazu gibt es nur wenig. Das verwundert nicht: Bringt ein*e Arbeitgeber*in keinen gerechtfertigten Grund vor, klagen Mütter und Väter meistens nicht dagegen, aus Angst, dass das Arbeitsverhältnis zerrüttet und bei der nächstmöglichen Gelegenheit beendet wird. Viele flüchten sich daher nach abgelehnten Anträgen gezwungenermaßen in die Selbstständigkeit, arbeiten vorläufig bei einem*einer anderen Arbeitgeber*in oder beantragen gleich Arbeitslosengeld.

Agenda für den Gesetzgeber zur Verbesserung der Teilzeitregelungen

- **Diskriminierungsverbot** von Teilzeitkräften auch für Teilzeit in Elternzeit
- Konkreter und transparenter **Katalog**, der bestimmte Ablehnungsgründe im Falle eines Teilzeitantrages regelt
- **Teilzeitanspruch auch in kleineren Unternehmen:** Absenkung der Mindestgrenze auf zehn oder fünf Mitarbeiter*innen in Bezug auf Teilzeit in Elternzeit, Teilzeit nach der Elternzeit und Brückenteilzeit

Exkurs: Was machen eigentlich andere Länder? Eine Reise in die USA, nach Österreich und Finnland

Andere Länder sind in Sachen Elterndiskriminierung und gleichberechtigte Elternschaft schon einen großen Schritt weiter. So gibt es beispielsweise in den USA eine Bundesbehörde mit dem Auftrag, Diskriminierungen Erwerbstätiger zu beenden, diese hat bereits 2007 einen Leitfaden herausgegeben, auf dessen Grundlage mehrere Bundesstaaten eigene Schutzkonzepte für berufstätige Eltern entwickelt haben.[87]

Auch in Europa sind mehrere Staaten mit der Regelung der Caregiver Discrimination schon weiter als Deutschland: Benachteiligungen aufgrund der familiären Situation und Schwangerschaft sind in Frankreich, Irland, Finnland, Griechenland sowie einigen osteuropäischen Staaten verboten. Auch unser Nachbarland Österreich erwähnt im österreichischen Gleichbehandlungsgesetz (GlBG) Familien mit Kindern und ist uns durch den erweiterten Schutzbereich damit einen Schritt voraus. In § 3 GlBG steht: »Auf Grund des Geschlechtes, insbesondere unter Bezugnahme auf den Familienstand oder den Umstand, ob jemand Kinder hat darf im Zusammenhang mit einem Arbeitsverhältnis niemand unmittelbar oder mittelbar diskriminiert werden.«[88]

Besonders interessiert hat uns die fortschrittliche Rechtslage in Finnland. Im dortigen »Act on Equality between Women and Men« ist das Realität geworden, was im deutschen AGG noch fehlt: ein expliziter Diskriminierungsschutz aufgrund von Elternschaft und familiärer Verantwortung.

Dazu haben wir mit Rechtsanwältin Carola Möller, Partnerin in der Kanzlei Krogerus in Helsinki, gesprochen:

»Die Antidiskriminierungsgesetze in Finnland sehen einen besonderen Schutz für Eltern vor. Im ›Employment Contract Act‹ heißt es zum Beispiel, dass Frauen nicht aufgrund einer Schwangerschaft oder Eltern aufgrund von Elternzeit entlassen werden dürfen. Sollte dies dennoch geschehen, wird die Beweislast zugunsten der schwangeren Frau beziehungsweise der Eltern verlagert.

Das ›Gesetz zur Gleichstellung von Frauen und Männern‹ legt fest, dass Eltern nicht diskriminiert werden dürfen – das kann der Familienstand sein, aber auch die Inanspruchnahme von Elternzeit. Diese Regelungen gelten für Mütter und Väter. Im Falle einer Diskriminierung erhalten Eltern eine Entschädigung in Höhe von mindestens 3.620 EUR, der Höchstbetrag ist jedoch nicht gedeckelt. In der Praxis beläuft sich der Anspruch in der Regel auf 10.000 bis 20.000 EUR. Dieser Anspruch kann im Zusammenhang mit einer Kündigung zusätzlich zur Entschädigung für eine unrechtmäßige Kündigung, aber auch in anderen Diskriminierungsfällen geltend gemacht werden.

Darüber hinaus ist es auch möglich, Ansprüche direkt gegen Personen geltend zu machen, die diskriminieren. Wenn zum Beispiel der Chef diskriminiert, stellt dies einen Straftatbestand dar. Theoretisch kann dies zu einer Freiheitsstrafe von bis zu 6 Monaten führen. In der Regel werden in solchen Fällen jedoch Geldstrafen von bis zu 20 Tagessätzen verhängt. Der Betrag ist nicht pauschal, sondern einkommensabhängig ohne Obergrenze nach oben.«

WAS ELTERN IM DISKRIMINIERUNGS-FALL WISSEN SOLLTEN UND TUN KÖNNEN

Auch wenn es sicherlich weniger Spaß macht, als Wickeltisch, Babybodys und Kinderwagen für das neue Familienmitglied auszusuchen: Du solltest dich spätestens zu Beginn der Schwangerschaft über deine Rechte und Pflichten zu Schwangerschaft, Elternzeit und Wiedereinstieg informieren, um optimal planen zu können, sie geltend zu machen und notfalls auch durchzusetzen – auch im Falle einer Elterndiskriminierung. Das heißt natürlich nicht, dass du alle Gesetzestexte auswendig lernen musst, aber du solltest die wichtigsten Rechte und Pflichten kennen und wissen, wo du sie nachlesen kannst.[89] Wichtig ist es, dabei eine Art »Gefühl« zu entwickeln, der dir anzeigt: »Achtung, das, was gerade passiert, könnte eine Benachteiligung aufgrund von Schwangerschaft, Mutterschaft und Vaterschaft sein, ich muss handeln!« Wenn du das vorangegangene Kapitel mit unserem Mini-Gesetzes-Crashkurs gelesen hast, bist du darauf schon einmal gut vorbereitet.

Wenn es dann allerdings wirklich zu einer Diskriminierung kommt oder ein Verdacht besteht, fühlen sich viele Eltern ohnmächtig und ratlos. Daher ist es wichtig zu wissen, welche Schritte eingeleitet werden sollten und welche Anlaufstellen es gibt, die dir im Falle einer Diskriminierung weiterhelfen können.

Was kann ich tun, wenn ich diskriminiert werde? Fünf Tipps für (werdende) Eltern

1. **Dokumentieren und Protokollieren**
   Wichtig ist, dass du alle Vorkommnisse, bei denen du das Gefühl hast, dass sie ein Diskriminierungsfall sein könnten, dokumentierst und protokollierst. Am besten legst du dir ein Dokument, oder wenn es mehrere und fortlaufende Ereignisse gab, eine Excel-Tabelle mit folgenden Spalten an:

- Datum, Uhrzeit, Ort
- Beteiligte Personen
- Zeugen/Beweise
- Beschreibung der Ereignisse

Damit legst du den Grundstein für erfolgreiche Gespräche mit den Beteiligten, für Schreiben oder Mails, die du vielleicht an Vorgesetzte, den Betriebsrat oder die Gleichstellungsbeauftragte verfassen musst. Auch wenn du externe Hilfe hinzuziehst, sei es die Diskriminierungsstelle des Bundes, eine Anwältin oder einen Anwalt oder eine andere Beratungsstelle, ist eine schriftliche Zusammenfassung sehr hilfreich. Und: Sich alles von der Seele schreiben tut gut und hilft dir auch, dich zu sortieren.

2. **Gespräche mit Zeugen oder Zeuginnen führen und notieren**

Wenn du zu einer konkreten Diskriminierung Gespräche führst, sollte immer ein Zeuge oder eine Zeugin anwesend sein – zum Beispiel eine Kollegin oder ein Betriebsratsmitglied. Im Fall der Fälle hast du dann eine Person, die Aussagen oder Zusagen bestätigen kann. Im Anschluss ist es wichtig, dass es zu dem Gespräch ein Protokoll gibt, zumindest aber die Ergebnisse von dir in einer Mail zusammengefasst und an alle Beteiligten verschickt werden – am besten noch am gleichen Tag. Wenn du von der »Gegenseite« ein Protokoll erhältst, mit dem du nicht einverstanden bist, solltest du sofort eine Gegendarstellung verfassen und deine Version ebenfalls teilen.

3. **Fristen einhalten**

Du solltest unbedingt wissen, dass es bestimmte Rechte oder Ansprüche gibt, die innerhalb von bestimmten

Fristen geltend gemacht werden müssen, andernfalls verfallen sie. Dazu zählen im Zusammenhang von Elterndiskriminierungen vor allem drei Fristen, die du im Schlaf kennen solltest:

- **Klageeinreichung nach einer Kündigung:** Frist drei Wochen nach Zustellung der Kündigung
- Anmeldung von **Schadensersatzansprüchen** wegen Diskriminierung: zwei Monate nach der Diskriminierungshandlung
- **Ansprüche aus dem Arbeitsvertrag**, beispielsweise die Zahlung von Weihnachtsgeld: Oft sind Ausschlussfristen vereinbart, die regeln, dass Ansprüche drei Monate nach Entstehung in Textform geltend gemacht werden und nach drei weiteren Monaten eingeklagt werden müssen

4. **Formulierungshilfen der Antidiskriminierungsstelle nutzen**

Auf der Homepage der Antidiskriminierungsstelle des Bundes[90] findest du eine große Anzahl von Formulierungshilfen, mit denen du rechtssicher und fristwahrend Ansprüche gegenüber deinem*deiner Arbeitgeber*in geltend machen kannst. Einige davon haben wir dir auch im Anhang des Buches zusammengestellt.

5. **Eine Rechtsschutzversicherung abschließen**

Immer wieder haben uns Eltern berichtet, dass sie sich im Nachhinein über eine fehlende Rechtsschutzversicherung geärgert haben. Da bei Arbeitsrechtsstreitigkeiten grundsätzlich jede Partei ihre Kosten selbst tragen muss, kann es dazu kommen, dass sich ein Verfahren finanziell nicht lohnt. Das ist tragisch und liegt nicht im Verhältnis zu den

vergleichsweise geringen Kosten, die man für eine Rechtsschutzversicherung bezahlen muss – ungefähr hundert
bis zweihundert Euro pro Jahr. Aufgrund der Wartezeit
von drei Monaten, die verstreichen muss, bis der Rechtsschutz aktiviert wird, solltest du lieber heute als morgen eine
Versicherung abschließen.

SOS, ich fühle mich diskriminiert – wer hilft mir weiter? Stellen, die du im Falle einer Diskriminierung kontaktieren kannst

Für viele Eltern ist das Gefühl einer Diskriminierung ein Schock,
viele sind mit der Situation überfordert. Es fällt ihnen schwer einzuordnen, was da eigentlich gerade passiert ist. War das Erlebte
wirklich eine Diskriminierung? Welche Rechte habe ich? Was
muss ich konkret tun? Wer hilft mir? Bin ich schuld? Immer wieder haben wir gehört, dass sich vor allem Mütter schämen für das,
was passiert ist, und die Schuld bei sich suchen. Viele haben uns
auch berichtet, dass sie sich alleingelassen gefühlt hätten oder
krank geworden seien. Doch das muss nicht sein: Es gibt eine
Menge kompetenter Menschen, die dir weiterhelfen. Niemand
muss allein mit einer Diskriminierung fertigwerden! Wir haben
dir daher sieben solcher Stellen zusammengestellt:

1. **Vorgesetzte**
   Klingt komisch, aber je nachdem wer diskriminiert hat oder
   welche Diskriminierungshandlung erfolgt ist, kann es auch
   wichtig sein, erst einmal den oder die direkte*n Vorgesetzte*n
   ins Boot zu holen und um Hilfe und Unterstützung zu bitten –
   vorausgesetzt es ist ein entsprechendes Vertrauen vorhanden.

Das ergibt vor allem dann Sinn, wenn du von einer anderen Person benachteiligt wurdest, zum Beispiel einer Person aus einer anderen Abteilung, Hierarchieebene oder einer*einem Kolleg*in oder wenn es um eine betriebsinterne Regelung geht, die »ganz oben« beschlossen wurde.

2. **Betriebsrat und Gewerkschaft**

Sofern in dem Unternehmen ein Betriebsrat vorhanden ist, solltest du diesen im Fall einer möglichen Diskriminierung ins Boot holen. Seine Aufgabe als Mitarbeiter*innenvertretung ist es, dich dabei zu unterstützen, deine Interessen gegenüber dem*der Arbeitgeber*in wahrzunehmen. Gemeinsam müsst ihr dann entscheiden, ob es bei vertraulichen Gesprächen und Rückendeckung im Hintergrund bleibt oder ob der Betriebsrat den Arbeitgeber oder die Arbeitgeberin anspricht, an Gesprächen teilnimmt und dir beispielsweise hilft, Ansprüche, vielleicht auch gemeinsam mit anderen Mitarbeiter*innen, die ebenfalls betroffen sind, zu stellen. Achtung: Viele Betriebsräte haben keine Lust, sich mit dem Thema Elterndiskriminierung zu beschäftigen und brauchen einen lauten Knallfrosch auf ihrem Schreibtisch, damit sie sich für dich einsetzen! Wenn der Betriebsrat achselzuckend wegschaut, kannst du ihn aber auch dazu »zwingen« zu handeln und seinen Aufgaben gerecht zu werden, indem du eine offizielle Beschwerde mit Beschreibung der Diskriminierung gemäß § 84 Betriebsverfassungsgesetz (BetrVG) einreichst.

Dies hat zur Folge, dass sich der Betriebsrat mit deinem Anliegen beschäftigen und einen Beschluss fassen muss. Falls der Betriebsrat die Beschwerde für berechtigt hält, muss er sich mit der Forderung, der Beschwerde abzuhelfen und die Diskriminierung zu beseitigen, an den*die Arbeitgeber*in wenden.

Sollte das nicht erfolgen, kann der Betriebsrat eine sogenannte »Einigungsstelle« einschalten. In dem dann folgenden »Einigungsstellenverfahren« wird, wie der Name schon sagt, versucht, eine Einigung zu finden. Falls das nicht möglich ist, wird mit Stimmenmehrheit entschieden. Der dann erfolgende »Spruch« ersetzt die fehlende Einigung zwischen den Parteien.

Wenn du Mitglied einer Gewerkschaft bist, hast du in der Regel Anspruch auf Rechtsberatung und eine Vertretung vor Gericht. Auf der Seite des Deutschen Gewerkschaftsbundes (DGB)[91] kannst du herausfinden, welche Gewerkschaft für dich zuständig ist.

3. Gleichstellungsbeauftragte

Uns wurde in den Zuschriften zu #proparents häufig geschildert, dass nicht immer Vertrauen gegenüber Betriebsräten und Betriebsrätinnen besteht. Wenn das bei dir ähnlich ist, kannst du dich auch an den oder die Gleichstellungsbeauftragte*n deines Unternehmens wenden (in manchen Unternehmen heißen diese auch »Frauenbeauftragte« oder »Frauenbüro«). Deren oder dessen Aufgabe ist es, die Gleichberechtigung von Frauen und Männern zu verwirklichen und Diskriminierungen abzubauen. Die Befugnisse sind in der Regel aber nicht so umfang- und einflussreich wie die von Betriebsrät*innen.

4. Beschwerdestellen

Wusstest du, dass gemäß § 13 AGG in jedem Unternehmen, unabhängig von der Größe, eine Stelle eingerichtet werden muss, bei der man im Falle einer Diskriminierung eine Beschwerde einreichen kann? Oftmals übt diese Funktion der Betriebsrat aus, in manchen Unternehmen gibt es auch spezielle Compliance-Gremien oder Ombudsstellen. In vielen Fällen ist eine solche Stelle aber gar nicht eingerichtet oder bekannt, wie uns viele Eltern berichtet haben. Der Vorteil der Diskriminierungsbeschwerdestelle ist, dass sich diese spezifisch mit dem Thema Diskriminierung auskennt und besondere Befugnisse hat, wie etwa ein Recht zur Einsichtnahme in Dokumente. Sofern die Beschwerdestelle zu dem Ergebnis kommt, dass eine Beschwerde begründet ist, setzt sie den*die Arbeitgeber*in davon in Kenntnis. Diese*r ist dann verpflichtet, Maßnahmen zu ergreifen, um der Beschwerde abzuhelfen.

5. **Antidiskriminierungsstelle des Bundes und der Länder**

Die Aufgabe der verschiedenen Antidiskriminierungsstellen auf Bundes- und Landesebene ist es, über das Thema Diskriminierung aufzuklären und zu beraten, zum Beispiel durch die bereits erwähnten Formulierungshilfen und Musterschreiben. Auf Wunsch unterstützen sie dich auch bei einer gütlichen Einigung. Nach Prüfung deines Falles kontaktiert die jeweilige Stelle den*die Arbeitgeber*in und bittet diese*n um Stellungnahme, allerdings nur, wenn du nicht anwaltlich vertreten bist.

Die Unterstützung und Beratung durch die Antidiskriminierungsstellen ist kostenlos, eine Kontaktaufnahme kann über die Homepage erfolgen, dort findest du auch alle Musterschreiben und Formulierungshilfen.

6. **Anwaltliche Hilfe, kostenlose Rechtsberatung**

Es sollte die Ultima Ratio bleiben, allerdings kann es Fälle geben, bei denen dir nur noch übrig bleiben wird, einen Rechtsanwalt oder eine Rechtsanwältin zu beauftragen. Erfahrungsgemäß erfolgt das meistens im Falle einer Kündigung, da innerhalb von drei Wochen Klage eingereicht werden muss, oder bei ausstehenden Zahlungen, wenn vorhergehende außergerichtliche

Aufforderungen wirkungslos waren. Wichtig ist auch, dass du dich beraten lässt, wenn du mit dem Gedanken spielst, selbst zu kündigen, da eine Eigenkündigung zur Folge haben kann, dass dein Anspruch auf Arbeitslosengeld gekürzt wird. Die Kosten für die Beauftragung einer Anwältin oder eines Anwaltes musst du in arbeitsgerichtlichen Angelegenheiten in der Regel selbst übernehmen, diese können zum Beispiel im Falle einer Klage – je nach Höhe deines Bruttomonatsgehaltes – mehrere Tausend Euro betragen. Die Kosten sind zwar meist steuerlich absetzbar, es ist jedoch wesentlich günstiger für dich, wenn diese von einer Rechtsschutzversicherung erstattet werden. Sofern du dir nur eine Rechtsberatung, aber keine offizielle anwaltliche Vertretung gegenüber deinem*deiner Arbeitgeber*in wünschst, kannst du dich auch an Stellen wenden, die eine ehrenamtliche Rechtsberatung anbieten – weiterführende Informationen hierzu haben wir ganz am Ende des Buches zusammengestellt.

7. **Familienberatung**:
Wenn es dir aufgrund von Diskriminierungen gesundheitlich und psychisch schlecht geht und du dich überfordert fühlst, kannst du dich von verschiedenen Familienberatungen kostenlos unterstützen lassen.

Soll ich's machen oder lass ich's lieber sein?

Bei den vielen Fällen, die an uns herangetragen wurden, aber auch in der Rechtsberatung stellen wir fest, dass es Müttern und Vätern oft sehr schwerfällt zu entscheiden, ob sie die Füße stillhalten oder ihre Rechte einfordern sollen. Es gibt Eltern, für die sofort klar ist, dass sie eine Klage einreichen, weil es um viel Geld geht, weil sie eine Arbeitslosigkeit vermeiden wollen oder einfach nur weil es ihnen »um das Prinzip« geht und sie erhobenen Hauptes und gesichtswahrend das Unternehmen verlassen und ein Zeichen setzen wollen. Andere hingegen klagen nicht, weil sie keine Kraft, Nerven, Zeit, Zugang zu Wissen, vielleicht auch kein Geld oder keine Rechtsschutzversicherung haben – oder gesundheitlich nicht dazu in der Lage sind.

Wichtig ist, dass benachteiligte Eltern nicht augenrollend in die »Na ja, wenn du dich nicht wehrst, bist du selbst schuld«-Ecke gestellt werden. Wenn Mütter und Väter nicht gegen Ungerechtigkeiten und Rechtsverletzungen vorgehen, ist das kein Ausdruck von Schwäche, Unfähigkeit, Wegducken oder opfermäßiger Hinnahme. Eltern haben dazu oftmals keine Mittel und Ressourcen – in körperlicher, aber auch finanzieller Hinsicht. Auch Ängste spielen eine Rolle. Viele Eltern denken, dass sie mit einem Aufbegehren Zerwürfnisse provozieren, schlimmstenfalls ihren Arbeitsplatz riskieren und damit natürlich auch den regelmäßigen Geldeingang auf dem Konto, mit dem Essen, Miete und Windeln bezahlt werden. Das muss nicht der Fall sein, kann es aber.

Hinzu kommt: Wer Rechte einfordert, macht sich meistens unbeliebt und eckt an. Nicht alle Arbeitgeber*innen sind konstruktiv und verhandlungsbereit, sondern reagieren mit unangenehmen Maßnahmen, Schikanen und schlimmstenfalls mit einer Kündigung – dessen sollte man sich bewusst sein. Trotzdem ist es wichtig, sich nicht alles gefallen zu lassen und sich intensiv damit zu beschäftigen, was für oder gegen die Geltendmachung von Ansprüchen oder die Einleitung rechtlicher Schritte spricht.

Die nun folgende Liste soll dir Mut machen und dir aufzeigen, wann es aus anwaltlicher Sicht sinnvoll ist, sich gegen Benachteiligungen zu wehren:

- Du bist dir sicher, dass es sich nach der allgemeinen Definition um einen Diskriminierungsfall handelt, und kannst diesen durch **Zeugen und Dokumente** belegen.
- Es gibt **Personen und Gremien,** die dich im Unternehmen unterstützen, deine Rechte geltend zu machen.
- Durch die Benachteiligung sind dir **finanzielle Schäden** entstanden.
- Das Einleiten rechtlicher Schritte **lohnt sich finanziell** (Beispiel: Die zu erwartende Abfindung ist weitaus höher als die Kosten für eine Klage).
- Du **arbeitest nicht mehr** bei deinem*deiner Arbeitgeber*in oder wirst sowieso bald selbst kündigen, daher ist es dir egal, wie er oder sie reagiert.
- Du machst deine Rechte geltend und versuchst, diese durchzusetzen, um deinen **inneren Frieden** zu finden.
- Es ist dir wichtig, deinem*deiner Arbeitgeber*in aufzuzeigen, dass ein solches Handeln **nicht geduldet** werden kann und hoffentlich in Zukunft, auch gegenüber deinen Kolleg*innen, nie wieder vorkommt.
- Du willst einen Beitrag leisten, der einen **Wandel** in unserer Arbeitswelt herbeiführt.

Wichtig: Bitte fühle dich durch diese Aufzählung nicht unter Druck gesetzt, oft gibt es auch kein Richtig oder Falsch. Keine Situation ist wie die andere, da Sachlage, Bedürfnisse und auch Meinungen ganz unterschiedlich sein können. Jede Person, die diskriminiert wird, muss individuell entscheiden, was der richtige Weg ist. Das Lesen der von uns zusammengestellten Fälle, die Erfahrungen vieler Mamas und Papas, denen es genauso geht wie dir, können dir dabei helfen und dir Mut machen. Im Zweifel solltest du dich professionell beraten lassen, zum Beispiel bei der Antidiskriminierungsstelle des Bundes oder bei einer Anwältin oder einem Anwalt deines Vertrauens.

GEKÜNDIGT, DEGRADIERT, GEMOBBT – FALLGESCHICHTEN DISKRIMINIERTER ELTERN

Ziel von #proparents ist nicht nur die Einführung eines neuen Diskriminierungsmerkmals Elternschaft oder Fürsorgeleistung im Allgemeinen Gleichbehandlungsgesetz. Uns war es vor allem auch eine Herzensangelegenheit, eine Anlaufstelle für diskriminierte Eltern zu gründen und ihnen über soziale Netzwerke und in Medien eine Bühne zu geben. Es war längst an der Zeit, die Erfahrungen und Fälle, die bisher im tiefsten Inneren vieler Eltern unverarbeitet vor sich hingärten oder in Gerichtsakten verstaubten, mit lautem Tamtam an die Öffentlichkeit zu bringen.

Für das Buch war es uns besonders wichtig, sowohl Frauen als auch Männer anzusprechen, Eltern, die in unterschiedlichen Familienmodellen leben, wie zum Beispiel alleinerziehende oder gleichgeschlechtliche Elternpaare, sowie Personen mit verschiedenen Backgrounds und Berufen – vom Minijobber bis zur Geschäftsführerin, von der Friseurin bis zum Standesbeamten.

Auch an Eltern, die weitere Diskriminierungsmerkmale gemäß AGG erfüllen, wie zum Beispiel nicht heterosexuelle Mütter und Väter, Eltern mit einer Behinderung, internationaler Geschichte und BIPoC-Eltern, haben wir einen speziellen Aufruf über soziale Netzwerke gerichtet.

Die Studie der ADS gibt in Bezug auf Diskriminierungserfahrungen dieser Eltern kaum Auskunft, eine gesonderte Betrachtung in der Zusammenwirkung von Elternschaft und weiteren Diskriminierungsmerkmalen oder marginalisierten Gruppen fand nicht statt. Leider konnten wir diese wichtige Perspektive der Eltern, die mehrere Diskriminierungsmerkmale aufweisen, in diesem Buch daher nur bedingt einbringen. Wir würden uns sehr wünschen, dass zukünftige Studien hierzu konkrete Zahlen veröffentlichen und generell noch intensiver dazu geforscht wird, damit komplexe Mehrfachbenachteiligungen besser beleuchtet werden. Auch wir als #proparents werden diese Perspektive noch stärker in unsere Arbeit einbeziehen.

Von Januar 2021 bis Mai 2022 sammelten sich bei uns, vor allem per E-Mail und über unseren Instagram-Kanal, mehrere Hundert Fälle von betroffenen Eltern. Aus dieser umfangreichen Sammlung haben wir bestimmte Fälle ausgewählt und die Mütter und Väter kontaktiert. Die Mehrzahl willigte rasch zu einer Darstellung im Buch ein, nur vereinzelt sagten Personen ab, aus Angst davor, dass ihr Arbeitgeber sie anhand des Falles identifizieren könnte und dadurch berufliche Nachteile drohten.

Diese Fallgeschichten, geordnet nach bestimmten Kategorien, die repräsentativ für die Erfahrung vieler Millionen Eltern sind und die gesamte Bandbreite an Diskriminierungsfällen widerspiegeln, sind das Herzstück dieses Buches geworden. Alle im Buch aufgenommenen Fälle sind aktuell und haben sich zwischen 2016 und 2022 ereignet.

Für die Darstellung der Fälle haben wir die Protokollform gewählt, damit diese so authentisch wie möglich sind. Jede Protagonistin und jeder Protagonist hat dazu einen Fragebogen erhalten. Neben Angaben zur Person und der Beschreibung der Diskriminierung wollten wir wissen, ob rechtliche Schritte unternommen wurden und ob der Betriebsrat eingebunden wurde. Vor allem hat uns aber auch interessiert, wie es den Eltern mit ihren Erfahrungen ging, welche Folgen diese für sie persönlich und für ihre Familien hatten und wie sie auf das Erlebte zurückblicken.

Bei Bedarf haben wir Rückfragen gestellt und sind den Fragebogen noch einmal inhaltlich telefonisch zusammen durchgegangen. Viele Protagonist*innen wollten anonym bleiben – daher haben wir auf Wunsch die Vornamen geändert und die Arbeitgeber*innen nicht genannt. Wichtig war es uns jedoch, die jeweilige Branche sowie die Anzahl der Mitarbeiter*innen zu veröffentlichen, um zu zeigen, dass Diskriminierung in jedem Betrieb vorkommen kann.

Für uns war von Anfang an klar, dass wir die Protokolle nicht einfach nur »nackt« und unkommentiert stehen lassen wollten.

Daher haben wir uns dazu entschieden, jede Kategorie unter Einarbeitung der Ergebnisse der Studie der Antidiskriminierungsstelle zusammenzufassen und zu analysieren. Wichtig war es uns dabei auch, die an uns herangetragenen Diskriminierungshandlungen aufzuzählen, damit ihr stärker sensibilisiert werdet und schneller einschätzen könnt, ob eine Rechtsverletzung vorliegt. Aber auch Arbeitgeber*innen und andere Akteur*innen in betrieblicher oder politischer Verantwortung sollen dadurch in die Lage versetzt werden, Diskriminierungen schnell zu erkennen und diese durch vorbeugende Maßnahmen zu vermeiden.

Vor allem haben wir uns aber auch gefragt: Wie können konkrete Lösungen zur Vermeidung von Elterndiskriminierung aussehen? Wie schaffen wir Vereinbarkeit und ein »Wir« statt Unvereinbarkeit und kraftzehrende Konflikte zwischen Eltern und Arbeitgeber*innen? Wir sind überzeugt: Es geht nur miteinander, indem man alle Beteiligten und Perspektiven einbindet, einander zuhört und praktikable Lösungen sucht. Daher haben wir im Anschluss an die Fallsammlung auch familienfreundlichen Arbeitgeber*innen einen Raum gegeben – um positive Beispiele zu zeigen – wobei wir natürlich keine Garantie dafür übernehmen können, dass es nicht auch in diesen Unternehmen zu Diskriminierungen kam, kommt oder kommen wird. Wir haben versucht, verschiedene Unternehmen und Branchen einzubeziehen, egal ob sie unter zehn, fünfzig, dreihundert oder zehntausend Arbeitnehmer*innen beschäftigen, sowie verschiedene Perspektiven von Geschäftsführer*innen, Gründer*innen, Führungskräften, Personalabteilungen und Diversity-Verantwortlichen. Die Bereitschaft war groß, auch wenn es einige Arbeitgeber*innen gab, die aus unterschiedlichen Gründen ein Interview abgelehnt haben. Gern hätten wir noch mehr Stimmen von unternehmerischer Seite gehabt, dennoch denken wir, dass wir einen Grundstein für eine neue Diskussion legen konnten. Uns ist es wichtig, dass wir euch nach dem Lesen der uns anvertrauten Fälle nicht mit Wut und einem bitteren Geschmack zurücklassen, sondern aufzeigen, wo die Hebel sind, damit sich die Rahmenbedingungen für Mütter und Väter künftig verbessern.

Diskriminierungen aufgrund von Kinderwunsch, Schwangerschaft und Fehlgeburt

FALL 1: Kündigung nach einer Fehlgeburt
Camilla, drei Kinder, Studentin/Pflegehelferin, Pflegedienst, 50 Mitarbeiter*innen

Ich habe als Pflegehilfskraft bei einem Pflegedienst gearbeitet. Mein Chef war immer verständnisvoll und betonte oft, dass es sich um einen Familienbetrieb handle, dem Familienfreundlichkeit wichtig sei.

Während der Probezeit wurde ich schwanger und erhielt aufgrund meiner Tätigkeit als Pflegehelferin sofort ein betriebliches Beschäftigungsverbot. Ich erlitt eine Fehlgeburt in der elften Woche und war danach krankgeschrieben. Zwei Tage, nachdem ich die Fehlgeburt bekannt gegeben hatte, erhielt ich während der Krankschreibung per Einwurfeinschreiben eine Kündigung, noch innerhalb der Probezeit. Ohne Angabe von Gründen und leider, wie ich durch Recherchen herausfand, außerhalb des Sonderkündigungsschutzes, da dieser nur dann besteht, wenn die Fehlgeburt nach der zwölften Woche eintritt. Ich bat meinen Chef, die Kündigung zurückzunehmen, und erklärte ihm, dass ich nach der Krankschreibung auf jeden Fall wieder arbeiten werde. Doch das interessierte ihn nicht. Später erfuhr ich, dass mein Chef gegenüber anderen Mitarbeitern bei einer Besprechung gesagt hat, dass er es für eine Frechheit hält, wenn jemand während der Probezeit schwanger wird, und dass er ein solches Verhalten nicht duldet. Ich leitete trotz dieser Äußerung keine rechtlichen Schritte ein, da ich keine Rechtsschutzversicherung hatte und mit Sicherheit keiner meiner Kollegen diese Aussage vor Gericht wiederholt hätte.

Die Zeit danach habe ich mit ALG 1 und BAföG überbrückt. Auch wenn ich damals sehr wütend war, rückblickend hat es mich dazu gebracht, mein Abitur nachzuholen und ein Studium zu beginnen, um endlich meinen Wunschberuf Hebamme zu erlernen. Vielleicht wäre ich diesen Schritt sonst nicht gegangen.

FALL 2: Kündigung während der Schwangerschaft
Maria, zwei Kinder, zwei Fehlgeburten, Tech-Start-up,
7 Mitarbeiter*innen

Ich arbeitete damals in einem Start-up. Ich war immer *available* und hab sauviel gearbeitet. In einem Gespräch mit den zwei Gründern wurde mir nach eineinhalb Jahren betriebsbedingt gekündigt. Da wusste ich schon, dass ich schwanger war. Wenige Tage nach der mündlichen Kündigung telefonierte ich mit einem der Gründer, mit dem ich im Übrigen auch befreundet war, und teilte ihm mit, dass ich schwanger bin. Dass er das beachten solle, bevor er eine schriftliche Kündigung rausschickt, und dass eine solche unzulässig sei. Die kam trotzdem. Ich rief ihn erneut an und sagte, er habe jetzt die Möglichkeit, die Kündigung zurückzuziehen oder ich müsste rechtliche Schritte einleiten. Die Kündigung wurde dann zurückgenommen.

Neben Stress und Wut durch diese ungerechte Behandlung war mein Problem zu dieser Zeit die fehlende Kinderbetreuung meines damals zweieinhalbjährigen Sohnes. Die Kita hatte nicht zum vereinbarten Termin eröffnet, und wir waren am Ende drei Monate ohne irgendeine Kinderbetreuung. Wie so oft war die

Festanstellung meines Mannes »wichtiger«, weil sicherer, daher übernahm ich den größten Teil der Kinderbetreuung. Obwohl ich mehr verdiente. Doch Start-ups können halt von einem Tag auf den anderen dichtmachen. Ich ging trotzdem ins Büro. Es war stressig, es war heiß, und ich hatte das Gefühl, dass das Team mich hasste. Ich erlitt eine Fehlgeburt in der zwölften Woche und war danach monatelang krankgeschrieben, da ich keinen natürlichen Abort erlitten hatte und noch Wochen mit dem toten Kind im Bauch rumlaufen durfte. Dann Ausschabung.

Ach, es war ein einziger Scheißsommer. Ich erlitt einen kompletten Burn-out. Nachdem mir dann betriebsbedingt gekündigt wurde – durch die beendete Schwangerschaft bestand ja kein Kündigungsverbot mehr –, wollte ich einfach nur noch abschließen und suchte mir einen Job in einer anderen Stadt. Rückblickend war es die schlimmste Zeit meines Lebens, ich bereue es, dass ich mir nicht noch mehr Ruhe gegönnt und Arbeitslosengeld beantragt habe. Ich war relativ jung, verletzbar. Ich war naiv und hatte das Vertrauen: Das sind meine Freunde, die wollen das Beste, denen kann ich vertrauen. Es ärgert mich rückblickend, dass ich keine Kraft und keine Zeit für eine Diskriminierungsklage hatte.

FALL 3: Entzug von Verantwortlichkeiten und Arbeitsaufgaben aufgrund einer Schwangerschaft, Ablehnung einer mündlich zugesagten Gehaltserhöhung

Rosalie, zwei Kinder, Projektmanagerin, pharmazeutische Industrie, 3.700 Mitarbeiter*innen

Im Jahresgespräch wurden die Ziele definiert: Übernahme des größten Projekts im Team, viel Verantwortung, Unterstützung und Einarbeitung der neuen Mitarbeiter*innen, der Chef erklärte sich mündlich zu einer Gehaltssteigerung bereit. Kurze Zeit später verkündete ich meine Schwangerschaft. Danach übernahm eine andere Kollegin das Projekt in Teilzeit, obwohl vorher betont wurde, dass dies nicht in Teilzeit zu schaffen sei. Dies führte bei der Kollegin zu sehr viel Stress. Meine Gehaltserhöhung wurde von meinem Vorgesetzten abgelehnt mit der Begründung, ich sei ja nun schwanger und eh bald weg, da würde er doch nicht bei seinem Chef für mich noch eine Gehaltssteigerung durchkämpfen. Über meinen künftigen Einsatz wurde nicht transparent gesprochen, auch eine Gefährdungsbeurteilung oder Ähnliches erfolgte nicht. Stattdessen wurden schleichend alle anderen Projekte ebenfalls von anderen Kolleg*innen übernommen, sodass ich mehrere Wochen vor Beginn meines Mutterschutzes faktisch an einem Achtstundenarbeitstag nur mehr zwei Stunden beschäftigt war und bis zum Beginn meines Mutterschutzes ohne Beschäftigung an meinem Platz im Großraumbüro verharren musste. Ich war voll arbeitsfähig und einsetzbar und hatte keine schwangerschaftsbedingten gesundheitlichen Einschränkungen, bis auf zwei Erkältungen. Gern hätte ich mit Unterstützung das große Projekt übernommen, ich hätte weiterhin selbstständig arbeiten können. Ich habe mich gefühlt, als würde MANN mir mit Verkündigung der Schwangerschaft jeden Intellekt und jede Denkfähigkeit absprechen und als hätte ich nun einen offensichtlichen Makel, weswegen ich zu nichts mehr zu gebrauchen wäre.

Den Betriebsrat involvierte ich nicht, da mir Kolleg*innen, aus dem eigenen Team und aus den Teams, mit denen ich sehr eng zusammengearbeitet habe, mitteilten, dass das andere auch schon versucht hätten und nie etwas dabei herausgekommen sei. Die Gespräche mit dem Chef waren immer zu zweit, sodass Aussage gegen Aussage stand. Der Chef war bekannt dafür, sich aus jeglichen Anschuldigungen herauszureden. Rechtliche Schritte habe ich damals nicht eingeleitet, da mir nicht bewusst war, dass das möglich gewesen wäre. Nach der Elternzeit habe ich dann die Abteilung gewechselt.

Heute spreche ich offen darüber, sensibilisiere andere Menschen für die Thematik und nehme es als weitere Lektion über Diskriminierung gegenüber Frauen im Arbeitsleben.

FALL 4: Rücknahme einer schriftlich bestätigten Gehaltserhöhung aufgrund einer Schwangerschaft

Anna, zwei Kinder, Ingenieurin/IT Process Consultant, Maschinenbau/Industrie, 10.200 Mitarbeiter*innen

In dem Moment, als ich meinem Arbeitgeber sagte, dass ich schwanger bin, habe ich in den Augen der Personalabteilung meinen Wert für die Firma verloren. Das habe ich so nicht erwartet – wurde ich doch in den ersten zwei Jahren als Leuchtturmbeispiel für mehrere Zeitungsartikel interviewt, um zu zeigen, dass weibliche Ingenieure besonders gefördert werden. Im Nachhinein wirkt das natürlich total unglaubwürdig, und ich muss fast lachen, wenn ich diese Artikel heute noch mal lese.

Einige Monate bevor ich schwanger wurde, teilte mir mein Arbeitgeber mit, dass aufgrund meiner sehr guten Leistungen und meines Engagements die Zeiterfassung aufgehoben wird und ich auf Vertrauensbasis arbeiten darf. Das kam in dem Unternehmen einem Ritterschlag gleich. Darüber hinaus erhielt ich eine Gehaltserhöhung, auf die kommenden drei Jahre verteilt – dies teilte mir die Personalabteilung schriftlich mit.

Zwei Monate später, da war ich dann bereits schon schwanger, wurde ich in das Büro der Personalabteilung einbestellt. Ich erhielt ein Schriftstück mit folgendem Inhalt: Das Schreiben zur Gehaltserhöhung sei gegenstandslos. Die erste Gehaltserhöhung bekäme ich noch, die letzten beiden Stufen für die kommenden Jahre wurden ersatzlos gestrichen. Begründet wurde dies mit dem Satz: »Da Sie ja jetzt schwanger sind und vermutlich keine Dienstreisen mehr machen werden, haben wir den Arbeitsvertrag mal angepasst.« Bis zu diesem Zeitpunkt hatte ich nicht einen Geschäftstermin oder eine Dienstreise schwangerschaftsbedingt abgesagt oder verschoben.

Ich war entsetzt und habe mich direkt in dem Gespräch beschwert und der einseitigen nachteiligen Änderung der Gehaltserhöhung widersprochen, die ja immerhin eine vertragliche Ergänzung des Arbeitsvertrags war. Der Leiter der Personalabteilung entschuldigte sich daraufhin bei mir.

Als ich nach acht Monaten Elternzeit zurück in die Firma kam, musste ich meine Stunden selbstverständlich wieder in die Zeiterfassung eintragen und bekam von der Personalabteilung an allen Ecken und Enden das Gefühl vermittelt, dass ich nur noch eine Last bin. Man vergaß, mein 13. Gehalt auszuzahlen, und meine Gehaltserhöhung wurde, trotz der erfolgten Zusicherung und Entschuldigung, bei der Berechnung unter den Tisch fallen gelassen. Wieder musste ich meine Ansprüche geltend machen. Hinzu kamen ständig doofe Bemerkungen wie zum Beispiel, ich würde immer Sonderregelungen einfordern. Ich verstand die Welt nicht mehr. Ich war doch keine andere Mitarbeiterin, nur weil ein Kind in mir gewachsen war, oder? Ich hatte am Ende keine Kraft mehr, mich gegen diese Vorurteile zu wehren, und unterschrieb letztendlich einen Aufhebungsvertrag. Den Betriebsrat involvierte ich nicht, da ich zu ihm kein Vertrauen hatte – er hatte sich in der Vergangenheit nie wirklich auf die Seite der Mütter und Väter gestellt.

Ich frage mich, wieso mir nie die Chance gegeben wurde zu beweisen, dass ich auch mit Kind eine super Mitarbeiterin bin.

Heute kann ich sagen: Nicht ich bin die Verliererin in der Situation, sondern mein damaliger Arbeitgeber.

FALL 5: Systematische Ausgrenzung aufgrund einer Schwangerschaft

Miriam, 2 Kinder, Geschäftsführerin, IT-Branche, 75 Mitarbeiter*innen

Als junge Frau in der IT-Branche war ich bisher fast immer allein unter Männern, das war für mich nie ein Problem – bis zu dem Tag, an dem ich meine Schwangerschaft verkündet habe. Ich hatte die Firma mit den Gründern aufgebaut und wurde nach erfolgreichem Exit in die Geschäftsführung berufen. Als ich dem CEO die Schwangerschaft verkündete, wurde natürlich gratuliert und gesagt, dass man nach der Pause sicher eine Position finden werde, die meinen Fähigkeiten angemessen sei. Mehr könne er nicht versprechen. Da hat auch nicht geholfen, in Aussicht zu stellen, eher kurz zu pausieren, also unter einem Jahr. Die konkrete Länge habe ich mir noch offengelassen, denn ich wollte noch den Charakter des Kindes und die neue Situation als Mutter abwarten. Gleichzeitig war es mir wichtig, die erarbeitete Position als Geschäftsführerin zu behalten.

Was folgte, war jedoch eine systematische Ausgrenzung von strategischen Meetings, die eine künftige Organisationsstruktur betreffen, obwohl ich das Amt der Geschäftsführerin laut Handelsregister ja auch noch offiziell ausübte. Auf Anraten meiner Anwältin habe ich darauf hingewiesen, dass die Ausgrenzung nicht in Ordnung sei. Das hat die Situation irgendwie verschlimmbessert, einerseits war sich keiner dessen bewusst, und es wurde mir übel genommen, so eine »schwerwiegende Anschuldigung« auszusprechen. Die Meetings seien für mich nicht relevant gewesen, ich sei dann ja eh in der Pause.

Andererseits wurde nun penibel darauf geachtet, mich wieder einzubinden und keine offensichtlichen Fehler mehr zu machen.

Kurz vor Mutterschutzbeginn habe ich mich mit dem CEO darauf geeinigt, dass wir in einem halben Jahr besprechen, wie es weitergeht. Es gab keine Glückwünsche oder Geschenke zur Geburt. Ich beantragte zehn Monate Elternzeit, und einige Monate später eröffnete man mir nach mehreren Gesprächen, dass es keine Position für mich gäbe, die Firma habe sich zu stark verändert. Man bot mir eine Abfindung an, die immerhin gut bemessen war. In einem Abschlussgespräch, in dem ein Fazit gezogen wurde, nach dem es jetzt »doch für beide Seiten fair gelaufen sei«, äußerte ich meine Enttäuschung. Dazu hieß es: »Ich war mir sicher, du würdest deine Elternzeit nochmals verlängern.« Für mich war es eine extremst belastende Situation. Die Enttäuschung, einfach aufs Abstellgleis geschoben zu werden, war zermürbend, gerade auch weil zuvor ein annähernd familiäres Verhältnis herrschte. Die gesamte Schwangerschaft und die Monate bis zur Einigung in Form der Aufhebung waren geprägt von Unsicherheit, ich wusste einfach nicht, wie es weitergeht. Verschlimmert wurde die Situation noch von der rechtlichen Unschärfe für Geschäftsführerinnen – nicht eindeutig fallen diese unter das Mutterschutz- und Elternzeitgesetz –, ich hätte theoretisch auch fristlos abgesetzt werden können.

Es gibt aber auch Positivbeispiele: Mein neuer Arbeitgeber hat mich schwanger mit dem zweiten Kind eingestellt. Vier Monate Einarbeitung und dann erst mal sieben Monate Pause sind hier kein Problem. Und nun kann ich die Mutterschutzpause umso mehr genießen und mich auf den Start in einer tollen Firma so richtig freuen, wie sich das gehört!

FALL 6: Abfällige Bemerkungen zur Schwangerschaft, Missachtung des Mutterschutzgesetzes und der Regelungen zu Beschäftigungsverboten

Angela, ein Kind, Sozialpädagogin, Kinder- und Jugendhilfedienst, 15 Mitarbeiter*innen

Ich erzählte meinem Vorgesetzten, der langjähriger Geschäftsführer des Unternehmens war, in der Probezeit von meiner Schwangerschaft. Seine Reaktion: »Ich nehme an, du möchtest es behalten?« und »Ach, dann spreche ich dir ein Beschäftigungsverbot aus, dann bekomme ich das Geld von der Krankenkasse wieder.« Trotz dieser Ankündigung wurde keine Gefährdungsbeurteilung mit mir besprochen, ich erhielt auch nichts Schriftliches bezüglich etwaiger gesundheitlicher Gefahren oder proaktiv Infos zum Stand des Beschäftigungsverbots.

Erst in der dritten Woche nach dem Gespräch nahm er Kontakt zur Behörde auf, um sich hinsichtlich des Beschäftigungsverbots beraten zu lassen. Neben der Unsicherheit, ob ich weiterarbeiten darf oder nicht, fühlte ich mich verunsichert, welche Klient*innentermine ich wahrnehmen durfte oder konnte oder welche ich aufgrund diverser Gefährdungsaspekte vermeiden sollte. Schließlich sprach er mir das Beschäftigungsverbot telefonisch aus.

Der Arbeitsvertrag war auf zwei Jahre befristet, mein Arbeitgeber nahm diesbezüglich bis zum Ende keinen Kontakt zu mir auf. Nach den negativen Erfahrungen entschied ich mich, den auf zwei Jahre befristeten Vertrag auslaufen zu lassen. Diverse schwangerschaftsbezogene Dokumente und Bescheinigungen bekam ich nie oder musste mehrfach nachfragen, auch die Auszahlung nicht genommener Urlaubstage musste ich mehrfach mittels Einschreiben und Fristsetzung einfordern. Ein Arbeitszeugnis habe ich bis heute trotz mehrfacher

Aufforderung nicht erhalten und überlege, deswegen eine*n Anwalt*in zu beauftragen.

Rückblickend hätte ich mir eine transparente, beidseitige und wertschätzende Kommunikation seitens des Arbeitgebers sowie eine zeitnahe Abklärung des Beschäftigungsverbots gewünscht, um Unsicherheiten zu minimieren. Auch eine Unterstützung und Kontaktaufnahme durch den Betriebsrat, der mit Sicherheit informiert war, hätte ich mir gewünscht.

Ich fühlte mich verunsichert, hilflos, nicht unterstützt, alleingelassen, nicht ernst genommen. Ich hatte das Gefühl, dass es nicht um meinen Schutz oder den Schutz des ungeborenen Kindes ging, als er dann doch das Beschäftigungsverbot ausgesprochen hat, sondern dass mein Arbeitgeber rein aus betriebswirtschaftlichen Gründen handelte. Eine Zeit lang dachte ich, sein Verhalten wäre professionell, aber unsozial. Im Laufe der Zeit wurde mir klar, dass das Verhalten alles andere als professionell war.

Ich verbuche es als negative Erfahrung mit viel Lerneffekt. Nichtsdestotrotz bin ich noch immer sehr verärgert über die Art und Weise, wie mein Arbeitgeber mit mir umgegangen ist und noch immer mit mir umgeht.

FALL 7: Missachtung mutterschutzgesetzlicher Vorschriften, abwertende Bemerkungen

Amira, ein Kind, PTA/Apotheke, 5 Mitarbeiter*innen

Nach meinem positiven Schwangerschaftstest informierte ich meinen Arbeitgeber. Als Chef-PTA in einer Apotheke arbeite ich auch mit teratogenen Stoffen, also Chemikalien, die das Baby schädigen können, und darf schwanger damit nicht arbeiten. Ich sagte meinem Arbeitgeber, dass er sich mal informieren müsse, welche Auswirkungen die Schwangerschaft für meine

Tätigkeit habe, auch aufgrund der Pandemie. Er war perplex, und es fielen Sätze in Richtung meiner privaten Familienplanung, die ihn nichts angeht. Seine erste Frage war nicht, ob ich mich freue, sondern ob ich es behalten möchte. Dazu sagte er mir, dass er dachte, dass wir erst auf Haussuche sind und nicht schon »so weit«, dass wir Kinder haben wollen.

Wir besprachen, dass er sich über das Wochenende schlaumacht. Ich informierte mich trotzdem weiter, obwohl es eigentlich nicht meine Aufgabe war. Am Montag traf ich auf meinen Chef, der sich nicht bemüht hatte zu erforschen, was jetzt zu tun war. Das übernahm dann gezwungenermaßen ich, und wir verblieben so, dass ich mich nach dem Termin bei meiner Frauenärztin melde. Dort versuchte ich, etwas über »Pandemie« und »Beschäftigungsverbot« herauszufinden. Ihre Aussage war allerdings, dass sie dafür nicht zuständig sei und ich ja »nicht krank«, und sie verwies auf eine vom Betrieb zu erstellende Gefährdungsbeurteilung. Aus den Infos von der Arbeitsschutzbehörde, die ich zwischenzeitlich gefunden hatte, ging außerdem hervor, dass das Thekenpersonal in der Apotheke ins Beschäftigungsverbot muss und unter anderem bestimmte Arbeitsschutzmaßnahmen greifen, wie zum Beispiel, dass das Tragen einer Maske am Arbeitsplatz auf maximal dreißig Minuten begrenzt sein muss. Da ich sowohl das Backoffice gemanagt als auch im Handverkauf gearbeitet habe, hätte mir mein Chef auch kein Homeoffice anbieten können. Ich habe ihm gesagt, er muss diese Gefährdungsbeurteilung schreiben, und wenn er mir keinen Arbeitsplatz anbieten kann, muss er ein betriebliches Beschäftigungsverbot in Erwägung ziehen. Mein Arbeitgeber sah allerdings trotz mehrfachem Hinweis keine Notwendigkeit, so eine Gefährdungsbeurteilung überhaupt zu erstellen. Seine Antworten waren immer gleich: »Nein, habe ich noch nie gehört«, »Warum sollte ich mich über ärztliche Verfügungen stellen?« (Welche übrigens? Hat er mir nicht erklären können.) Er sagte, ich solle mich an den Betriebsarzt wenden. Ich fragte, wer das sei, und er nannte mir einen Arzt. Der Betriebsarzt sprach mir dann schließlich ein Beschäftigungsverbot aus.

Danach ging ich in sein Büro, um ihm diese Papiere vorzulegen, und merkte gleich, dass er das alles als lächerlich empfand. Dabei durfte ich mir folgende Sätze anhören: Das Vertrauen zu mir sei »tief erschüttert« und das würde noch »Konsequenzen haben«. Er fand, nur da sich jetzt ein paar Zellen in meinem Körper neu verbinden, sei ich am »Durchdrehen«. Ich sei jetzt nicht »kränker wie vor einer Woche oder wie in zwei Wochen«, »alle hier denken«, dass ich dieses Papier als »Freifahrtschein« benutzen würde, um nicht zur Arbeit kommen zu müssen. Ich würde »übertreiben«, und ich wisse nicht, was ich tue, das, was jetzt da im Bauch wachse, sei ja noch nicht mal ausgebildet, »die Lunge zum Beispiel ist ja noch nicht mal entwickelt, was gibt es da zu schützen?«.

Er fragte mich trotzdem, ob ich denn noch arbeiten kommen möchte. Natürlich verwies ich auf das Beschäftigungsverbot und verneinte, er wünschte daraufhin, dass ich den Arbeitsschlüssel abgebe, was ich tat. Ich war fassungslos, und nachdem ich mich gesammelt hatte, ging ich zügig aus dieser Apotheke raus und fuhr nach Hause. Ich konnte nichts mehr sagen. Ich habe mich noch nie so gedemütigt gefühlt, mich verletzte diese Undankbarkeit, nach allem, was ich für den Betrieb gemacht hatte.

Von einer Arbeitskollegin habe ich erfahren, dass der Chef danach zum Team kam, beide Papiere auf den Tisch knallte und sinngemäß sagte: »So, sie zieht das jetzt durch.«

In dem Zwischenzeugnis, das er mir dann ausstellte, schrieb er vorwurfsvoll, dass ich »plötzlich« ein Beschäftigungsverbot erwirkt hätte. Nachdem ich mich dagegen wehrte, stellte er ein Neues aus.

Ich habe meinem Arbeitgeber die ganze Schwangerschaft und danach pflichtbewusst alle Papiere zukommen lassen, aber es fühlte sich einfach nicht gut an. Daher habe ich für mich beschlossen, dass ich in diesem Betrieb nicht mehr arbeiten will.

FALL 8: Verdrängung in ein Beschäftigungsverbot, Nachteile für die Ausbildung

Hanna, ein Kind und derzeit schwanger, Medizinstudentin, Universitätsklinikum, 2.100 Mitarbeiter*innen

Ich bin Medizinstudentin und leiste im Bereich Innere Medizin einer Universitätsklinik mein Praktisches Jahr (PJ) mit dem Wahlfach Kinderheilkunde ab. Das PJ ist eine praktische Arbeit in der Klinik, die 12 beziehungsweise 24 Monate in Teilzeit dauert und die Bedingung für das dritte Staatsexamen ist. Die PJ-Tätigkeit, die bereits ärztliche Aufgaben umfasst, wird durch eine Aufwandsentschädigung von circa 250 Euro (bei fünfzig Prozent Teilzeit) vergütet, sodass man sich während dieser Zeit zusätzlich noch selbst finanzieren muss.

Die Studierendensekretärin informierte mich nach Mitteilung meiner Schwangerschaft, dass ich sofort in ein Beschäftigungsverbot gehen müsse. Grundlage hierfür sei das Dokument vom Regierungspräsidium »Info Mutterschutz« mit der Festlegung, dass es für Schwangere unzumutbar sei, eine FFP2-Maske für mehr als dreißig Minuten am Stück zu tragen, sowie generell das hohe Ansteckungsrisiko mit Covid im Krankenhaus. Ich sah die Einschätzungen der erhöhten Ansteckungsgefahr für Schwangere in den Informationen des Regierungspräsidiums kritisch, da sie an einigen Stellen durch nicht mehr aktuelle empirische Daten belegt wurden, außerdem ist nach meiner persönlichen Einschätzung das Ansteckungsrisiko mit einem Kitakind außerhalb der Klinik nicht unbedingt geringer. Es hätte mir auch nichts ausgemacht, acht Stunden beziehungsweise den Arbeitstag lang mit Maske zu arbeiten. Ich hatte keinerlei Gelegenheit, Einfluss zu nehmen und zu diskutieren, mir wurde einfach die Gefährdungsbeurteilung zugeschickt. Ich fragte nach und bat um Weiterbeschäftigung, weder das Regierungspräsidium noch das Landesprüfungsamt oder das Studiendekanat sahen jedoch einen Spielraum bezüglich des Beschäftigungsverbots.

Angesichts des Levels an Infektionsschutzmaßnahmen in der Klinik (FFP2-Maskenpflicht, Antigen-Schnelltests und PCR-Tests bei allen Patienten; Isolationszimmer für infizierte Patienten) empfand ich die Begründungen für das Beschäftigungsverbot als unverhältnismäßig und auch übergriffig. Ich fühlte mich nicht ernst genommen, so als würde man mir absprechen, eine verantwortungsvolle Abwägung für mich und mein ungeborenes Kind treffen zu können, was ich mir zumuten kann. Die Einschätzung der Zumutbarkeit des Tragens einer FFP2-Maske sollte meiner Ansicht nach ganz im persönlichen Ermessen der Frau liegen. Für mich hatte der Zwang, in ein aus meiner Sicht ungerechtfertigtes Beschäftigungsverbot zu gehen, die Folge, dass ich jetzt möglicherweise mein PJ wiederholen muss, da ich es nicht länger als 24 Monate unterbrechen darf. Aufgrund des Schwangerschaftsbeschäftigungsverbotes und der nachgeburtlichen Mutterschutzfrist sowie der sich anschließenden Elternzeit und vor allem auch der Frage, ob ich überhaupt rechtzeitig einen Kitaplatz finde, würde ich mehrere Monate fehlen. Auch dagegen versuchte ich mich beim Leiter des Landesprüfungsamtes zu wehren und bat um eine Ausnahmegenehmigung.

Trotz schriftlicher und telefonischer Rückfrage erfolgte bis heute keine Zusage. Ich habe daraufhin Kontakt mit Ärzteverbänden aufgenommen, bislang ohne Ergebnis.

Für mich hat das die Folge, dass ich mein PJ um rund acht Monate verlängern muss, eventuell sogar noch einmal wiederholen muss. Dadurch kann ich sicher erst acht Monate später anfangen, als Kinderärztin zu arbeiten, und werde auch erst später Geld verdienen.

Obwohl ich mich durch das Beschäftigungsverbot, die mangelnde Rückendeckung der Uniklinik und die Nachteile in Bezug auf meine Ausbildung diskriminiert fühle, macht eine Klage keinen Sinn, da eine gerichtliche Klärung wahrscheinlich erst nach Ende meines Beschäftigungsverbotes zu erwarten gewesen wäre.

Im Nachhinein hätte ich meine Schwangerschaft wohl besser verschwiegen, damit ich nicht ins Beschäftigungsverbot geschickt werde und mir dadurch Nachteile bei meinem Studium entstehen. Das wäre für mich persönlich strategisch der bessere Weg gewesen. Andererseits ist es aber auch ein Zeichen für eine Verfehlung des Mutterschutzgesetzes, wenn ich genau wegen der oben genannten Schilderung zu der Schlussfolgerung kommen muss, dass ich die Schwangerschaft verschweigen sollte, um beruflich und studientechnisch nicht ausgeschlossen zu werden.

FALL 9: Nichtdurchführung einer Versetzung, Mobbing durch Kolleg*innen

Sophie, ein Kind, Richterin am Amtsgericht, öffentlicher Dienst
Nachdem mein Mann und ich bereits längere Zeit versucht hatten, ein Kind zu bekommen, befanden wir uns in einer Kinderwunschbehandlung. Unsere erste ICSI war erfolgreich. Zum

gleichen Zeitpunkt wurde mir nach viereinhalb Jahren als Proberichterin endlich eine Lebenszeitstelle am Amtsgericht angeboten. Beim entsprechenden Vorstellungsgespräch (für die Lebenszeit-Ernennung war ein Wechsel des Amtsgerichtes erforderlich) war ich in der sechsten Woche schwanger und habe dies nicht offengelegt, da zu diesem Zeitpunkt alles noch sehr unsicher war und es sich um eine Risikoschwangerschaft gehandelt hat.

Ich wechselte dann das Amtsgericht. Zu diesem Zeitpunkt war ich in der 16. Woche schwanger. Ich habe der Präsidentin des Amtsgerichtes bereits am zweiten Tag meine Schwangerschaft offengelegt. Zunächst reagierte sie sehr freundlich und erfreut. Im Anschluss kam das Gespräch jedoch auf mein Tätigkeitsgebiet. Es war von Anfang an abgesprochen, dass ich sowohl im Bereich Zivilrecht als auch im Betreuungsrecht tätig bin. Im Betreuungsrecht wird einem Erwachsenen, der unter einer geistigen oder körperlichen Behinderung oder einer psychischen Erkrankung leidet, ein Betreuer zur Seite gestellt. Im Rahmen dieses Arbeitsfeldes finden regelmäßig Anhörungstermine in Privatwohnungen, Pflegeheimen und Krankenhäusern statt und mindestens einmal die Woche in der geschlossenen Psychiatrie. Aus meinem Umfeld ist mir bekannt, dass Mitarbeiterinnen, wenn sie schwanger sind, sofort aus der geschlossenen Psychiatrie versetzt werden, weil es dort immer wieder zu körperlichen Angriffen kommt. So wurde im vergangenen Winter eine Richterkollegin bei einer Anhörung am Kopf gepackt und ihr Gesicht gegen einen Tisch geschlagen. Ich teilte der Präsidentin daher meine Bedenken mit, schwanger im Betreuungsrecht zu arbeiten. Das Verhalten meiner Vorgesetzten änderte sich schlagartig. Statt mit mir über die Gefahren zu sprechen und eine Gefährdungsbeurteilung zu erstellen, wurde sie sofort eiskalt und abweisend und teilte mir mit, dass ich die erste Richterin sei, die damit ein Problem habe. Sie forderte mich dazu auf, noch einmal in mich zu gehen und mir zu überlegen, ob ich nicht doch im Betreuungsrecht arbeiten wollen würde.

Nachdem ich das Büro verlassen hatte, brach ich sofort in Tränen aus. Ich hatte wahnsinnige Angst um mein Kind und konnte mir überhaupt nicht vorstellen, mit dickem Bauch in die Psychiatrie zu gehen oder mich den Keimen in Pflegeheimen und Krankenhäusern auszusetzen. Meine Frauenärztin, die zum Glück im Rahmen ihrer Ausbildung auch schon mal in einer Psychiatrie gearbeitet hat, stärkte mir den Rücken und stellte mir ein Beschäftigungsverbot für den Bereich Betreuungsrecht aufgrund der Risikoschwangerschaft und des mit dem Tätigkeitsgebiet verbundenen Stresses in Aussicht. Ich suchte erneut das Gespräch mit meiner Vorgesetzten und teilte ihr mit, dass ich schwanger kein Betreuungsrecht machen werde. Sie reagierte erneut sehr einsilbig, bot mir keinen anderen Bereich an und entließ mich mit den Worten: »Das ist dann Ihre Entscheidung.«

Im Anschluss wurde ich insbesondere von älteren Kollegen geschnitten. Niemand gratulierte mir zu meiner Schwangerschaft, ich erhielt kein Geschenk, obwohl es dafür eine Gemeinschaftskasse gab, in die alle für solche Gelegenheiten einen jährlichen Betrag einzahlten. Hinter meinem Rücken fielen Sätze wie, ich hätte mir meine Lebenszeitstelle »unter Vorspiegelung falscher Tatsachen erschlichen« und »das Gericht mit der Androhung eines Beschäftigungsverbotes erpresst«. Mir wurde dann schließlich doch eine Zivilabteilung übertragen, wobei meine Akteneingänge im Vergleich zu meiner vorherigen Tätigkeit auf zweihundert Prozent hochgefahren wurden. Letztendlich hätte ich mir den ganzen Stress und die Diskussion ersparen können, da ich drei Monate vor Beginn der gesetzlichen

Mutterschutzfrist mit vorzeitigen Wehen und Blutungen ins Krankenhaus kam und ab da ein Beschäftigungsverbot erhalten habe.

Die Krönung kam dann nach der Rückkehr aus meiner Elternzeit: Auf einmal konnte mir nur noch eine volle Stelle in der Betreuungsrechtabteilung angeboten werden. Zivilrecht durfte ich bis vor Kurzem nicht mehr machen.

FALL 10: Nichtgewährung von Stillzeiten und keine Bereitstellung eines Stillraums

Marlene, ein Kind, schwanger, stellvertretende Kitaleitung, soziale Einrichtung, 25 Mitarbeiter*innen

Ich bin aktuell schwanger in der 35. Schwangerschaftswoche. Ich habe meinen Arbeitgeber per E-Mail angefragt, wie sich eine Stillzeit in unserem Betrieb gestaltet.

Mein Arbeitgeber antwortete mir erst nach zwei Monaten und behauptete, dass sie noch nie davon gehört hätten und ihnen das in der Praxis noch nicht untergekommen sei. Ergebnis nach Rücksprache mit der Betriebsärztin, der Prokuristin und der Fachbereichsleitung sei, dass man bei einer Tätigkeit als Erzieherin in einer Kita kein Beschäftigungsverbot während des Stillens aussprechen könne, mich aber auch nicht zum Stillen freistellen könne, auch nicht außerhalb der Kita. Letztlich gehe es beim Stillen in der Kita auch um das erhöhte Infektionsrisiko für das Neugeborene. »Du könntest also die Elternzeit auf ganz normalem Weg beantragen und nehmen«, hieß es.

Ich war verwirrt, widersprach, zitierte Gesetze und wies darauf hin, dass ich ein Recht auf Stillzeiten habe und ich, falls diese nicht möglich seien, ein Beschäftigungsverbot bekommen müsse. Nach einem ewigen Hin und Her wurde ich darüber informiert, dass mir die Stillzeit ermöglicht werden könne.

Entweder bekäme ich zum Stillen einen Raum nur für mich zur Verfügung oder ich könne außerhalb der Einrichtung stillen, wobei die Fahrtzeit in der Stillzeit inbegriffen sei. Als Zeitangaben wurden mir entweder zweimal dreißig Minuten oder einmal sechzig Minuten, das Mindestmaß der gesetzlichen Stillzeit, genannt. Diese Zeiten müssten fest im Dienstplan vermerkt sein. Schließlich gehe es um die Belange des Betriebes. Es könne nicht alles flexibel gestaltet werden, so wie ich das gerade brauche.

Alles wurde so dargestellt, als müsste ich unendlich dankbar sein, dass mir das überhaupt ermöglicht werden kann. Da ein Wohnungswechsel in eine weiter entfernte Stadt anstand, fragte ich, ob die Anrechnung der Fahrtzeit als Stillzeit auch gelte, wenn der Fahrtweg länger wäre. Darauf bekam ich die Antwort, das wisse man jetzt nicht und müsse das dann eben klären, wenn es so weit sei. Nebenbei durfte ich mir noch von der Bereichsleitung anhören, wie gefährlich doch Autofahren sei, wenn ich außerhalb der Einrichtung stillen müsse.

Ich fragte auch noch einmal bezüglich des Infektionsrisikos nach. Mir wurde daraufhin von der Personalsachbearbeiterin erklärt, dass sämtliche Kinderkrankheiten, die eventuell bei den Kitakindern auftreten können, laut der Betriebsärztin keinerlei Problem beim Stillen darstellen würden. Ich fragte, was denn mit Corona sei. Hier bekam ich die Antwort, dass die Ärztin dieses Thema nicht weiter betrachtet hat und nicht darauf eingegangen ist.

Ich war sehr verunsichert. Dieses Hin und Her konnte ich nicht verstehen. Erst geht alles gar nicht, und ich soll doch bitte einfach »normal« Elternzeit nehmen, dann wird doch gehandelt, nachdem ich für mich und meine Rechte eingestanden bin. Ich hätte mir in dieser Situation mehr Unterstützung erhofft, kam mir vor wie ein nerviges Anhängsel, das mit seinen Anfragen nur Zeit verschwendet. Niemand hat das vorher gemacht, warum du jetzt? Die mit ihren nervigen Angelegenheiten.

Ich habe bisher keine weiteren Schritte eingeleitet und fühle mich aktuell hochschwanger auch nicht in der Lage zu kämpfen. Aktuell tendiere ich eher dazu, einfach in Elternzeit zu gehen, auch wenn es erhebliche finanzielle Einbußen bedeutet. Ich erkaufe mir quasi meine Ruhe. Und das, obwohl ich eine Rechtsschutzversicherung habe. Vor ein paar Monaten hätte das wohl noch anders ausgesehen. Ich hätte mich dann wohl anwaltlich beraten lassen. Aber jetzt, sechs Wochen vor der Geburt, bin ich nicht bereit, diesen Kampf einzugehen, mit der Gefahr der Ungewissheit, wie es finanziell nach der Geburt aussieht. Diese Ungewissheit hat auch die Auswirkung, dass mein Mann »nur« zwei Monate Elternzeit beantragt hat. Wäre ich in die Stillzeit gegangen, wäre er ein Jahr zu Hause geblieben. Aber unter diesen Bedingungen war es erst mal keine Option für uns. Sollte sich das Blatt noch mal wenden, wird es natürlich schwierig, die Elternzeit meines Mannes zu verlängern. Schließlich muss sein Arbeitgeber dann damit einverstanden sein.

Schwanger – oder nicht schwanger? Vorurteile und Fragen mit Diskriminierungspotenzial

Mit einer Schwangerschaft wird das Leben einer Frau früher oder später komplett auf den Kopf gestellt. Ein positiver Schwangerschaftstest führt oft zu den größten Veränderungen, die sie je in ihrem Leben erfährt. Ein Cocktail, der auf der Gefühlsskala von himmelhoch jauchzend bis am Boden zerstört reichen kann. Es gibt viele Frauen, für die eine Schwangerschaft das schönste Geschenk und das größte Wunder der Welt bedeutet, es gibt aber auch einige Frauen, die nicht gerade freudig von der Kloschüssel springen, nachdem sich die beiden Streifen eingefärbt haben, weil die persönlichen oder finanziellen Lebensumstände gerade schwierig sind. Auf jeden Fall katapultiert eine Schwangerschaft die meisten Frauen in eine Achterbahnfahrt, und genau in dieser Lebensphase, in der ein großes Bedürfnis nach Schutz und Sicherheit besteht, ist das Letzte, was sie brauchen, eine*n Arbeitgeber*in, der oder die diskriminiert, sie direkt oder vor Kolleg*innen herabwürdigt, ihre Schwangerschaft als »Frechheit« oder »nur ein paar Zellen« bezeichnet und sich ungefragt anmaßt, Kommentare zur Lebensplanung zu machen.

Neben den emotionalen Veränderungen, für die viele Arbeitgeber*innen keine Empathie aufbringen, hat eine Schwangerschaft oftmals kurzfristige und langfristige Auswirkungen auf die Finanzen – und natürlich auf den aktuellen Job. Besonders deutlich wird das, wenn die werdende Mutter gerade eine neue Stelle angetreten hat, kürzlich befördert wurde oder eine Beförderung ansteht, eine Weiterbildung begonnen oder seit letztem Monat ein großes Projekt übernommen hat. Plötzlich ist sie einer Drucksituation ausgeliefert, da zu vielen Fragen schnell wichtige Entscheidungen getroffen werden müssen: Wann soll ich meine Schwangerschaft mitteilen? Verrate ich meiner Chefin vor der besprochenen Beförderung, dass ich schwanger bin? Unterschreibe ich trotz Schwangerschaft den neuen Arbeitsvertrag? Offenbare ich meine Schwangerschaft im Bewerbungsgespräch? Was hält mein Chef davon, wenn ich am Arbeitsplatz stille? Ich habe Angst, mein Kind zu verlieren, wie erkläre ich, dass ich eine Risikoschwangerschaft habe und daher schnell ein Beschäftigungsverbot brauche? Genau diese Fragen – Mitteilung der Schwangerschaft, Abstellgleis-Gefahr und Einforderungen mutterschutzgesetzlicher Vorschriften – markieren, wie wir auch in den Fallgeschichten gesehen haben, die sensibelsten Punkte und gleichzeitig die höchste Wahrscheinlichkeit, als Mutter diskriminiert zu werden.

Frohe Botschaft oder Tag des Jüngsten Gerichtes? Die Offenbarung der Schwangerschaft gegenüber dem*der Arbeitgeber*in

Der Zeitpunkt der Mitteilung einer Schwangerschaft ist geprägt von Unsicherheiten und Fragezeichen. Im Mutterschutzgesetz ist kein Muss-Zeitpunkt genannt, es ist nur festgehalten, dass eine schwangere Frau ihrem*ihrer Arbeitgeber*in die Schwangerschaft und den voraussichtlichen Tag der Entbindung mitteilen »soll«, sobald sie weiß, dass sie schwanger ist. Eine werdende Mutter kann daher frei entscheiden, wann sie die Schwangerschaftsbombe platzen lässt. Dieser Entscheidungsspielraum ist zum Schutz vor möglichen Nachteilen wichtig, sorgt aber natürlich auch für Kopfzerbrechen. Viele Frauen warten ab, bis die ersten drei Schwangerschaftsmonate vorbei sind, um ein Fehlgeburtsrisiko auszuschließen. Frauen mit gefährlichen Tätigkeiten, zum Beispiel bei einer Arbeit mit giftigen Stoffen, offenbaren die Schwangerschaft in der Regel sehr früh. Das ist auch richtig und wichtig, denn andernfalls können Arbeitgeber*innen nicht ihren Schutzpflichten nachkommen. Besonders kompliziert wird die Entscheidung, wenn Änderungen des Arbeitsvertrags zum Vorteil der schwangeren Frau bevorstehen, wie zum Beispiel in den Fällen von Anna und Rosalie, bei denen eine Gehaltserhöhung bevorstand. Auch wenn viele Frauen moralisch damit hadern, ist die Gefahr groß, dass weitere Entwicklungsschritte als überflüssig betrachtet oder sogar vorenthalten werden, wenn sie ihre Schwangerschaft offenbaren – das zeigen die Zahlen der ADS-Studie und auch die Reaktionen der Arbeitgeber*innen in unseren Fallgeschichten. Wer sich angesichts möglicher Diskriminierungen richtigerweise dafür entscheidet, Karrieremöglichkeiten noch »mitzunehmen«, wird im Anschluss nicht nur materiell benachteiligt, sondern auch offen angefeindet, wie wir noch in einer Fallgeschichte in der Kategorie »Befristung« sehen werden.

Jede Frau weiß, dass das Wort »Schwangerschaft« gegenüber einem*einer Arbeitgeber*in eine Zäsur bedeutet. Es steht einem fortan dick auf der Stirn geschrieben und führt häufig dazu, dass man in eine Schublade mit den Etiketten »nicht mehr einsatzfähig«, »Low Performerin«, »ständig krank« einsortiert wird. Für viele Frauen fühlt sich der Moment der Mitteilung der Schwangerschaft gegenüber dem oder der Vorgesetzten daher nicht wie die Verkündung einer frohen Botschaft, sondern wie der Tag des Jüngsten Gerichtes an. Sie sind unsicher, haben Angst vor Nachteilen, aber auch vor der direkten Reaktion ihres Arbeitgebers beziehungsweise ihrer Arbeitgeberin. Statt eines Freudensprunges und herzlichen Glückwünschen befürchten sie herabwürdigende und oftmals auch verletzende Kommentare. Diese Ängste und Annahmen sind richtig und statistisch untermauert: Nach der Studie der ADS muss sich jede vierte werdende Mutter abfällige Kommentare nach der Bekanntgabe der Schwangerschaft gefallen lassen – und zwar nicht nur von Vorgesetzten, sondern auch von Kolleg*innen.[92]

Wir hören immer wieder beliebte Bullshit-Sätze von Arbeitgeber*innen und Kolleg*innen, die uns fassungslos machen: »Führungskraft und Mutter, das ist ein No-Go«, »Bist du mit dreißig zu dumm zum Verhüten?«, »Du hättest auch noch ein Jahr warten können!«, »Das war so nicht geplant!«. Eine weitere Bemerkung, die nach unseren Beobachtungen als Reaktion auf die Offenbarung einer Schwangerschaft besonders oft fiel und die auch unsere Protagonistinnen Angela und Amira ertragen mussten, war: »Willst du es behalten?« Dieser Satz ist anmaßend und übergriffig, ein Eingriff in die Persönlichkeitsrechte der Frau und kann sogar dazu beitragen, dass Frauen in Erwägung ziehen, ihr Kind nicht zu behalten. So berichtet Agathe Kerscher, Rechtsanwältin und Fachanwältin für Arbeitsrecht, die ehrenamtlich für den Verein Pro Femina, der Schwangere in Konfliktsituationen ergebnisoffen berät, tätig ist: »Es

kommt sehr häufig vor, dass schwangere Frauen aufgrund der Reaktion ihres*ihrer Arbeitgeber*in in eine Konfliktsituation geraten.
Ich erinnere mich zum Beispiel an den Fall einer jüngeren Dame, die
ihrem Arbeitgeber von der Schwangerschaft erzählte. Dieser war
total erbost und teilte ihr mit, wenn sie sich fürs Kind entscheide,
werde sie in der Firma keine Zukunft mehr haben. Sie selbst freute
sich auf das Kind, war allerdings von der Aussage des Arbeitgebers
so geschockt, dass sie tatsächlich in einen Schwangerschaftskonflikt
geriet und eine Abtreibung in Erwägung zog. Dieser Fall ist nach
meiner Erfahrung kein Einzelfall. Aus der Beratung wissen wir, dass
es oft von Kleinigkeiten abhängt, ob sich Schwangere für oder gegen
ihr Kind entscheiden. Arbeitgeber*innen, die schwangere Frauen
unter Druck setzen, können dafür ein Auslöser sein.«

Wir waren von den vielen Fällen, die im Zusammenhang mit der
Schwangerschaftsoffenbarung an uns herangetragen wurden, erschüttert. Es ist erschreckend und traurig zugleich, dass es immer
noch zahlreiche Arbeitgeber*innen gibt, die im Moment, in dem sie
eine Schwangerschaft mitgeteilt bekommen, die ihnen obliegende
arbeitsvertragliche Fürsorgepflicht und auch ihre Menschlichkeit
und Contenance eben mal so über Bord werfen – und ab diesem
Zeitpunkt munter weitermachen.

Degradierung, Abstellgleis und gläserne Decke

Nachdem Arbeitgeber*innen bei der Mitteilung einer Schwangerschaft oftmals persönlich beleidigt, unkontrolliert ausfällig, manchmal auch cholerisch reagieren, geht es im weiteren Verlauf des
Arbeitsverhältnisses subtiler weiter.

Dazu hat die Antidiskriminierungsstelle in ihrer Studie herausgefunden, dass 72 Prozent (!) der Mütter negative Erfahrungen
im Zusammenhang mit ihrer Schwangerschaft gemacht haben.[93]
Besonders traurig gestimmt, haben uns »Bestrafungen« für die

Schwangerschaft und die Geltendmachung von damit verbundenen Rechten durch Kündigungen, wie im Fall von Camilla, durch ein Abschieben aufs Abstellgleis, wie im Fall von Rosalie und Miriam, die konsequent nicht mehr zu strategischen Meetings eingeladen wurde, aber auch durch schlechte Leistungsbewertungen oder durch ein gefühltes »Nachtreten« nach Beendigung des Arbeitsverhältnisses in Form von vorenthaltenen oder schlechten Zeugnissen. Besonders herabwürdigend ist auch das oftmals zu beobachtende Aufbürden eines überhöhten Arbeitspensums wie im Fall von Sophie, die als Richterin plötzlich doppelt so viele Akten bearbeiten musste, weil sie sich geweigert hatte, als Schwangere in einem gefährlichen Arbeitsumfeld zu arbeiten.

Die ADS ordnet die Fälle materieller Herabwürdigungen während der Schwangerschaft in verschiedene Kategorien ein. Dabei wird deutlich, dass es in dieser Zeit auch zu Diskriminierungen gegenüber Vätern kommen kann.[94]

- 26 Prozent der Mütter werden **Verantwortlichkeiten entzogen** (Väter 15 Prozent).
- 26 Prozent der Mütter werden **nicht befördert,** weitere Karriereschritte wurden gestrichen, in verminderter Höhe umgesetzt oder auf Eis gelegt (Väter 14 Prozent).
- 24 Prozent der Mütter werden **Gehaltserhöhungen oder Bonuszahlungen gestrichen** (Väter 16 Prozent).
- 19 Prozent der Mütter berichteten, dass ihre **Leistungen schlechter als vorher bewertet** wurden (Väter 15 Prozent).
- 18 Prozent der Mütter machten die Erfahrungen, dass **Fortbildungen nicht oder nicht in gewünschtem Umfang erlaubt** wurden (Väter 14 Prozent).
- 17 Prozent berichteten, dass ihnen ein **erhöhtes Arbeitspensum** aufgebürdet wurde (Väter 15 Prozent).

Neben der materiellen Herabwürdigung gibt es auch unterschiedliche Formen sozialer Herabwürdigung, die die ADS in ihrer Studie sehr differenziert ausgearbeitet hat:[95]

- 29 Prozent der Mütter und 16 Prozent der Väter berichteten, dass ihnen von Vorgesetzten oder Führungskräften **nicht die gleiche Leistungsfähigkeit** zugetraut wurde, 28 Prozent berichteten das Gleiche in Bezug auf Kolleg*innen.
- 27 Prozent der Mütter gaben an, dass ihnen wichtige betriebsinterne Informationen und Entscheidungen **nicht mitgeteilt** wurden (Väter 17 Prozent).
- 19 Prozent der Mütter (Väter 11 Prozent) haben sich von Vorgesetzten oder Führungskräften **gemobbt** gefühlt, 17 Prozent von Kolleg*innnen (Väter 11 Prozent).

Bei Lektüre dieser Kategorien und Auswertungen kann man nicht anders, als fassungslos die Hände über dem Kopf zusammenschlagen. Ist das allen Ernstes die Situation in einem vermeintlich fortschrittlichen und wohlhabenden Land wie Deutschland? Wir haben doch Gesetze, die Schwangere schützen, Rahmenbedingungen vorgeben? Verfehlen diese ihre Ziele? Warum werden sie nicht von Arbeitgeber*innen respektiert und angewendet?

Schwangere, Arbeitgeber*innen und das Mutterschutzgesetz – keine einfache Beziehung

Eine weitere Besonderheit der Schwangerschaftsdiskriminierungsfälle ist, dass diese sehr »körperlich« sind. Neben den emotionalen, finanziellen und beruflichen Veränderungen verändert sich vor allem – und für alle sichtbar, egal ob wir es wollen oder nicht – der Körper. Der Bauch wächst, die Waage zeigt immer mehr Kilos an, die Beine werden schwer, hinzu kommt oftmals eine bleierne Müdigkeit, und nicht wenige hängen im Stundentakt über dem Klo, um sich zu übergeben. Diese Auswirkungen sind vergleichsweise harmlos. Aber einige Frauen leiden auch unter ernsthaften Beschwerden, ja sogar möglicherweise lebensbedrohlichen Begleiterscheinungen wie beispielsweise Diabetes oder Präeklampsie – und besonders wichtig: Gerade in den ersten drei Monaten, aber auch noch danach, beunruhigt viele Mütter die Angst, das ungeborene Kind zu verlieren.

Es ist keine Dramatisierung, sondern Tatsache: Es geht bei einer Schwangerschaft um mögliche Gesundheitsgefahren, um Leben und Tod. Der im Mutterschutzgesetz geregelte Schutz für Schwangere und Stillende ist Ausdruck der Menschenwürde und damit absolut und nicht diskutabel. Das hat auch unser Gesetzgeber erkannt und dem mit der Schwangerschaft verbundenen Status »Mutter« in Art. 6 Abs. 4 GG Grundrechtsrelevanz beigemessen. Dennoch passiert es immer wieder, dass diese Regeln ignoriert und ins Lächerliche gezogen werden oder dass schlimmstenfalls sogar bewusst dagegen verstoßen wird – wie die Fälle von Maria, Angela und Amira gezeigt haben: Kündigungen trotz schwangerschaftsbedingtem Sonderkündigungsschutz, die unterlassene Durchführung einer Gefährdungsbeurteilung oder die Nacharbeitung von Stillzeiten – nur um einige Beispiele zu nennen. Immer wieder wurde uns berichtet – wie auch die Fälle von Amira und Sophie zeigen –, dass Mütter diese Regeln besser kennen und einfordern müssen, dass sie teilweise sogar darum betteln müssen, dass diese eingehalten werden. Arbeitgeber*innen, die ihre gesetzlichen Pflichten nicht kennen, unprofessionell handeln und unvorbereitet sind, verspielen Vertrauen und verunsichern ihre Mitarbeiter*innen, wie wir im Fall von Marlene gesehen haben, der niemand erklären konnte, ob sie ihr Kind im Betrieb stillen darf oder nicht.

Auch die Zahlen spiegeln das wider. Die Studie der ADS belegt, dass das Mutterschutzgesetz in deutschen Unternehmen regelmäßig mit Füßen getreten wird: Mehr als ein Viertel der befragten Mütter gibt an, dass erforderliche Maßnahmen zum Schutz der Gesundheit am Arbeitsplatz während der Schwangerschaft nicht ausreichend getroffen worden seien. 23 Prozent berichten, dass die Vorschriften des Mutterschutzgesetzes von Vorgesetzten, Führungskräften beziehungsweise Arbeitgeber*innen nicht vollumfänglich eingehalten worden seien.[96] Auch der Deutsche Gewerkschaftsbund stellte im Rahmen der bereits genannten Studie fest, dass sich viele Unternehmen nicht an die Regelungen des Mutterschutzgesetzes halten.[97]

Besonders subtil in diesem Zusammenhang ist auch die Instrumentalisierung der Gesetze, um schwangere Frauen vom Arbeitsmarkt zu verdrängen, etwa durch den Druck, in ein voreiliges Beschäftigungsverbot zu gehen, weil es so »einfacher« sei und »sich rechnet«. Das folgende Narrativ ist ein häufig anzutreffendes Phänomen: »Bevor du jetzt ständig krank bist in der Schwangerschaft, schicke ich dich lieber in das Beschäftigungsverbot. Ist doch eine Win-win-Situation. Du hast frei und kannst dich ausruhen, und ich bekomme dein Gehalt von der Krankenkasse wieder und muss nicht ständig Ersatz suchen, wenn du ausfällst.« Zwölf Prozent der Mütter gaben an, dass sie unter Druck gesetzt worden seien, schon vor Beginn der Mutterschutzfrist in ein Beschäftigungsverbot zu gehen.[98]

Beschäftigungsverbote sind unverzichtbar, da es für Schwangere »gefährliche« Jobs gibt, aufgrunddessen es richtig und wichtig ist, sofort in ein Beschäftigungsverbot zu gehen, wie es häufig bei Erzieherinnen, Zahnärztinnen oder Virologinnen üblich ist. Aber: Arbeitgeber*innen dürfen mögliche Spielräume unter Ausübung ihrer Machtposition nicht dazu missbrauchen, schwangere Frauen von ihrem Arbeitsplatz und damit gleich auch vom Arbeitsmarkt zu verdrängen. Der Fall von Hanna, die kein Problem damit hatte, schwanger mit Maske zu arbeiten, zeigt dies sehr anschaulich. Ihre Aussage »Für mich wäre es eigentlich besser gewesen, die Schwangerschaft überhaupt nicht zu offenbaren und auf die Regelungen des Mutterschutzgesetzes zu verzichten« sollte uns zu denken geben. Der Fall zeigt zudem: Auch öffentliche Institutionen wie Arbeitsschutzbehörden, berufsständische Vereinigungen und Prüfungsämter können durch mangelnde Unterstützung dazu beitragen, dass schwangere Frauen vom Arbeitsmarkt verdrängt werden. Besonders häufig beobachteten wir das in den Bereichen Bildung, Soziales und Gesundheitswesen, gestützt wird das auch durch die Erhebungen der Antidiskriminierungsstelle.[99] Tragisch, denn gerade in diesem Sektor, in dem jede Fachkraft dringend benötigt wird, sind Frauen überdurchschnittlich oft vertreten.

Schwanger im Gerichtssaal?

Rechtlich sind die Chancen, erfolgreich gegen Schwangerschafts- und Stilldiskriminierungen vorzugehen, relativ hoch. Wie bereits erläutert, stellen Benachteiligungen im Zusammenhang mit einer Schwangerschaft eine unmittelbare Diskriminierung aufgrund des Geschlechtes gemäß AGG dar – vorausgesetzt es gelingt, Indizien zu beweisen. Das ist jedoch nicht die einzige Hürde. Nach unserem Eindruck ist die Lebensphase einer Schwangerschaft nicht der Zeitpunkt, zu dem man die Kraft und Ressourcen hat, mit Vorgesetzten, Betriebsrät*innen, Anwält*innen oder Richter*innen zu diskutieren, davon berichteten zum Beispiel auch Maria, Anna und Marlene, die keine Kraft für eine Diskriminierungsklage hatten, sich aber rückblickend darüber ärgern. Viele Mütter, wie zum Beispiel Rosalie, haben uns berichtet, dass ihnen überhaupt nicht bewusst war, dass man sich gegen diskriminierendes Verhalten während der Schwangerschaft hätte wehren können. Dazu passt auch, dass in der ADS-Studie 54 Prozent der Mütter angaben, nicht auf Diskriminierungen reagiert zu haben, weil sie es zu belastend fanden, sich weiter damit auseinandersetzen zu müssen.[100] Es verwundert daher nicht, dass trotz der hohen Erfolgschancen ein Großteil der Frauen vor rechtlichen Schritten gegen Schwangerschaftsdiskriminierungen zurückschreckt und nicht rechtlich dagegen vorgeht.

Typische Diskriminierungshandlungen im Zusammenhang mit Kinderwunsch, Fehlgeburt und Schwangerschaft

Damit ihr die Knackpunkte kennt, hier noch mal eine Zusammenfassung von möglichen Diskriminierungshandlungen, die an uns herangetragen wurden:

Schwangerschaftsdiskriminierungen:

- **Abwertende Bemerkungen** bei der Mitteilung oder im weiteren Verlauf der Schwangerschaft
- **Ausschluss** aus Bewerbungsverfahren
- **Nichtunterzeichnung** eines bestätigten Arbeitsvertrags
- **Rücknahme** zugesagter Gehaltserhöhungen
- **Degradierungen**, Entzug von Verantwortlichkeiten
- **Abbruch** von Einarbeitungen
- **Nichtumsetzung** von Beförderungen
- **Beendigung** oder Nichtdurchführung von Fortbildungen
- **Nichtverlängerung oder Nichtentfristung** befristeter Arbeitsverträge
- Ignorieren der Person
- **Vorenthaltung** von Informationen
- **Ausschluss** aus Meetings
- **Übergehen** bei wichtigen Entscheidungen
- **Verstöße gegen arbeitgeberseitige Pflichten** aus dem Mutterschutzgesetz (z. B. Nichterstellung von Gefährdungsbeurteilungen, Kündigungen während der Schwangerschaft)
- **Verdrängung** in Beschäftigungsverbote

Stilldiskriminierungen:

- Abstreiten von **Stillrechten am Arbeitsplatz**
- **Nichtgewährung** von Stillpausen, Nacharbeitung der Pausen
- Mangelnde Einrichtung eines **Stillraums**

Was sagen die Arbeitgeber*innen dazu?

Uns hat vor allem interessiert, wie Unternehmenn bei einer Schwangerschaftsoffenbarung einen positiven Blick und vernünftige Arbeitsbedingungen entwickeln können, ohne Abstellgleis, Schubladendenken und überholte Rollenbilder, wie Abwesenheiten gemanagt werden und vor allem wie Arbeitgeber*innen das Mutterschutzgesetz anwenden.

Dass sich Menschlichkeit und verantwortungsvolles Unternehmertum bei Offenbarung einer Schwangerschaft nicht ausschließen müssen, fasst Anna Yona, Gründerin und Geschäftsführerin von Wildling Shoes GmbH, zusammen: »Wenn eine Mitarbeiterin ihre Schwangerschaft offenbart, freue ich mich erst mal riesig für sie und spreche Glückwünsche aus. Gleichzeitig kann ich aber auch nicht leugnen, dass in mir als Arbeitgeberin, die für viele andere Menschen und den Erfolg des Betriebes verantwortlich ist, ein Film im Kopf losläuft, in dem die Auswirkungen der Schwangerschaft durchgespielt werden. Am Ende denke ich oft: ›Das ist jetzt krass. Wir kriegen das geregelt, aber das wird schwierig‹, insbesondere bei Stellen, die hochkomplex und zentral für den Erfolg des Unternehmens sind, zum Beispiel im Bereich Supply Chain. Trotzdem ist mir wichtig, in dem Moment die Kollegin und ihre persönliche Situation in den Mittelpunkt zu stellen und die bevorstehenden Veränderungen nicht als Problem, sondern als positive Herausforderung zu sehen.«

Diese Einstellung lässt sich auch erlernen, wie Waldemar Zeiler, Gründer der einhorn products gGmbH, offen zugibt: »Früher, als ich noch in der investorengetriebenen patriarchisch-kapitalistischen Start-up-Welt gearbeitet habe, habe ich bei der Mitteilung einer Schwangerschaft oft gedacht: ›Schön für dich, aber sorry, es ist Business.‹ Und: ›Fuck, die Ressource fällt jetzt durch die Schwangerschaft weg. Ich bin ja eh schon das Risiko eingegangen, eine Frau einzustellen, das ist gleich schiefgegangen.‹ Heute denke ich: ›Langfristige Bindung, Loyalität und Vertrauen sind mir wichtig.‹«

Ein Denken fernab vom Abstellgleis zeigt das Unternehmen OTTO GmbH & Co KG mit einem Leuchtturmbeispiel: So wurde die Mitarbeiterin Pia Fischbach im vierten Schwangerschaftsmonat als Head of IT der neu gegründeten Otto Payment Entwicklungsgesellschaft befördert und leitet dort ein Team mit fünfzehn Mitarbeiter*innen. Svenja Gerads, Projektmanagerin Diversity & Inclusion, räumt allerdings auf unsere Nachfrage, ob dies bereits flächendeckend im Unternehmen gelebte Praxis sei, ein: »Wir weisen auf solche Positivbeispiele hin und haben natürlich ein großes Interesse daran, dass sich diese Signale möglichst breit in die Organisation tragen und somit möglichst viele Menschen, insbesondere Führungskräfte, erreichen. Letztlich müssen alle Fälle individuell angeschaut und geprüft werden. Es ist ein Prozess, und wir arbeiten daran.«

Ähnliche Ansätze schilderte uns auch das Unternehmen DATEV. Wichtig aus Sicht von Ulrike Hering, Leiterin HR-Business der DATEV eG, sind zur Vermeidung von Diskriminierungen nicht nur Denkmuster mit Weitsicht, sondern auch Gespräche auf Augenhöhe: »Wir legen viel Wert auf wertschätzende Gesprächskultur. Dazu haben wir beispielsweise einen Gesprächsleitfaden für Führungskräfte entwickelt, um mit den werdenden Eltern die dadurch entstehende Abwesenheit und den Wiedereinstieg zu besprechen. Das schafft Vertrauen, hilft aber auch uns, Abwesenheiten besser zu organisieren. Interessant ist, dass viele werdende Mütter und Väter auch eigene, für uns wertvolle Ideen mitbringen, um ihre Abwesenheiten gut zu organisieren.«

Zugegeben: Das Management von Abwesenheiten durch Planung der Vertretung und die Neuordnung von Aufgaben und Verantwortlichkeiten sind sicher nicht immer einfach: Die Dauer der Elternzeit kann einseitig und ohne Zustimmung festgelegt werden, daher ist für den*die Arbeitgeber*in nicht sofort klar, wie lange genau eine Schwangere pausiert. Rechtlich ist es möglich, Elternzeit beliebig lang, also einen Monat, 10, 27, – maximal aber 36 Monate, anzumelden.

Fragen wie: »Wer macht jetzt die Arbeit?«, »Wer kümmert sich ab der Mutterschutzfrist um den wichtigen Kunden?«, »Welche Lehrerin übernimmt jetzt die Klasse 3a?«, »Welche Erzieherin leitet ab sofort die Käfer-Gruppe?« sind nachvollziehbar und Ausdruck arbeitgeberseitiger Verantwortung. Es ist daher völlig legitim, dass ein*e Arbeitgeber*in bei Offenbarung einer Schwangerschaft die Auswirkungen kürzerer oder längerer Abwesenheiten im Blick hat – und vielleicht auch ins Schwitzen kommt –, insbesondere dann, wenn die Arbeitnehmerin sofort nach Offenbarung der Schwangerschaft in ein Beschäftigungsverbot geht. Daniel Grimm, Geschäftsführer des Kitaträgers KMK kinderzimmer GmbH & Co. KG, kennt das Problem und zeigt, dass es auch in dieser Situation kluge Lösungen gibt: »An einzelnen Standorten sind circa 50 Prozent unserer Mitarbeiterinnen entweder im Beschäftigungsverbot oder in Elternzeit, für uns sind Personalausfälle, auch von einem Tag auf den anderen, normaler Teil des Tagesgeschäftes. Durch freigestellte Kitaleitungen sind wir darauf gut vorbereitet, sie gehen erst einmal aktiv in die Gruppen und unterstützen. Zudem haben wir Springerpools und auch Zeitarbeitsfirmen, mit denen wir zusammenarbeiten.«

Nicht nur bei »Anwesenheits«-Berufen, auch bei kundenintensiven Branchen mit direkter Umsatzverantwortung einer

Mitarbeiterin muss eine Schwangerschaft nicht zu einer existenziellen Katastrophe führen, wie Harald Fortmann, Gründer der Personalberatung five14 GmbH, ausführt: »Wir haben die Schwangerschaft unserer Mitarbeiterin gemeinsam dem Kunden als freudige Nachricht kommuniziert und damit gleich eine positive Grundstimmung geschaffen. Der Kunde hat sich gefreut und hatte auch überhaupt kein Problem damit. Da bei uns ohnehin immer zwei Mitarbeitende einen Kunden betreuen, gab es auch überhaupt kein Problem in der weiteren Zusammenarbeit. Zur Geburt hat der Kunde meiner Mitarbeiterin dann sogar einen Babybody geschickt.«

Kommen wir von Maßnahmen mit Spielraum zu Nulltoleranzpflichten: Viele der an uns herangetragenen Fallgeschichten haben gezeigt, dass das Mutterschutzgesetz nicht unbedingt einen hohen Bekanntheitsgrad hat. Dr. Manja Schreiner, Hauptgeschäftsführerin der Fachgemeinschaft Bau Berlin und Brandenburg, schüttelt den Kopf und macht deutlich: »Die arbeitgeberseitigen Verpflichtungen aus dem Mutterschutzgesetz gehören zum Einmaleins jeder Führungskraft, und zwar nicht erst dann, wenn die erste Mitarbeiterin schwanger wird. Jeder verantwortungsvolle Arbeitgeber sollte sich mit der Frage auseinandersetzen: ›Wie stelle ich sicher, dass alle Personen mit Personalverantwortung, jede Führungskraft diese Regelungen kennen und sie in unserem Unternehmen umsetzen?‹ Im Rahmen unserer Verbandsarbeit klären wir zum Beispiel auch unsere Verbandsmitglieder regelmäßig durch Schulungen oder Beratungsgespräche auf.«

Sissy Tongendorff, Head of Diversity and Inclusion bei Capgemini SE berichtet, dass den Führungskräften die wesentlichen Regelungen bekannt seien: »Unsere HR-Abteilung schult regelmäßig unsere Leader – dazu gehören auch die Regelungen zum Mutterschutzgesetz.«

Auch für Daniel Grimm ist dies ein Standardprozess: »Wir haben einen externen Betriebsarzt und Arbeitsschutzbeauftragten, die wir als Fachleute sofort ins Boot holen, wenn eine Frau schwanger wird. Das ist für uns keine Last, sondern eine Selbstverständlichkeit und Teil unserer Verantwortung als Arbeitgeber. Unsere Erzieherinnen gehen meistens sofort ins Beschäftigungsverbot, im Verwaltungsbereich arbeiten viele länger, da dort weniger Gesundheitsgefahren bestehen. Generell versuchen wir, auch Schwangere zu motivieren weiterzuarbeiten, wenn es ihr Gesundheitszustand erlaubt. Es würde uns nie einfallen, motivierte Mitarbeiterinnen ins Beschäftigungsverbot zu drängen.«

Uns ist aufgefallen, dass viele der beschriebenen Ideen und Visionen kein teurer Hokuspokus sind. Im Gegenteil: Sie lassen sich mit Sicherheit auf fast alle Branchen und Unternehmensgrößen übertragen. Die wichtigste Maßnahme kostet dabei null Euro: Arbeitgeber*in sein heißt, Verantwortung zu übernehmen, für das Unternehmen, für die Belegschaft, für schwangere Mitarbeiterinnen, und vorausschauend zu planen. Dr. Karella Easwaran, Ärztin und Bestsellerautorin fasst dazu zusammen: »Wenn ich als Arbeitgeberin eine Frau im gebärfähigen Alter einstelle, dann ist ein Schwangerschaftswunsch oder die Ankündigung das Normalste der Welt. Diese Tatsache muss ich respektieren, damit rechnen und, wenn es so weit ist, akzeptieren. Es ist meine Verantwortung als Arbeitgeberin, eine gute Lösung für den Ausfall zu finden und die Wiederaufnahme der Mitarbeiterin familienfreundlich zu gestalten.«

Wir sind überzeugt: Mit der richtigen Einstellung ist es möglich, auch in schwierigen Situationen trotz steigendem Puls Lösungen zu finden. Am Ende haben alle etwas davon. In Zeiten von akutem Fachkräftemangel sollten es sich Arbeitgeber*innen immer zweimal überlegen, wie sie Mitarbeiterinnen gerade auch als Schwangere und Mutter halten können.

Agenda für Arbeitgeber*innen und Führungskräfte

- Benennung einer **Ansprechpartnerin oder eines Ansprechpartners** für die Belange von Schwangeren beziehungsweise (werden-den) Eltern
- Kenntnis und Umsetzung des **Mutterschutzgesetzes**
- Verpflichtende und regelmäßige **Führungskräfteschulungen** zum Thema Mutterschutzgesetz sowie empathische Gesprächsführung insbesondere auch bei Mitteilung einer Schwangerschaft
- Kontinuierliches und engmaschiges **Qualitätsmanagement** sowie **Evaluierung** der Umsetzung der mutterschutzgesetzlichen Regelungen in Betrieben unter Einbindung von Arbeitsschutzbeauftragten, Betriebsärzt*innen und ggf. Arbeitsschutzbehörden
- Individuelle **Karrierepläne** für Schwangere, Vertrauen in die Fortsetzung des Arbeitsverhältnisses
- Einbeziehung der Schwangeren in **Vertretungsregelungen**
- Unterstützung der Schwangeren durch **Sparringspartner*innen**

Notizzettel für Schwangere

- *Überlege dir gut, wann du deine Schwangerschaft offenbarst, die Daumenregel lautet: Bei gefährlichen Tätigkeiten sofort, ansonsten am besten nach den kritischen drei Monaten.*
- *Fordere unbedingt das dir gesetzlich zustehende Gespräch zu den Arbeitsbedingungen während deiner Schwangerschaft und eine Gefährdungsbeurteilung ein. Beziehe, falls vorhanden, auch den Betriebsrat mit ein.*
- *Achtung: Wenn du zum Zeitpunkt einer Kündigung schwanger bist, musst du diese innerhalb von zwei Wochen offenbaren, um den Kündigungsschutz zu aktivieren.*
- *Wenn dich dein*e Arbeitgeber*in nicht bei der Umsetzung des Mutterschutzgesetzes unterstützt: Wende dich an Arbeitsschutzbehörden oder an den Betriebsrat.*

Diskriminierungen im Zusammenhang mit Bewerbungsgesprächen

FALL 11: Absage wegen einer Schwangerschaft

Henriette, ein Kind, eine Fehlgeburt, IT/Digitalbranche, Head of Account Management, 1.200 Mitarbeiter*innen

Die Recruiterin des Unternehmens, bei dem ich mich beworben habe, hat mich über LinkedIn kontaktiert. Ein erstes Gespräch mit ihr und dem Chef des Teams verlief sehr gut. Ich habe den Job im Anschluss mündlich angeboten bekommen, hatte aber ein paar Tage zuvor erfahren, dass ich schwanger bin, daher war ich zögerlich. Die Recruiterin hat mir ein Gespräch mit meinem zukünftigen Team angeboten, das ein paar Tage darauf stattgefunden hat, auch dieses Gespräch verlief sehr gut. Danach hat mir die Recruiterin die Stelle nochmals zugesagt und auf Bedenken meinerseits bezüglich der Aufgaben sogar angeboten, die Stelle nach Rücksprache mit meinem potenziellen zukünftigen Chef anzupassen.

Ich habe der Recruiterin dann von meiner Schwangerschaft erzählt. Sie war geschockt, hat aber sonst im Großen und Ganzen gut reagiert. Wir sind so verblieben, dass ich mich spätestens eine Woche nach dem Arzttermin, bei dem mein Entbindungstermin festgestellt werden sollte, melde und sie die Schwangerschaft so lang für sich behält. Sie hat auch gefragt, ob es denn für mich infrage komme, trotzdem anzufangen, und dass sie sich dafür einsetzen würde, eine Lösung zu finden. Außerdem hat sie von einer potenziellen anderen Stelle gesprochen, die sich vermutlich in zwei Jahren ergeben würde.

Nach einer Woche habe ich ihr gesagt, sie soll dem Chef Bescheid geben. Daraufhin hat die Recruiterin angerufen und mir mitgeteilt, dass sie den Job doch absagen muss, da ich für den

Chef aufgrund meiner Schwangerschaft nicht mehr infrage komme. Als Grund wurde mir genannt, dass ich die Ansprechpartnerin für den Hauptkunden gewesen wäre und er diesem Kunden nicht in ein paar Monaten wieder einen anderen Ansprechpartner vorsetzen will.

Auch wenn ich die angegebenen Gründe des Chefs auf einer Ebene verstanden habe, habe ich mich im Stich gelassen und abgefertigt gefühlt. Es wäre nicht mein absoluter Traumjob gewesen, aber nach längerer Arbeitslosigkeit auf jeden Fall eine sehr gute Option, da ich mich mit allen so gut verstanden habe. Leider hatte ich ein paar Wochen danach eine Fehlgeburt. Nachdem ich die Jobsuche auf Eis gelegt habe, bin ich jetzt wieder auf Arbeitssuche und langsam unter Zeitdruck, etwas zu finden.

Rückblickend hätte ich mir noch ein persönliches Gespräch mit dem Chef und der Recruiterin gewünscht, um über Gründe für die Absage oder eben mögliche Lösungen zu sprechen. Man hätte überlegen können, ob es eine andere passende Stelle gibt oder wie ich generell meinen Mutterschutz und die Elternzeit gestalten will. Nach meinem ersten Kind bin ich zum Beispiel nach acht Monaten Elternzeit wieder arbeiten gegangen. Eventuell hätte es ja eine Teilzeitstelle gegeben für den Übergang und zum Einlernen, sodass ich dann nach der Elternzeit voll hätte einsteigen können.

Für mich persönlich versuche ich, das Positive daraus zu ziehen. Ich denke, dass es nicht der Arbeitgeber ist, den ich gewollt hätte, wenn sie mich deswegen fallen gelassen haben und es auch keine weiteren Gespräche dazu gab. Dennoch bin ich natürlich wütend und finde es frustrierend, dass man als Schwangere immer noch so behandelt wird. Gerade wenn ich daran denke, was das für viele auch finanziell bedeutet.

FALL 12: Absage aufgrund der Eigenschaft als Mutter
**Tina, ein Kind, Projektkoordinatorin, Familienzentrum,
20 Mitarbeiter*innen**

Ich hatte mich als Projektkoordinatorin in einem Familienzentrum beworben. Weil ich wusste, dass es mich sonst stresst, habe ich bereits in meinem Lebenslauf angegeben, dass ich Mutter bin – obwohl man das ja gar nicht muss. Ich wurde auch prompt zum Bewerbungsgespräch eingeladen. Jedoch schien der Geschäftsführer des Familienzentrums meinen Lebenslauf nicht wirklich gelesen zu haben – zumindest schien er plötzlich von der Tatsache, dass ich ein Kind habe, sehr überrascht zu sein.

Die Stelle sei nicht für eine Mutter geeignet, sagte er. Als er merkte, dass ich davon mehr als irritiert war, bemühte er sich noch um eine Begründung: Die emotionale Betroffenheit in der Arbeit mit Kindern und Jugendlichen sei zu hoch für eine Frau mit Kindern. Von dem Moment an war mir klar, dass ich den Job nicht bekommen würde. Wollte ich dann auch gar nicht mehr. Ich frage mich immer noch, ob dies einem Vater auch so passiert wäre.

FALL 13: Absage einer internen Bewerbung, Frage nach dem Alter der Kinder und der Karriere des Partners in einem Bewerbungsgespräch
**Verena, zwei Kinder, Dipl.-Betriebswirtin, Abteilungsleiterin,
Finanzinstitut, 750 Mitarbeiter*innen**

Nachdem ich siebeneinhalb Jahre als stellvertretende Bereichsleiterin gearbeitet hatte, bewarb ich mich intern auf die Stelle als Bereichsleiterin, als sie frei wurde. Im inoffiziellen Vorgespräch wurde mir folgende Frage gestellt: »Wie alt ist dein Kind?«

Als ich antwortete: »Vier Jahre«, wurde angemerkt, dass das Kind in dem Alter ja die Mutter noch unbedingt brauche. Weiter wurde problematisiert, ob ich überhaupt aufgrund der Kinder meine Arbeitszeit von 32 auf 39 Stunden pro Woche erhöhen könne. Und es wurde noch besser: Schließlich wurde ich nach den Karrierewünschen meines Mannes gefragt, konkret, ob der Mann keine Karriere machen möchte? Auch die Betreuung meiner Kinder war ein Thema, obwohl ich bisher immer die Arbeitszeiten einhalten konnte und keinen einzigen Kinderkrankentag seit meinem Wiedereinstieg vor drei Jahren in Anspruch genommen hatte.

Schließlich wurde die Stelle bereichsfremd ohne jegliche fachliche Qualifikation an einen männlichen Kollegen vergeben. Absurd war, dass ich mich selbst vor eineinhalb Jahren in dem Bereich, aus dem der Kollege kam, auf eine freie Stelle beworben hatte und damals mangels fachlicher Eignung nicht mal ein Gespräch angeboten bekommen habe.

Auf meine Nachfrage hin hieß es lapidar: »Der Kollege hat sich besser verkauft und mehr Feuerwerk gezündet.« Im gleichen Monat wurden übrigens noch drei Bereichsleiterstellen ohne Ausschreibung teilweise an die jeweiligen Stellvertretungen übergeben. Man kann ja eine Bewerbung absagen, aber ohne Vorverurteilung und unter Benennung von Gründen. Es ist traurig, dass ich mit der Bereitschaft, mich weiterzuentwickeln, auf taube Ohren gestoßen bin, wir hätten ja auch gemeinsam einen Entwicklungsplan vereinbaren können.

Ich schaltete daraufhin den Betriebsrat ein, dieser teilte mir jedoch mit, dass man nichts machen könne, außer sehr viel Fassungslosigkeit erhielt ich keine Unterstützung. Ich litt unter erheblichen psychischen Belastungen. So sehr, dass ich auch den Anliegen meiner Kinder nicht gerecht werden konnte. Ich bereue meinen überdurchschnittlichen Einsatz der letzten Jahre und stelle auch meinen bisherigen Werdegang infrage. Da die Marktlage aktuell schwierig ist, traue ich mich nicht, zu klagen und die Gefahr einzugehen, dass ich meinen Job verliere, ich bin derzeit noch für den Arbeitgeber tätig.

FALL 14: Angebliche »Rücknahme« einer internen Bewerbung aufgrund einer Schwangerschaft
Sandya, drei Kinder, Projekt- und Prozessmanagerin, Kreditinstitut, 300 Mitarbeiter*innen

Zwei Führungspositionen sollten im Unternehmen neu besetzt werden. Hierfür waren drei Kandidaten in der Auswahl. Zwei meiner männlichen Kollegen und ich. Wir bekommen jedes Jahr eine Bewertung (verbal, aber auch in Punkten). Laut Aussage meines Chefs lagen die anderen Kandidaten jährlich darunter. Mitten im Bewerbungsverfahren wurde ich schwanger und hatte mit starker Übelkeit zu kämpfen, die sich leider als Hyperemesis entpuppte. Nachdem ich mich die ersten Wochen mit Magenverstimmung und allem Möglichen versucht habe rauszureden, habe ich meinem Chef dann meine Schwangerschaft anvertraut. Ohne weiteres Gespräch hat er einen Tag später verkündet, dass ich meine Bewerbung zurückgenommen hätte.

Ich habe nicht protestiert, es einfach hingenommen. Ich war natürlich wütend und habe im späteren Verlauf der Schwangerschaft meinen Unmut über diese Entscheidung auch beim Vorstand geäußert. Es hieß, mit Kind würde ich schließlich erst gar nicht und anschließend nur in Teilzeit zur Verfügung stehen. Als ich einwarf, dass ich mit meinem Mann entsprechende Absprachen hätte treffen können, wurde das Gespräch beendet.

Beide anderen Kollegen wurden befördert, ich bekam mein erstes Kind.

Rückblickend hätte ich mir gewünscht, dass man ein offenes Gespräch sucht, wie man mit den neuen Lebensumständen umgeht. Was es für Alternativen gäbe. Lösungen suchen und nicht nur Probleme sehen und nicht einfach über meinen Kopf entscheiden. Mich hat die Tatsache, dass man mir eine Führungsposition nur ohne Kinder anvertraut hätte, damals sehr demotiviert, und ich merke, dass dieses Ereignis immer noch tief sitzt.

Ich arbeite mittlerweile Teilzeit. Gebe im Beruf weiterhin alles (kann nicht anders), aber den Kampf aufzusteigen möchte ich in diesem Unternehmen nicht mehr führen. Ich sehe die Pandemie als große Chance, mich noch einmal beruflich verändern zu können. Sie hat die Digitalisierung und Flexibilisierung der Arbeit ein großes Stück nach vorn gebracht. Aber jetzt ist dafür nicht die Zeit. Vor allem nicht während der Pandemie. Für mich stehen die Kinder an erster Stelle, wenn sie ein paar Jahre älter sind, denke ich wieder an mich, und ich freue mich schon sehr darauf und genieße bis dahin unsere kleine Familie. Mit dieser Aussicht habe ich meinen Frieden gefunden. Mein Mann kennt meine Überlegungen und wird mich unterstützen. Er kann sich vorstellen, sich zur gegebenen Zeit auch beruflich so zu verändern, dass es die Vereinbarkeit für Beruf und Familie für alle erleichtern wird.

Und raus bist du!

Frauen, die auf Jobsuche sind, wissen, dass sie ab einem gewissen Alter, allein durch ihr Geschlecht, einen Makel in ihrem Lebenslauf haben. Für Frauen mit Kindern potenziert sich diese Erfahrung um ein Vielfaches. Bereits das Verfassen eines Lebenslaufs, das Versenden einer Bewerbung oder die Teilnahme an Bewerbungsgesprächen sorgt für Stress. Bewerbungen im »gebärfähigen« Alter zu schreiben, Bewerbungen schwanger zu schreiben, Bewerbungen mit kleinen Kindern zu schreiben – das geht meistens nicht ohne Magenschmerzen und der Auseinandersetzung mit unangenehmen Fragen: »Nehme ich das Kind mit in den Lebenslauf oder verschweige ich es?«, »Lasse ich die Bombe sofort oder erst im Bewerbungsgespräch platzen?«, »Was sage ich, wenn ich gefragt werde, wie meine Kinder betreut werden?«, »Kann ich mich auf den Vollzeitjob bewerben und fragen, ob ich auch in Teilzeit arbeiten kann?« Viele Mütter haben das Gefühl, dass sie in einer Lose-lose-Situation sind, weniger Wert und Chancen haben und nebenbei auch noch entscheiden müssen, wie sie mit der K-Frage umgehen: »Ich verleugne doch nicht meine Kinder, sie gehören zu mir, und deswegen kommen sie in meinen Lebenslauf rein!« – das haben wir oft von Müttern gehört, als wir das Thema diskriminierende Bewerbungsverfahren auf unseren Social-Media-Kanälen diskutiert haben. Andere vertreten vehement den Standpunkt, die Kinder nicht im Lebenslauf zu erwähnen.

»Mütter auf dem hiesigen Arbeitsmarkt sind so beliebt wie ein fensterloser Indoorplatz im Sommer«, schreibt die Autorin Alexandra Zykunov treffend in ihrem Buch *Wir sind doch alle längst gleichberechtigt!*.[101] Auch offizielle Zahlen bestätigen das: Mütter werden, wie bereits erwähnt, seltener zu Vorstellungsgesprächen eingeladen.[102] Bei Männern besteht dieser Unterschied nicht. Das deckt sich auch mit unseren Erfahrungen. Immer wieder haben wir festgestellt, dass das Diskriminierungsphänomen im Zusammenhang mit Bewerbungen überwiegend bei Müttern und nur selten bei Vätern auftritt.

Diskriminierungsfälle im Zusammenhang mit Bewerbungen blockieren somit vor allem für Mütter den Zugang zur Erwerbstätigkeit und führen zu finanziellen Schwierigkeiten, zur Abhängigkeit von staatlichen Leistungen sowie zu mangelnden Entwicklungsmöglichkeiten und verbauten Aufstiegschancen. Der nicht gleichberechtigte, teilweise unerreichbare Zugang zu Jobs befeuert den Gender-Pay- und Gender-Pension-Gap und ist ein wesentlicher Grund dafür, warum zu wenig Frauen und Mütter einflussreiche Positionen in Unternehmen ausüben.

Aus den vielen Fällen, die an uns herangetragen wurden, konnten wir in Bezug auf Diskriminierungen vor allem folgende Punkte identifizieren: das Verfassen von Bewerbungen, das Bewerbungsgespräch und darauffolgende Absagen sowie interne Bewerbungen, also meistens Beförderungen.

Es geht nicht um den »Mom of the Year award« – warum Mütter ihre Bewerbungsdenkmuster infrage stellen sollten

Jede Bewerbung beginnt mit einem Lebenslauf. Zu den wohl kontroversesten Fragen, die von Müttern emotional und von Vätern überhaupt nicht diskutiert werden, gehört die Frage: Kinder und Elternzeiten in den Lebenslauf, ja oder nein?

Die Tatsache, dass man ein bestimmtes Alter hat, zum Zeitpunkt einer Bewerbung schwanger ist oder Kinder hat, Mutter oder Vater ist, lässt sich nicht ändern, ebenso kann es keine Lösung sein, einen Disclaimer in die Bewerbung aufzunehmen à la »Ich will eh erst mal keine Kinder bekommen und habe mir die Eizellen einfrieren lassen« oder »Meine Kinder werden 24 Stunden pro Tag von einer Kinderfrau betreut«.

Wir wissen, dass die Meinungen dazu auseinandergehen, und sicherlich kommt es auch auf individuelle Gegebenheiten und den*die Arbeitgeber*in an, bei dem*der man sich bewirbt, aber wir vertreten grundsätzlich den Standpunkt: Lasst eure Kinder raus aus euren Bewerbungen – zumindest solang wir in einer nicht gleichberechtigten Welt leben, in der Frauen automatisch mit Kindern und Männer mit Arbeit in Verbindung gebracht werden. So besteht immerhin eine Chance, zu einem Vorstellungsgespräch eingeladen zu werden, oftmals die größte Hürde im Rahmen eines Bewerbungsprozesses. Natürlich wissen wir nicht, wie es ausgegangen wäre, aber zum Beispiel im Fall von Tina wäre es durchaus möglich gewesen, dass sie den Job bekommen hätte, wenn sie ihr Kind nicht in den Lebenslauf aufgenommen hätte. Auf einem anderen Blatt steht natürlich, ob sie gern bei einem Arbeitgeber gearbeitet hätte, der offensichtlich noch sehr stark in überholten Rollenbildern gefangen ist und sie als Mutter nicht ernst nimmt.

Auch Elternzeiten sollten nicht besonders erwähnt werden. Müssen sie auch nicht, denn sie sind ja offizielle Beschäftigungszeiten im Unternehmen, da der Arbeitsvertrag weiter besteht. Sollte während der Babypause eine Auszeit ohne Beschäftigung bestehen, kann man diese auch als Lücke stehen lassen und mit »Auszeit«, »Orientierungsjahr«, »Fortbildungsjahr« oder Ähnlichem bezeichnen. Juristisch ist das im Übrigen lupenrein und keine »Lüge«. Es gibt keine gesetzliche Vorgabe, dass Kinder oder Elternzeiten im Lebenslauf angegeben werden müssen.

Natürlich muss jede Frau ihre eigene Entscheidung treffen, dabei ist es aber wichtig, zumindest einmal kurz das eigene Bewerbungsdenkmuster infrage zu stellen. Keine Mutter ist eine Verräterin, wenn sie ihr Kind nicht im Lebenslauf erwähnt. Die Autorin Alexandra Zykunov schreibt von einer Demontage des Übermutterbildes und legt den Finger in die Wunde: »Unsere Kinder gehören nicht weniger zu unserem Leben dazu, wenn sie auf einem DIN-A4-Blatt, das berufliche Meilensteine abbildet, unerwähnt bleiben.« Sie stellt treffend fest, dass es bei einer Bewerbung darum gehe, Werbung für sich selbst zu machen, und nicht um den »Mom of the Year award«. Schließlich liebe man seine Kinder nicht weniger, wenn sie nicht in solch einem Dokument erscheinen würden. Sie rät vielmehr zu einem Perspektivwechsel und fordert Mütter auf, Partner, Kollegen und männliche Freunde zu fragen, ob sie ihre Kinder und Elternzeiten im Lebenslauf angegeben haben, und wenn nicht, ob sie sich jemals schlecht dabei gefühlt haben.[103]

Fragen zu Kind und Karriere? Diese sollten vor allem Arbeitgeber*innen gestellt werden!

Egal wie ihr es handhabt – das Thema Kind sollte nie das Hauptthema eines Bewerbungsgespräches sein, und daher ist es wichtig, den Fokus stets auf die eigene Qualifikation zu lenken. Trotzdem kommt es immer wieder zu bohrenden und unzulässigen Fragen nach der Familienplanung, Schwangerschaft, Anzahl der Kinder oder nach der Betreuungssituation. Mütter, und natürlich auch Väter, dürfen als Antwort lügen, bis sich die Balken biegen, da im Falle von diskriminierenden Fragen ein »Recht zur Lüge« besteht. Trotzdem sind derartige Situationen unangenehm, und es wäre wünschenswert, dass der Spieß umgedreht wird. Ein Gespräch, wie es Shirin erlebt hat, in dem es sogar um die Karrierepläne ihres Mannes ging, ist demütigend und übergriffig. Statt grenzüberschreitende Fragen zum Kinderwunsch zu stellen, sollten Arbeitgeber*innen endlich selbst Rede und Antwort stehen: »Welche Unterstützung bieten Sie für Familien an?«, »Ist es möglich, in Teilzeit und flexibel zu arbeiten?« Es muss normal werden, dass sich nicht die Mütter, beziehungsweise Väter, sondern die Unternehmen rechtfertigen – zu Familienfreundlichkeit, flexiblen Arbeitszeiten, Homeoffice und generell zur Vereinbarkeit.

Vor allem Frauen sprechen in Bewerbungen auch das Kinderthema von sich aus an. Oftmals nimmt das Gespräch dann sofort eine merkwürdige Wendung, es entstehen peinliche Pausen, Arbeitgeber beginnen zu stottern, und man fühlt deutlich, dass das Chancenbarometer in Sekundenschnelle unter null sinkt. So erging es Henriette und Tina, die dann schlussendlich eine Absage erhielten, oder Sandya, bei der der Arbeitgeber einfach davon ausging, dass sie nach Eintritt einer Schwangerschaft ihre Bewerbung zurückziehe, und das auch noch ohne ihr Wissen lautstark im Unternehmen verkündete. In diesen Fällen wird es leider, wie wir gleich noch sehen werden, sehr schwer sein, eine Diskriminierung nachzuweisen und Schadensersatzansprüche geltend zu machen.

Absagen aufgrund von Mutterschaft oder Vaterschaft: rein in die Schublade und raus aus dem Bewerbungsverfahren

Was steckt eigentlich hinter einer Absage aufgrund von Mutterschaft oder in eher seltenen Fällen auch Vaterschaft? Arbeitgeber*innen sehen statt einer hoch motivierten und hoch qualifizierten Mitarbeiterin schnell nur noch die Attribute »unzuverlässig«, »Kind krank« und – besonders schmeichelhaft – »tickende Eizellenbombe«. Es ist bedauerlich, dass dieser vorurteilsbehaftete und negative Blick in Bewerbungsverfahren dominiert und noch nicht einmal versucht wird, Lösungsansätze zu diskutieren. Lieber werden Bewerber*innen, sogar noch kurz vor der Unterzeichnung eines Arbeitsvertrags, wie eine heiße Kartoffel fallen gelassen – wie zum Beispiel im Fall von Henriette, der man sagte, dass man sie schwanger nicht einstellen könne, weil man dem Hauptkunden nach ein paar Monaten nicht wieder einen anderen Ansprechpartner vorsetzen wolle.

Das Verrückte dabei: Mütter und Väter sind wertvolle Mitarbeiter*innen. Punkt. Elternschaft ist kein Manko, sondern eine zusätzliche Qualifikation. »Wir verdummen doch nicht, weil wir ein paar Monate Elternzeit nehmen. Im Gegenteil: Alle vorhandenen Kompetenzen bleiben uns erhalten, und dann kommen noch Fähigkeiten hinzu, die wir im Zusammensein mit unseren Kindern erlernen«, sagt Dr. Stephanie Robben-Beyer, Moderatorin und Führungskräfte-Coach. Diesen Eindruck teilt auch Nina Straßner von SAP: »Eltern haben ohne Frage eine krasse Weiterbildung hinter sich und führen sie bis zum Lebensende fort. Effizienz und die Fähigkeit, anders zur priorisieren, sind nur ein Ergebnis davon. ›Was ist relevant, was ist dringend, was ist keines davon?‹ lernen sie ab der Geburt des Kindes am lebenden Beispiel. Zudem haben sie ein gutes Gefühl für das, was wirklich wichtig ist im Leben: die Menschen, mit denen wir leben. Und so begegnen sie auch oft ihren Kolleginnen und Kollegen.«

Wer daran zweifelt, sollte sich eine Studie der Universitäten Konstanz und Zürich sowie des Institutes der Arbeit in Bonn (IZA)[104] durchlesen. Diese zeigt, dass Wirtschaftswissenschaftlerinnen mit Kindern nach einer Elternzeit über ein besseres Zeitmanagement als andere Mitarbeiter*innen verfügten. Mütter mit zwei und mehr Kindern sind sogar noch produktiver als Frauen mit nur einem Kind. Auch das Argument, dass Kinder ständig krank seien, ist ein Vorurteil. Statistisch fallen die Kinderkrankentage nicht ins Gewicht, zudem gleicht sich das im Rahmen einer Erwerbsbiografie wieder aus: Eltern über vierzig melden sich seltener »kinderkrank« als jüngere Mitarbeiter*innen ohne Kinder – auch das besagt die Studie.

Daher ist es absolut unverständlich, dass vor allem Mütter systematisch in Bewerbungsverfahren aussortiert oder bei der Besetzung von neuen Stellen übergangen werden – und zwar massiv.

Rechtlich ist es leider schwierig, sich gegen diskriminierende Absagen zu wehren. Zwar erfüllt die Ablehnung einer Bewerbung aufgrund einer (möglichen) Schwangerschaft ganz eindeutig den Tatbestand einer unmittelbaren Geschlechterdiskriminierung – so wie im Fall von Henriette. Schwieriger wird dies allerdings bereits dann, wenn eine mögliche Elternzeit oder »drohende« Kinderkrankentage der Auslöser für eine Absage sind. Hier kann es sein, dass die beschriebene AGG-Schutzlücke dazu führt, dass nur ein eingeschränkter Diskriminierungsschutz besteht.

Immerhin gibt es einen erfolgreichen Fall in der Rechtsprechung, den wir bereits erwähnt hatten: In dem Fall wurde einer Mutter eine

Absage mit Bewerbungsunterlagen zurückgeschickt. Der Arbeitgeber hatte im Lebenslauf neben der Angabe »verheiratet, 1 Kind« handschriftlich »7 Jahre« ergänzt sowie die Wörter »1 Kind, 7 Jahre« unterstrichen.[105] Das Bundesarbeitsgericht hat angesichts der Annahme des Arbeitgebers, dass es nur für Frauen ein Problem darstelle, Familie und Beruf zu vereinbaren, sogar eine unmittelbare Geschlechterdiskriminierung bejaht.

Solche Ausrutscher seitens der Personalabteilungen dürften allerdings nur selten ans Licht kommen. Die Beweisbarkeit ist in diesen Fällen daher die wohl größte Hürde. Und: Sollte es trotz allem gelingen nachzuweisen, dass man bei einer Bewerbung diskriminiert wurde, rettet das jedoch nicht den Job, den man so gern gehabt hätte, denn ein Recht auf Einstellung ist gemäß § 15 Abs. 6 AGG grundsätzlich ausgeschlossen. Eine Ablehnung, auch mit diskriminierendem Hintergrund, führt daher nicht zu einer Einstellung, sondern wenn überhaupt zu Schadensersatzansprüchen.

»Sie können gern bei uns weiterarbeiten, aber bitte bleiben Sie schön unter der gläsernen Decke.«

Besonders brisant werden Diskriminierungsfälle bei unternehmensinternen Bewerbungsverfahren. Dabei geht es meistens um einen Job, der im eigenen Unternehmen vakant ist oder neu ausgeschrieben wird. Wie in den Fällen von Shirin und Sandya handelt es sich im Diskriminierungskontext dabei oft um Stellen, die mit mehr Verantwortung und meistens auch mit einem höheren Gehalt verbunden sind – also um Beförderungen. Unsere Erfahrung zeigt: Sehr häufig werden genau diese Stellen nicht an Schwangere oder Mütter vergeben. So musste sich Sandya als Grund für die Absage die in den Köpfen von Arbeitgeber*innen immer noch tief verwurzelte Denkweisen anhören, dass man mit Kind ja schließlich »erst gar nicht und anschließend in Teilzeit«

arbeiten würde. Eine interne Absage ist das beste Beispiel für die Auswirkungen der gläsernen Decke, die bei den Attributen »schwanger« oder »Kind« sofort über dem Kopf einer Frau eingezogen wird. Diskriminierungshandlungen im Zusammenhang mit internen Bewerbungen haben zur Folge, dass das Ende der Karriere bei einem Unternehmen droht, was in nicht seltenen Fällen auch dazu führen dürfte, dass innerlich gekündigt und sich schnellstmöglich nach einem neuen Job umgesehen wird.

Typische Diskriminierungshandlungen im Zusammenhang mit Bewerbungen

Auch bei Bewerbungen gibt es besondere Knackpunkte, die immer wieder an uns herangetragen wurden und die ihr kennen solltet:

- **Ablehnung von externen und internen Bewerbungen** während unterschiedlicher Phasen des Bewerbungsverfahrens, aufgrund der Tatsache des fertilen Alters, einer Schwangerschaft oder der Tatsache, dass man Kinder hat
- **Nichtunterzeichnung** von Arbeitsverträgen nach Offenbarung einer Schwangerschaft
- **Unzulässige arbeitgeberseitige Fragen** nach Kinderwunsch, Kinderbetreuung, Familienstand und Schwangerschaft während des Bewerbungsgespräches

Was sagen die Arbeitgeber*innen dazu?

Legitimes Interesse von Arbeitgeber*innen ist es natürlich, den bestmöglichen Bewerber oder die bestmögliche Bewerberin einzustellen. Entscheidend ist in den meisten Fällen zunächst, ob die Grundanforderungen gemäß der Stellenbeschreibung vorhanden sind und die Bewerberin oder der Bewerber für den Job geeignet ist. Dazu zählen neben Qualifikation und Erfahrung auch bestimmte Hard und Soft Skills – und natürlich Sympathie.

Nicht nachvollziehbar und rechtswidrig wird es dann, wenn Bewerbungen aufgrund von Diskriminierungsmerkmalen abgesagt werden. Problematisch dabei ist, dass diese Gründe natürlich nie offiziell genannt werden, aber doch entscheidend für die Bewerberauswahl sind. Tipps zur Frage »Wie sage ich Bewerbungen ab, ohne zu diskriminieren und mich angreifbar zu machen?« gibt es mit einem Mausklick im Internet genug.

Wir wollten von den interviewten Arbeitgeber*innen wissen, wie es gelingen kann, faire Bewerbungsverfahren ohne Vorurteile gegenüber Eltern auszugestalten. Zudem konfrontierten wir sie auch mit Fällen, bei denen es typischerweise zu Diskriminierungshandlungen kommt, wie zum Beispiel bei Offenbarung einer Schwangerschaft im Bewerbungsprozess, und fragten zugespitzt nach, wie sie gehandelt hätten und ob sie auch eine schwangere alleinerziehende Mutter einstellen würden.

Die Einführung komplett anonymisierter Bewerbungsverfahren, also geschlechtsneutral, ohne Angabe zu Alter, Familienstand, Kindern und Elternzeit, war nicht unbedingt die Lieblingslösung der von uns interviewten Arbeitgeber*innen. Sissy Tongendorff, Head of Diversity von Capgemini SE, sieht das kritisch: »Ich halte von anonymisierten Bewerbungsverfahren wenig, dann könnte man ja die Auswahl durch Maschinen statt durch professionelle Recruiter ausführen lassen. Bewerbungsprozesse werden dadurch entmenschlicht. Es interessiert mich als Arbeitgeber doch zu wissen, welcher Mensch dahintersteckt.«

Wir stellten schnell fest, dass Fragen nach standardisierten Bewerbungsprozessen oder Bewerbungsguidelines meistens mit »Haben wir nicht« beantwortet wurden. Die von uns befragten Arbeitgeber*innen legten stattdessen vor allem Wert darauf, eine unvoreingenommene Denkweise gegenüber Müttern und Vätern aufzubauen, um Diskriminierungen im Zusammenhang mit

Bewerbungsprozessen zu vermeiden. Voraussetzungen dafür sind natürlich auch Schulungen der Personen im Unternehmen, die insbesondere Personalverantwortung tragen. Svenja Gerads, Projektmanagerin Diversity & Inclusion bei der OTTO GmbH & Co KG, berichtete uns dazu: »Wir führen im Hinblick auf Bewerbungsgespräche intensive Trainings für alle Mitarbeiter*innen durch, etwa zum Thema Diskriminierung, AGG, verschiedene Diskriminierungsmerkmale und rund um das Phänomen *unconcious bias,* das heißt der ›unbewussten Voreingenommenheit‹. Sowohl für Recruiter*innen als auch für Führungskräfte sind diese verpflichtend. Sie können darüber hinaus auch thematische *deep dives,* also vertiefende Seminare, absolvieren. Da diese Zielgruppen besondere Schlüsselfunktionen mit Blick auf die Auswahl und Entwicklung einzelner Kolleg*innen einnehmen, möchten wir sicherstellen, dass sie nach bestem Wissen und Gewissen handeln können.«

Für Tanja Lederer, Leiterin HR Skills & Competence Talent bei der DATEV eG, spielt insbesondere auch die Zusammensetzung der Personen, die in Bewerbungsgesprächen sitzen, eine große Rolle. »Interviews finden bei uns in den meisten Fällen mit den Führungskräften aus den Fachbereichen, aber auch mit Kolleg*innen aus HR Recruiting statt, eventuell auch mit der Schwerbehindertenvertretung, dadurch sind Diskriminierungen in Bewerbungsgesprächen mehr als unwahrscheinlich.«

Wir fragten weiter, was für die Einstellung von Müttern und Vätern spricht.

Harald Fortmann, Gründer der Personalberatung five14 GmbH, die bei der Suche nach Führungskräften für Unternehmen unterstützt, hat kein schlechtes Gewissen, wenn es sich um eine schwangere Bewerberin handelt: »Wenn wir von einer Kandidatin überzeugt sind, stellen wir sie auch unseren Kunden vor, wenn sie schwanger ist. Das bedeutet doch nicht, dass sie weniger qualifiziert ist. Unsere Kunden warten lieber auf die richtige Person und suchen Lösungen, wenn sie schwangerschaftsbedingt pausieren möchte.«

Auch Sissi Rasche und Marina Swart, Gründerinnen des Concept Stores Babybox and Family, berichten: »Unser Team besteht aus sehr vielen Müttern, und wir stellen gern Mütter ein. Das liegt nicht nur an unserem Produkt, sondern weil wir auch der festen Überzeugung sind, dass Mütter wertvolle Arbeitskräfte sind, weil sie gut Prioritäten setzen können, ein gutes Zeitmanagement haben und belastbar sind.«

Daniel Grimm, Geschäftsführer von KMK Kinderzimmer, sieht das ähnlich: »Wir würden sogar schwangere Arbeitnehmerinnen einstellen. Klar, wenn man im Kitabereich eine Arbeitskraft schnell benötigt, ist das schwieriger, aber wenn ich es gut plane, ist auch das möglich. Ich zahle ja während der Schwangerschaft nichts als Arbeitgeber, und später kommt dann eine glückliche loyale Arbeitnehmerin zu uns. Überhaupt kein Problem ist das im Verwaltungsbereich, in dem hauptsächlich remote gearbeitet wird. Wenn das Potenzial da ist und die Mitarbeiterin sagt, ich komme supermotiviert nach der Babypause wieder, machen wir alles möglich. Angesichts des akuten Fachkräftemangels, auf den sich langfristig sicher auch andere Branchen einstellen müssen, wäre jede andere Entscheidung sogar nachteilig für unser Unternehmen.«

Auch bei internen Bewerbungen gibt es Modelle, um die gläserne Decke für Mütter in tausend Scherben zerspringen zu lassen, berichtete Nina Straßner – beispielsweise durch gezielte Ansprachen in Mitarbeiterinnennetzwerken. Sie berichtete uns auch, dass Transparenz das A und O sei, damit aus dem gefühlten Nachteil etwas Sichtbares wird: »Wir haben diverse Interviewpanels und Bewerbungen, bei denen sich nur Männer melden, diese werden gestoppt und noch mal überprüft.« Julia Bangerth, Vorständin der

DATEV eG, betont im Zusammenhang mit internen Bewerbungen auch noch einmal die Bedeutung von Quoten: »Ich glaube, dass ganz viel von Vorbildern abhängt, die zeigen, wie es geht. Doch das allein reicht auch nicht. Wir haben ja in der Wirtschaft einige Vorbilder, und dennoch passiert insgesamt zu wenig in den Unternehmen. Deswegen bin ich mittlerweile eine Verfechterin von verbindlichen Zielgrößen – und zwar nicht nur im oberen Management, sondern auch auf den unteren und mittleren Führungsebenen. Denn wo sollen die weiblichen Vorstandsmitglieder herkommen, wenn nicht vergleichbar viel Führungsnachwuchs folgt wie beim männlichen Geschlecht? Das Argument zeigt zugleich, dass wir auch nicht einfach den Schalter umlegen können, mit dem wir fünfzig Prozent Frauen auf allen Führungsebenen erreichen. Das braucht Zeit und kontinuierliches Engagement.«

Mit Blick zurück auf unsere Fallgeschichten können wir nach diesen Eindrücken und den vielen großartigen Ideen und Denkanstößen aus unseren Arbeitgeber*innen-Interviews nur den Kopf schütteln. Es bleibt zu hoffen, dass auch Skeptiker irgendwann erkennen, dass Mütter und Väter keine Arbeitnehmer*innen zweiter Klasse sind – sondern ganz im Gegenteil wertvolle und loyale Mitarbeiter*innen mit Zusatzqualifikationen, deren Bewerbungen nicht länger automatisch auf dem Absagenstapel landen sollten.

Agenda für Arbeitgeber*innen und Führungskräfte

- Regelung fairer **standardisierter Bewerbungsverfahren** durch spezielle Richtlinien oder Betriebsvereinbarungen
- **Schulungen** von Vorgesetzten und Personen, die an Bewerbungsverfahren beteiligt sind und Entscheidungen treffen
- **Anwesenheit** des Betriebsrats oder von Gleichstellungsbeauftragten bei Bewerbungsgesprächen

- Vorstellung familienfreundlicher Maßnahmen in Bewerbungsgesprächen, **offener Umgang** mit Elternschaft
- Schwangere und Eltern in **Elternzeit** sollten auch einen Zugang zu internen Bewerbungsverfahren erhalten

Notizzettel für Eltern, insbesondere Mütter

- Überlege dir gut, ob du Kinder und Elternzeiten in den **Lebenslauf** aufnimmst, diese kannst du auch als normale Beschäftigungszeit oder auch als »Orientierungsphase« angeben.
- Wenn du erwähnen willst, dass du Mutter oder Vater bist, warte im Zweifel lieber bis zum **Bewerbungsgespräch** ab.
- Achte darauf, dass Elternzeiten möglichst **nicht** in **Zeugnissen** erwähnt werden, rechtlich ist die Aufnahme nur dann zulässig, wenn du kurz beschäftigt und verhältnismäßig lange in Elternzeit warst.
- Lasse dir im Falle einer Absage die **Gründe** schriftlich mitteilen.
- Wenn du den Verdacht hast, dass du aufgrund einer Schwangerschaft oder deiner Mutterschaft oder Vaterschaft abgelehnt wurdest, kannst du dich an die Antidiskriminierungsstelle wenden oder Rechtsrat einholen.

Diskriminierungen im Zusammenhang mit Elternzeit und Wiedereinstieg

FALL 15: Kündigung am ersten Tag nach der Elternzeit
Maya, drei Kinder, leitende Angestellte an einer Hochschule, 15 Mitarbeiter*innen

Damals arbeitete ich an einer internationalen Hochschule. Die Grundstimmung im Unternehmen war schon immer familienfeindlich, Kinder wurden als Karrierebremse gesehen. Das wurde auch so mehr oder weniger offen gesagt. Trotzdem war ich guter Dinge, als ich meine Schwangerschaft verkündete, und dachte, mit genug Engagement und Entgegenkommen meinerseits könnte ich meinem beruflichen Umfeld beweisen, dass ich auch nach der Geburt die gewohnte Leistung bringen kann. Ich suchte selbst eine Vertretung für meine Elternzeit, diese wurde befristet eingestellt. Ich lernte sie gewissenhaft ein, um den Übergang möglichst nahtlos zu gestalten. Ich blieb ein knappes Jahr in Elternzeit und teilte dem Arbeitgeber mit, dass ich mit achtzig Prozent Arbeitszeit wieder einsteigen wolle, und bat sogar an, in Vollzeit zu arbeiten, falls das nicht möglich sei.

Doch dann erreichte mich kurz vor meinem Wiedereinstieg eine knappe Information meines Chefs: Teilzeit sei nicht möglich, und darüber hinaus gebe es meine Abteilung nun nicht mehr, ich könne also meinen ursprünglichen Aufgaben nicht mehr nachgehen. Das war allerdings nicht richtig. Die Abteilung wurde nur umbenannt, die Aufgaben waren die gleichen. Dann wurde mir die Kündigung am ersten Tag nach meiner Elternzeit ausgehändigt. Nach der Übergabe der Kündigung sollte ich sofort gehen und das Unternehmen verlassen, ohne Umwege, ich durfte mein ursprüngliches Büro nicht mehr betreten und mit keinem Mitarbeiter mehr sprechen. Ich fühlte mich wie eine Schwerverbrecherin.

Im Nachhinein erfuhr ich: Meine Elternzeitvertretung bekam noch am Tag meiner Kündigung ihren unbefristeten Vertrag. Bis zum heutigen Tag macht sie exakt meinen Job weiter. Auch wenn ich weiß, dass das nichts mit mir als Person, nichts mit meiner Leistung zu tun hat, werde ich immer noch echt traurig und wütend, wenn ich an diese Zeit denke. Es ist einfach ungerecht, dass so etwas heutzutage immer noch passiert.

Mein Glück war, dass ich zu dem Zeitpunkt bereits mit unserem zweiten Kind schwanger war. Also klagte ich, das Gericht erklärte die Kündigung für unzulässig. Nach der Geburt von Kind Nummer zwei habe ich dann selbst gekündigt und mir einen neuen Job gesucht, weil klar war: In einem Unternehmen, das so mit seinen Mitarbeitern umgeht, kann ich keinen Blumentopf mehr gewinnen.

FALL 16: Aufhebungsvertrag nach der Elternzeit
Nicole, ein Kind, PR- und Social-Media-Beraterin, PR-Agentur, 3 Mitarbeiter*innen

Mein Sohn wurde als extremes Frühchen in der 29. Schwangerschaftswoche mit einem Gendefekt geboren. Ich habe drei Jahre Elternzeit genommen, da er das erste Lebensjahr sehr häufig stationär im Krankenhaus behandelt wurde und danach aufgrund der Behinderung sehr pflegebedürftig war. Im dritten Elternjahr habe ich auf Minijob-Basis bei meinem Arbeitgeber ein paar Stunden pro Woche im Homeoffice gearbeitet und gehofft, ich könnte danach wieder in Teilzeit zurückkehren. Da es sich um eine sehr kleine inhabergeführte Agentur handelte, herrschten sehr persönliche Verhältnisse. Beide Geschäftsführer und beide Kolleginnen wussten von der Pflegebedürftigkeit meines Kindes.

Kurz bevor meine Elternzeit endete, bestellte man mich zum Gespräch in die Agentur, angeblich, um meine Rückkehr zu besprechen. Beide Chefs saßen mit mir am Tisch und nachdem sie mich über den Gesundheitszustand meines Kindes befragt hatten, legten Sie mir nahe, einen Auflösungsvertrag meines Beschäftigungsverhältnisses zu unterschreiben. Als ich daraufhin sagte, dass ich nicht vorhatte zu kündigen und mein Kind in einem integrativen Kindergarten betreut würde, sagte man mir, dass die Pflegebedürftigkeit meines Kindes geschäftsschädigend für so eine kleine Agentur sei. Aufgrund der

Erkrankungen meines Kindes wisse man nicht, wie oft ich ausfallen werde, und ich könne nicht erwarten, dass die Inhaber
der Agentur ihre eigene Existenz aufs Spiel setzen. Sie würden
meine Situation durchaus verstehen, aber erst mal soll doch
mein Mann sich ums Geldverdienen kümmern und ich bei meinem kranken Kind bleiben. Kündigen wolle man mir aber nicht,
weil das ja ein schlechtes Licht auf die Inhaber als Arbeitgeber
werfen würde. Ich bin in Tränen ausgebrochen und habe mir
Bedenkzeit ausgebeten. In einem zweiten Gespräch habe ich
darauf bestanden, dass man mir, wenn man mich nach der
Elternzeit nicht beschäftigen wolle, kündigen müsse. In diesem Gespräch setzte man mich dann unter Druck und warf
mir Rufschädigung und Geschäftsschädigung vor. Ich war völlig verzweifelt und selbst sehr unter Druck wegen der Pflegebedürftigkeit meines Kindes. Ich wusste nicht, was ich tun sollte.
Die Agentur für Arbeit sagte mir, dass ich kein Arbeitslosengeld
für drei Monate bekomme, wenn ich einen Auflösungsvertrag
unterschreibe. Ein finanzielles Desaster für mich und meine Familie. Daraufhin riet mir ein Anwalt, dass ich den Auflösungsvertrag unterschreiben soll, aber nur mit der Klausel, dass ich,
falls ich ihn nicht unterschreibe, gekündigt würde. Auf diese
Weise wurde ich dann nicht für das Arbeitslosengeld gesperrt.
Völlig verzweifelt und unter Druck gesetzt, habe ich dann den
Vertrag unterschrieben. Am Ende hatte ich noch ein schlechtes
Gewissen, weil ich meinem Arbeitgeber durch die Geburt meines pflegebedürftigen Kindes als Kleinbetrieb so viele Probleme bereitet hatte. Und das, obwohl ich jahrelang tolle Arbeit
geleistet hatte.

Ich habe mich als Frau und pflegende Mutter diskriminiert
gefühlt. Meinem Mann, der auch pflegender Vater ist, ist noch
nie etwas in dieser Richtung widerfahren. Nur ich werde von

Arbeitgebern diskriminiert, weil man automatisch davon aus-
geht, dass ich die Hauptlast der Pflege unseres Kindes trage.
Was ja leider auch stimmt, denn das Pflegesystem schickt uns
in sehr veraltete Geschlechterrollen. Einfach weil die Pflege
eines Angehörigen immer noch Frauensache ist und nicht vergütet wird. Als Mutter pflege ich mein Kind ein Leben lang – pro
bono. Schlimm ist auch, dass es zu wenig Unterstützungs- und
Entlastungsangebote für pflegebedürftige und/oder Kinder mit
Behinderung sowie keine Wiedereingliederungsprogramme
für pflegende Mütter gibt. Wir kommen auf dem Arbeitsmarkt
nicht vor. Auch für mich persönlich ist es sehr schwer, eine neue
Stelle zu finden, egal wie gut ich in meinem Beruf bin. Das System schickt mich damit in die absolute Abhängigkeit von meinem Ehemann. Finanziell ist das für mich persönlich eine Katastrophe. Auch bezüglich meiner Rente. Ich werde so oder so mit
Altersarmut konfrontiert werden. Ich bin da mittlerweile sehr
desillusioniert. Für meine Generation wird es hier wahrscheinlich keine Veränderung mehr geben. Ich hoffe, das ändert sich
für die nächste Generation. Dafür setze ich mich ein und spreche offen darüber.

FALL 17: Kündigung und Abwicklungsvertrag
**Pauline, zwei Kinder, Senior Human Resources Business
Partner, Handel, circa 200 Mitarbeiter*innen**
Ich arbeitete als Personalerin in einem großen Unternehmen.
Mir wurde ein internes Entwicklungsprogramm im Zuge der Be-
förderung zur Abteilungsleitung der HR Business Partner mit
zusätzlicher Perspektive auf die Übernahme der Position als
Leitung des HR-Bereiches angeboten. Leider, und ich muss
aus heutiger Perspektive echt sagen, dass das total naiv war,
habe ich dann gleich gesagt, dass ich schwanger bin, obwohl

ich noch ganz am Anfang der Schwangerschaft war. Ich wollte einfach mit offenen Karten spielen. Und wurde dafür bitter bestraft: Sofort wurden alle angebotenen Weiterbildungen und entsprechende Beförderungen mit gehaltlicher Steigerung gestrichen. Ersatzlos.

Ich ging also in Elternzeit ohne Weiterbildung oder Beförderung. Geplant und auch bereits lange genehmigt war, dass ich wieder Teilzeit in Elternzeit einsteige. Als ich dann nach der Geburt meines Sohnes ein Gespräch zu meinem Wiedereinstieg führte, wurde mir kurz und knapp mitgeteilt, dass es derzeit keinen Platz für mich im Unternehmen gebe. Ich war total baff, damit hatte ich wirklich nicht gerechnet, schließlich ist das ein großer Arbeitgeber und kein kleiner Betrieb, für den ich arbeitete. Ich zeigte mich flexibel und bot sofort an, auch einen anderen als meinen bisherigen Job zu machen, um erst mal das Team dort zu unterstützen, wo die meiste Arbeit anfällt. Ich wusste, dass es zu dem Zeitpunkt genug Arbeit in der Abteilung gab. Ich hätte mir gewünscht, dass sie zumindest über mein Angebot, irgendeine Tätigkeit in der Abteilung durchzuführen, nachgedacht hätten. Aber das passierte nicht. Nach mehrmaligem Nachhaken wurde ich immer wieder vertröstet, es würde geschaut werden, was möglich sei, hieß es immer wieder.

Ich hatte ja nun auch extra einen Kitaplatz organisiert und musste diesen bezahlen. Als ich in einem Gespräch mit meinen Vorgesetzten dies erwähnte und sagte, dass ich auch mit dem Gehalt gerechnet habe, wurde ich ernsthaft gefragt, ob mein Mann nicht einfach mehr verdienen könne, sodass ich zu Hause bleiben kann. Langsam wurde ich echt wütend und pochte auf mein Recht, dass ich einen Anspruch auf eine Rückkehr habe. Wieder gab es einiges an Hin und

Her, dann rief mich meine Chefin an und sagte, sie habe gute Nachrichten: »Eventuell« gebe es doch Arbeit für mich, und ich könne – ein halbes Jahr später als geplant – wieder einsteigen.

Ich hatte das Gefühl, dass ich einfach nur mürbe gekocht werden sollte. Nach meinem erneuten Hinweis, dass dies rechtlich nicht in Ordnung sei, wurde mir ein »Exit-Verfahren« angeboten. Das heißt: Mein Arbeitgeber kündigt mir, obwohl das rechtlich nicht in Ordnung ist, daher bieten sie mir eine entsprechende Abfindungssumme an. Dieser kann ich dann zustimmen und bestätige damit gleichzeitig, dass ich rechtlich nicht gegen die Kündigung vorgehe. Schweren Herzens nahm ich diese Abfindung an, da ich keinen anderen Weg mehr für mich sah. Selbst der Betriebsrat riet mir dazu, die Abfindung anzunehmen und das Kapitel abzuschließen.

Mir zog es den Boden unter den Füßen weg – niemals hätte ich damit gerechnet, dass ich gekündigt werde. Ich hatte mich auf meine Rückkehr in das Arbeitsleben sehr gefreut und alles dafür organisiert. Umso mehr stand ich dann ohne eine Aufgabe vor dem Nichts, mit der zusätzlichen Angst, in der Coronakrise keinen neuen Job zu finden. Die Abfindungssumme gab uns zwar erst mal einen finanziellen Puffer, der aber auch nur für ein paar Monate geholfen hat. Bis heute hängt es mir sehr nach, dass ich nie mehr richtig ins Arbeitsleben zurückgefunden habe. Ich bin gern Mutter und arbeite gern. Mir wurde ein Teil meiner Identität genommen. Dies entspricht nicht meiner Vorstellung und der meines Mannes von partnerschaftlicher Erziehung und hat uns wieder – gegen unseren Willen – in die klassischen Rollenbilder reingedrängt. Mein Mann muss arbeiten gehen, um das Geld für die Familie zu verdienen, und ich versorge die Kinder und den Haushalt.

FALL 18: Degradierung, Kündigung

Kathi, zwei Kinder, Webdesignerin & Senior Art Director, 300 Mitarbeiter*innen

Als ich nach meiner ersten Elternzeit wieder in den Job einstieg, wurde mir ziemlich nonchalant meine Position als Teamlead abgesprochen. Das würde ich jetzt eh nicht mehr schaffen, hieß es zur Begründung. Etwas widerwillig akzeptierte ich die Entscheidung meines Arbeitgebers.

Als ich dann nach der Geburt unseres zweiten Kindes zurückkehrte, kam ich mir wie der bestbezahlte Praktikant der Abteilung vor, ernsthaft. Ich ließ mich davon nicht entmutigen und arbeitete gewohnt zuverlässig und effizient. Erst nachdem ich bewiesen hatte, dass ich auch trotz der Kinder immer noch was schaffe, habe ich wieder etwas mehr Verantwortung bekommen.

Leider meldete mein Arbeitgeber dann Insolvenz an. Im Zuge der Insolvenzübernahme wurde mir nach über elf Jahren Betriebszugehörigkeit gekündigt, obwohl ich die noch einzig verbliebene Festangestellte in meinem Bereich war. Meinen Job hat dann ein – natürlich kinderloser – Werkstudent übernommen, der nach ein paar Monaten auch fest angestellt wurde. Das fühlt sich bis heute wie eine Demütigung an. Neben mir wurde übrigens noch weiteren Kollegen gekündigt, um die Personalkosten zu verschlanken, darunter noch zehn Müttern mit Kleinkindern, die meisten sogar in Elternzeit, und einer Mutter wurde sogar im Mutterschutz kurz vor der Geburt mitgeteilt, dass sie nicht mehr weiterbeschäftigt wird.

Diesmal wollte ich das Verhalten meines Arbeitgebers nicht einfach so hinnehmen. Ich habe direkt eine Kündigungsklage eingereicht und dabei auch auf Diskriminierung geklagt. Letztendlich haben mein ehemaliger Arbeitgeber und ich uns gütlich geeinigt, trotzdem denke ich immer noch voller Beklemmungen an diese Zeit zurück. Es ist einfach so ungerecht, wenn man super Arbeit leistet und es trotzdem nicht reicht, nur weil das Gegenüber Vorurteile hat.

Einen neuen Job habe ich bis heute nicht gefunden. Mein Gefühl: Viele wollen einfach keine Mutter einstellen. Teilweise wurde mir das auch schon ganz direkt so gesagt. Wahrscheinlich ist die Situation durch Corona mit den ganzen Kinderkrankentagen und Quarantäne auch noch mal schlimmer geworden.

Unfreiwilliger Ausstieg und Abstieg – Diskriminierungen im Zusammenhang mit der Elternzeit

Auch wenn es uns sehr schwerfällt, diese Sätze zu schreiben: Unsere Fallgeschichten und auch die vielen anderen Fälle, die an uns herangetragen wurden, zeigen: Jede längere Elternzeit stellt eine Zäsur in der Erwerbsbiografie einer Frau dar, die in vielen Fällen negative Auswirkungen auf die berufliche Entwicklung hat. Oftmals verfestigen sich in diesem Zeitraum Benachteiligungen, die sich bereits während der Schwangerschaft angedeutet haben, wie zum Beispiel im Fall von Pauline, der nach Offenbarung der Schwangerschaft die Fortbildung gestrichen wurde, obwohl sie diese gern in der Elternzeit fortgeführt hätte. Ein anschauliches Beispiel ist dafür auch unser Eingangsfall. So musste sich Lynn anhören, dass eine Mutter in einer Führungsposition ein »No-Go« sei – und bekam sofort am ersten Tag nach der Elternzeit ihre Kündigung.

Zeitlich lassen sich folgende Phasen unterscheiden:

1. Diskriminierungen im Zusammenhang mit Bekanntgabe der Elternzeit
2. Diskriminierungen während der Elternzeit
3. Diskriminierungen zum Ende der Elternzeit/Wiedereinstieg
4. Diskriminierungen nach dem Wiedereinstieg/Arbeitsbedingungen

Diskriminierungen im Zusammenhang mit der Bekanntgabe der Elternzeit

Bereits vor dem offiziellen Beginn der Elternzeit kann es, wie wir im Kapitel über Schwangerschaft gesehen haben, zu Diskriminierungen kommen. Auslöser ist bereits der »Elternzeit-Generalverdacht«, insbesondere bei Müttern; wie selbstverständlich wird angenommen, dass sie mindestens ein Jahr pausieren werden – obwohl sie vielleicht ganz andere Pläne haben. Laut ADS-Studie gaben 30 Prozent der Väter und 24 Prozent der Mütter an, dass Vorgesetzte abfällig oder negativ auf die Bekanntgabe der Elternzeit reagiert haben – auch im Hinblick auf die Dauer oder Aufteilung der geplanten Elternzeit (Väter 23 Prozent, Mütter 26 Prozent),[106] aber auch zu handfesten Diskriminierungshandlungen mit Auswirkungen auf die gesamte Elternzeitphase und die Zeit danach. Ein Beispiel dafür ist der Fall von Miriam aus dem vorangegangenen Kapitel, die ausgegrenzt wurde, weil man ihr unterstellte, dass sie ihre sechsmonatige Elternzeit verlängern werde.

Es ist bedauerlich, dass viele Arbeitgeber*innen bereits in dieser Phase Vertrauen verspielen. Eine werdende Mutter ist in dieser Phase oder bei Ankündigung einer Elternzeit zwar meistens gefasster als zum Zeitpunkt der Schwangerschaftsoffenbarung, aber nichtsdestotrotz besteht weiterhin ein großes Bedürfnis nach Sicherheit und Schutz aufgrund der absehbaren Veränderungen. Das können bereits erste negative Erfahrungen sein oder aber Zweifel und Ängste, ob ein Wiedereinstieg gelingt. Arbeitgeber*innen, die bereits in dieser frühen Phase verantwortungsvoll, vertrauensvoll und weitsichtig handeln, legen den Grundstein für eine langfristige positive und loyale Einstellung zum Unternehmen und vermeiden, dass eine wertvolle Fachkraft sagt: »Ciao, ich bewerbe mich während der Elternzeit woanders.«

Diskriminierungen während der Elternzeit

Auch nach eingereichter Elternzeitanmeldung und zu Beginn der Elternzeit kann es zu Benachteiligungen kommen. So passiert es nicht selten, dass sich ganz plötzlich der Schalter umlegt. Am letzten Tag vor Beginn der gesetzlichen Mutterschutzfrist wird noch nett Kuchen gegessen, dazu werden Babysöckchen nebst Windeltorte an die Hochschwangere verteilt. Ein paar warme, nicht immer ernst gemeinte Worte, wie sich dann später herausstellt, gehören auch dazu. »Wir freuen uns schon, Sie in einem Jahr wiederzusehen, und werden Sie vermissen.« Das war es dann aber auch. Mit Verlassen des Arbeitsplatzes werden Mütter formal und im Gehirn von Vorgesetzten ausgecheckt, sie erhalten in der Personalabteilung den Status »ruhend« und den Stempel: »Babybubble«, mit der Annahme, dass sie danach keine Lust mehr haben, was zu rocken, und wenn überhaupt in Teilzeit, also als Mitarbeiterinnen zweiter Klasse, wiederkommen.

Konkret drückt sich das vor allem darin aus, dass Vorgesetzte Elternzeitler*innen ignorieren, neudeutsch »ghosten«. Wir konnten beobachten, dass das nicht nur durch Vorgesetzte passiert, die bereits vor der Elternzeit diskriminiert haben, sondern auch durch solche, die sich zunächst sehr offen und verständnisvoll gezeigt haben. Elternzeit-Ghosting zeigt sich insbesondere durch den Ausschluss aus dem betrieblichen Leben: Man wird nicht mehr zu Veranstaltungen, Teamevents oder Fortbildungen eingeladen, wichtige Kommunikationswege werden dichtgemacht, obwohl in der Elternzeit aufgrund des allgemeinen arbeitsrechtlichen Gleichbehandlungsgrundsatzes sogar grundsätzlich ein Anspruch darauf besteht, zum Beispiel auf Einladung zu einer Weihnachtsfeier.[107] Sie verschwinden von Webseiten, aus Verteilern und damit auch schnell aus dem Gedächtnis von Vorgesetzten, deren Nachfolger*innen, Kolleg*innen und Kund*innen oder werden als Erste in Kurzarbeit abgeschoben.

Oft wurde uns auch berichtet, dass sich Vorgesetzte totstellen. Auf die Nachfrage hin, ob es möglich wäre, zeitnah ein Wiedereinstiegsgespräch zu führen, verkriechen sich Arbeitgeber*innen gern hinter den Sätzen »Ich muss erst mal mit der Personalabteilung sprechen« oder »Ich bin gerade im Urlaub« – und melden sich dann nie wieder, obwohl man über drei Ecken erfahren hat, das der Chef bereits seit drei Wochen wieder braun gebrannt im Büro sitzt.

Das zeigt auch die Studie der ADS: Danach fühlen sich 29 Prozent der Mütter und 22 Prozent der Väter während der Elternzeit ausgegrenzt, indem ihnen Informationen und Entscheidungen nicht mitgeteilt werden.[108]

Hinzu kommen auch hier wieder materielle Benachteiligungen. Die Top drei der Diskriminierungen während der Elternzeit sind:[109]

- Streichung oder Verkürzung von **Gehaltszahlungen oder Boni** (Mütter: 27 Prozent, Väter: 17 Prozent)
- Streichung von **Beförderungen und Karriereschritten** (Mütter 20 Prozent, Väter 17 Prozent)
- **Fort- oder Weiterbildungen** wurden nicht gestattet (Mütter 16 Prozent, Väter 12 Prozent)

Auffällig oft zeigt sich dabei – auf beiden Seiten – auch eine mangelnde Rechtskenntnis, zum Beispiel in Bezug auf Boni oder Weihnachtsgeld. Viele Eltern und Arbeitgeber*innen wissen nicht, dass Mütter nicht nur während der Phase des Mutterschutzes, sondern auch unter bestimmten Voraussetzungen während der Elternzeit Anspruch auf Sonderzahlungen und Boni haben.

Bei vielen Vorgesetzten fehlt das Bewusstsein, dass Elternzeitler*innen vollwertige Arbeitnehmer*innen sind und es einen bestehenden, ganz regulären Arbeitsvertrag mit wechselseitigen Pflichten gibt. Das ist tragisch, denn dieses mangelnde Bewusstsein, das zugegebenermaßen sicherlich nicht immer vorsätzlich erfolgt, hat eine fatale und diskriminierende Auswirkung auf die Rechtsposition von Eltern in Elternzeit.

Diskriminierungen zum Ende der Elternzeit, Beendigung des Arbeitsvertrags

Egal ob Kündigung oder Aufhebungsvertrag: Nicht jede Beendigung des Arbeitsvertrags muss mit einer Benachteiligung verbunden sein. Wenn man jedoch wie Lynn gleich am ersten Tag nach der Elternzeit ohne vorherige Gespräche und transparenter und nachvollziehbarer Erläuterung von Kündigungsgründen vor die Tür gesetzt wird, spricht viel für eine diskriminierende Handlung. Laut der ADS-Studie betrifft das 15 Prozent aller befragten Mütter.[110] Oftmals völlig überraschend, ohne Vorwarnung. Sie kommen mit Freude, Optimismus, voller Tatendrang und neuen Ideen am ersten Arbeitstag zurück, wie wir wissen auch mit neuen Qualifikationen und Soft Skills. Aber dann bricht für viele eine Welt zusammen, wenn sie die Kündigung in der Hand halten – und das in einer hochsensiblen Phase, die von vielen Ängsten und Umbrüchen geprägt ist.

Es fehlen, wie wir bereits gesehen haben, ein lückenloser Diskriminierungsschutz im AGG, ein erweiterter Sonderkündigungsschutz nach der Elternzeit sowie ein gesetzlich verankertes Rückkehrrecht. Diese Gesetzesänderungen würden derartigen Fällen künftig den Riegel vorschieben und dazu beitragen, dass jede*r Rückkehrer*in aus der Elternzeit Anspruch auf den gleichen oder einen gleichwertigen Arbeitsplatz hat, und zwar in Bezug auf Aufgaben, Gehalt, Arbeitszeit und Arbeitsort sowie im Hinblick auf die erforderlichen Qualifikationen. Zudem wäre es nicht möglich, Eltern direkt nach der Elternzeit ohne behördliche Genehmigung zu kündigen. Punkt. Wenn der oder die Arbeitnehmer*in nach einer Babypause wieder an den Arbeitsplatz zurückkehrt, wird der »eingefrorene«

Arbeitsvertrag, so wie er geschlossen wurde, wieder »aufgetaut«. Das heißt, man übt die im Arbeitsvertrag genannte Tätigkeit, idealerweise konkretisiert durch eine Stellenbeschreibung, wieder aus. Nur wenn man in Teilzeit arbeitet, passen sich Stunden und Gehalt – selbstverständlich bei gleichbleibender Tätigkeit – an. Die Elternzeit ist also vom Grundprinzip her eigentlich nichts anderes als jede andere Abwesenheit wie zum Beispiel Urlaub, Krankheit, Sabbatical oder eine Fortbildung.

Leider wird statt nach diesem Prinzip jedoch weitverbreitet nach dem Motto »Glückwunsch zum Baby, Sie sind gefeuert« verfahren und nur darauf gewartet, dass endlich kein Sonderkündigungsschutz besteht und ohne Zustimmung der Behörde gekündigt werden darf, wie wir in Mayas, aber auch Lynns Fall gesehen haben. Kündigungen, die direkt am ersten Tag nach der Elternzeit stattfinden, sind ein besonders trauriges Phänomen im Hinblick auf die Diskriminierung von Eltern. Aus der Perspektive der Eltern wirkt es so, als ob einem nicht die geringste Chance gegeben wird, wieder in den Job einzusteigen. Was für den*die Arbeitgeber*in ein formaler Akt ist, die Übergabe eines Stückes Papier, ein Händeschütteln und ein Auf Wiedersehen, bedeutet für Mütter: Tür zu, Schlag ins Gesicht. Viele berichteten von Kündigungen direkt am ersten Tag nach der Elternzeit und wie sehr sie sich gedemütigt und abgewertet gefühlt haben. Viele leiden noch sehr lange unter diesem Verhalten.

Hinzu kommt, dass Mütter unter Druck stehen, sich schnell rechtlich gegen den Rauswurf zu wehren. Wenn nicht drei Wochen nach Zugang der Kündigung Kündigungsschutzklage eingereicht wird, wird die Kündigung wirksam. Die Erfolgsaussichten einer Kündigungsschutzklage lassen sich nur schwer einschätzen, da jeder Fall verschieden ist. Tatsächlich ist es so, dass eine Kündigung am ersten Tag nach der Elternzeit entgegen einer weitverbreiteten Meinung unter Eltern nicht automatisch unwirksam ist, wie sie es zum Beispiel während der Schwangerschaft wäre. Der Sonderkündigungsschutz endet am letzten Tag der Elternzeit. Schluss, vorbei, aus die Maus.

Wir kennen Arbeitgeber*innen, die statt einer knallharten Kündigung den scheinbar eleganteren Weg über einen angebotenen Aufhebungsvertrag wählen, das Ergebnis ist das gleiche: Die Mutter oder der Vater verlieren ihren Job. Diese Verträge werden Eltern, wie im Fall von Pauline, als »Exit-Verfahren« oftmals schon während der Elternzeit angeboten, verhandelt und unterzeichnet – zum Beispiel dann, wenn eine Firma umstrukturiert wird und die Konditionen in einem Sozialplan und Interessenausgleich verhandelt wurden. Eine Mutter hatte dazu geäußert: »Das Angebot, einen Aufhebungsvertrag abzuschließen, und die Mitteilung, dass ich diesen innerhalb von drei Wochen unterschreiben muss, weil sonst meine Sprinterprämie entfällt, hat mir meine Elternzeit versaut.« Diese Verträge bergen Risiken, nicht selten drohen Einbußen beim Arbeitslosengeld, so wie in Nicoles Fall, der nach der Elternzeit nahegelegt wurde, das Arbeitsverhältnis zu beenden, weil die Pflegebedürftigkeit ihres behinderten Kindes und der damit verbundene Ausfall »geschäftsschädigend« seien.

Es wäre aus Arbeitgeber*innensicht schlau, sich in einer schwierigen unternehmerischen Situation auch Ideen anzuhören, die eine Mutter oder ein Vater mitbringt, und gemeinsam nach einem Kompromiss zu suchen. Vielleicht lässt sich das Arbeitsverhältnis sogar noch retten? Zum Beispiel durch eine ungeahnte Bereitschaft, mit weniger oder mehr Stunden oder in einer anderen Abteilung zu arbeiten?

Was bedeuten schon ein oder zwei Jahre Pause, gemessen an dem durchschnittlichen Zeitraum der Lebenserwerbstätigkeit? »Es ist alles nur eine Phase« gilt nicht nur für Kinder, sondern auch für Eltern und Arbeitgeber*innen.

Diskriminierungen beim Wiedereinstieg

Sofern einer Mutter oder einem Vater nicht am ersten Tag nach der Elternzeit gekündigt wird, bedeutet es nicht automatisch, dass er oder sie wieder gleich oder gleichwertig arbeiten kann. In vielen Fällen ist der Arbeitsplatz, an den man zurückkehrt, nicht mehr der selbe. Das ist in gewisser Hinsicht normal. Die Welt dreht sich weiter und in Unternehmen gefühlt noch zwanzigmal schneller. Hinzu kommt: Viele Mütter haben auch selbst den Wunsch, bei der Rückkehr nach ihrem ersten Kind Teilzeit zu arbeiten, während sie davor in Vollzeit tätig waren. Jeder Elternzeitrückkehrerin sollte klar sein, dass sie sich auf Veränderungen einstellen muss. Diese werden in der Regel auch bis zu einem gewissen Grad mitgetragen. Schwierig wird es allerdings, wenn dabei gegen Regelungen aus dem Arbeitsvertrag verstoßen wird oder wenn die neuen Bedürfnisse, die eine arbeitende Mutter mitbringt, angeblich unvereinbar mit der Tätigkeit sind.

Knapp ein Viertel aller Mütter werden nach der Babypause degradiert, oder ihnen werden minderwertigere Tätigkeiten zugewiesen[111] –, wie etwa Kathi, die sich plötzlich als bestbezahlteste Praktikantin vorkam, nachdem man ihr alle verantwortungsvollen Aufgaben entzogen hatte. Das entsprechende Prinzip der Rückkehr auf einen gleichwertigen oder gleichen Arbeitsplatz greift auch hier, mit der Folge, dass jedwede Maßnahme, die nicht vom Rahmen des Arbeitsvertrags gedeckt ist, unzulässig ist. Das klingt zwar einfach, ist aber in der Praxis schwierig. Denn dazu muss man erst mal wissen, was arbeitsvertraglich vereinbart ist. Häufig fehlen Jobbezeichnungen in Arbeitsverträgen, oder sie entsprechen nicht mehr der zuletzt ausgeübten Tätigkeit, auch Stellenbeschreibungen sind Mangelware. Wir kennen auch Fälle, in denen sogar ohne Arbeitsvertrag gearbeitet wird, oder dieser nicht mehr auffindbar ist.

Selbst wenn es einem gelingt darzulegen, dass der neu zugewiesene Job einer Versetzung vom Penthouse in den feuchten Keller gleichkommt, ist die Frage: Was tun? Klagen? Das machen nur wenige und wenn, wird das Arbeitsverhältnis meist nachhaltig zerrüttet. Das soll natürlich nicht heißen, dass man seine Rechte nicht geltend machen darf – rechtlich besteht immer die Möglichkeit, auf »vertragsgemäße Beschäftigung« zu klagen, aber die Frage ist, was das Ergebnis ist – und wie lange es dauert, bis das Recht vor Gericht durchgesetzt ist.

Neben Degradierungen kommt es laut ADS-Studie in der Phase des Wiedereinstiegs insbesondere zu folgenden weiteren Diskriminierungen:[112]

- Vorgesetzte oder Führungskräfte haben bei der Terminierung von Sitzungen **zu wenig Rücksicht** auf meine Familienpflichten genommen (Mütter 30 Prozent, Väter 26 Prozent)
- Vorgesetzte oder Führungskräfte haben mir **weniger zugetraut** (Mütter 26 Prozent, Väter 16 Prozent)
- **Nichtmitteilung** wichtiger Informationen (Mütter 23 Prozent, Väter 15 Prozent)

Typische Diskriminierungshandlungen im Zusammenhang mit der Elternzeit

Bei Erstellung der nun folgenden Liste haben wir uns an der Studie der ADS orientiert, diese aber noch um unsere eigenen Betrachtungen und an uns herangetragene Fallkonstellationen ergänzt. Auf zwei besonders wichtige Punkte, nämlich zum Thema Teilzeit und Befristung, gehen wir noch einmal in einer separaten Kategorie ein.

Diskriminierungen bei Mitteilung der Elternzeitentscheidung
- Abfällige oder negative Reaktionen bezüglich der **Bekanntgabe**

- Abfällige oder negative Reaktion bezüglich der **Dauer**
- Teilzeittätigkeit wurde nicht gestattet
- **Unter Druck setzen,** keine Elternzeit beziehungsweise die Elternzeit nicht im gewünschten Umfang zu nehmen; keine Teilzeit zu nehmen, wenn ein Teilzeitwunsch besteht, oder damit drohen, dass sich die Tätigkeit nicht in Teilzeit ausüben lässt

Diskriminierungen während der Elternzeit
- **Elternzeit-Ghosting**
- Ausschluss vom betriebsinternen Informationsfluss
- **Streichung** oder Verkürzung von **Gehaltszahlungen und Boni**
- **Streichung von Beförderungen** oder Karriereschritten
- Fort- und Weiterbildungen wurden nicht gestattet
- Druck, die Elternzeit zu verkürzen oder zu verlängern

Diskriminierungen zum Ende der Elternzeit, Beendigung oder Nichteinhaltung des Arbeitsvertrags
- Degradierungen
- Nichtverlängerung des Arbeitsvertrags
- Kündigung oder Streichung des Arbeitsplatzes
- Aufhebungsvertrag

Diskriminierungen beim Wiedereinstieg, Arbeitsbedingungen während des Wiedereinstiegs
- **Mangelnde Rücksichtnahme** auf Familienpflichten von Vorgesetzten, Führungskräften oder Kolleg*innen
- Mangelndes Vertrauen in die **Leistungsfähigkeit** von Vorgesetzten, Führungskräften oder Kolleg*innen
- Abfällige Kommentare und Mobbing von Vorgesetzten, Führungskräften oder Kolleg*innen
- Degradierung oder **Entzug von Verantwortlichkeiten**

- Streichung von **Bonuszahlungen**
- Schlechtere **Leistungsbewertungen**
- Streichung von Beförderungen und Karriereschritten
- Streichung von **Fortbildungen**
- Keine Möglichkeit des **Stillens oder Abpumpens von Muttermilch**
- Nichtgewährung **flexibler Arbeitszeiten oder einer Teilzeittätigkeit**
- Nichtgestattung von **Homeoffice**
- Nichtgewährung von **Urlaub** während der Kita- oder Schulschließzeiten
- Nichtgestattung von **Teilzeittätigkeit**
- Nichtgestattung von **Vollzeittätigkeit**
- Nichtgestattung von **Kinderkrankentagen**
- Keine Möglichkeit zum **Stillen oder Milchabpumpen**

Bei dieser Auflistung, die sich wie eine Laudatio für den Sieger des Preises »FamilienUNfreundlichstes Unternehmen des Jahres« anhört, bekommt man Gänsehaut. Doch sie entspricht der Realität und zeigt, wie wenig auch im 21. Jahrhundert die Bedürfnisse von Familien in vielen Unternehmen gehört werden. Sicherlich mag es sein, dass es in einzelnen Fällen Gründe geben kann – etwa für die Ablehnung der Arbeit aus dem Homeoffice, rechtlich besteht darauf ja immer noch kein Anspruch –, aber in vielen Fällen auch nicht, weil es – beispielsweise bei der Gewährung von Stillzeiten – ohne Pardon gesetzliche Pflichten und Rahmenbedingungen gibt.

Was sagen Arbeitgeber*innen dazu?

Auch wenn Arbeitgeber*innen Abwesenheiten nicht unbedingt beklatschen, ist es nicht nachvollziehbar, weshalb sie während der Elternzeit nach dem Prinzip »Aus den Augen, aus dem Sinn«

verfahren und es immer wieder gängige Betriebspraxis ist, Eltern während der Elternzeit ein »Exit-Verfahren« anzubieten oder am ersten Tag nach der Elternzeit zu kündigen oder zu degradieren. Wir wollten daher von Arbeitgeber*innen wissen, wie ein gutes Elternzeitmanagement gelingen und wie eine Unternehmenskultur mit einem positiven Blick auf Eltern mit Leben gefüllt werden kann. Ganz besonders interessiert hat uns dabei die Phase des Wiedereinstiegs.

Tanja Lederer, Leiterin HR Skills & Competence Talent bei der DATEV eG, berichtete uns, dass man in ihrem Unternehmen bereits sehr frühzeitig mit dem Elternzeitmanagement beginne, dabei Eltern schlaumache und sie mit Beratungen unterstütze: »Wir beraten Mitarbeitende bereits im Vorfeld, durch Informationen auf unserem HR-Portal, dort werden auch rechtliche Themen für Eltern transparent gemacht. Darüber hinaus bieten wir individuelle Beratungsgespräche an.« Ein gutes Elternzeitmanagement käme nicht nur den werdenden Eltern zugute, sondern auch dem Unternehmen, ergänzt Ulrike Hering, Leiterin HR-Business bei der DATEV eG: »Ein guter Umgang mit werdenden Eltern ist für das Arbeitgeberimage wichtig. Es erhöht den Marktwert und die Attraktivität. Wir tun alles dafür, dass jeder wieder an seinen Arbeitsplatz zurückkehren kann, und unsere Leitlinie, dass wir hier Verantwortung übernehmen, setzen wir seit Jahren erfolgreich um.«

»Management« bezogen auf Elternzeit bedeutet, das konnten wir den Arbeitgeber*innen-Interviews entnehmen, nicht nur Aufklärung, sondern auch eine gute Planung: Wer kann die Vertretung übernehmen, wie verteilen wir die Aufgaben? Es ist aber auch sehr wichtig, die individuelle langfristige Perspektive des*der Elternzeitnehmenden offen und ehrlich zu besprechen und Meilensteine zu definieren. Interessant war für uns die große Bedeutung der

Definition von Verantwortlichkeiten. DATEV eG sieht diese ganz klar auf der Arbeitgeber*innenseite. Tanja Lederer berichtet dazu: »Es ist doch nicht Sache der Eltern, sich um Vertretungen zu kümmern. Wenn Eltern in Elternzeit gehen, bleibt die Verantwortung bei der Führungskraft. Wenn die Führungskraft beim Wiedereinstieg nicht mehr in dieser Position arbeitet, ist der Nachfolger verantwortlich, bei Umorganisation die nächsthöhere Führungskraft.«

Für Sissy Tongendorff, Head of Diversity & Inclusion bei Capgemini SE, müssen Vorgesetzte den Kontakt halten und pflegen: »Unsere klare Botschaft dadurch ist: Wir wollen, dass du wiederkommst. Das ist auch der Spirit unseres speziellen Kontakthalteprogramms *fareWelcome!*.«

Auch Nina Straßner berichtet uns, wie bedeutsam der Kontakt während der Elternzeit ist. »Die Aufrechterhaltung des Kontaktes mit Elternzeitler*innen – zum Beispiel durch ›Stay-in-touch-Meetings‹ oder durch die Mitnahme des Laptops oder des Firmenwagens – tut keinem weh und ist eine nur wenig Zeit und Geld kostende und dazu vertrauensbildende Maßnahme. Vorausgesetzt, der*die Arbeitnehmer*in hat daran ein Interesse.« Dr. Manja Schreiner, Hauptgeschäftsführerin der Fachgemeinschaft Bau Berlin und Brandenburg, gewährte uns dazu folgende Einblicke: »Ich frage Mitarbeiterinnen oder Mitarbeiter, wie sie während ihrer Elternzeit eingebunden sein wollen: Willst du ein Jahr Ruhe haben und nichts von der Fachgemeinschaft hören, oder sollen wir dir Einladungen zu Netzwerkveranstaltungen schicken? Aber selbst dann, wenn Mitarbeiter und Mitarbeiterinnen in Ruhe gelassen werden wollen, ist es selbstverständlich für mich, ihnen während der Elternzeit zum Geburtstag zu gratulieren und sie zu Weihnachtsfeiern oder Ausflügen einzuladen.«

Yasemin Sancak, Beraterin und Coach für die Themen People & Culture sowie New Work, bestätigt, dass derartige Maßnahmen auch aus Sicht von Eltern zu einem gelungenen Wiedereinstieg beitragen: »Ich habe im Laufe meiner 15-jährigen Angestelltentätigkeit als Personalerin festgestellt, dass die Eltern, die mit Selbstvertrauen eine von vornherein deutliche, aber nicht aggressive Anspruchshaltung formulieren, nach dem Wiedereinstieg meist besser durchstarten als die Eltern, die sich kleinmachten und fast so etwas wie Dankbarkeit vermittelten, überhaupt noch den Job zu haben.«

Neben der Ausgestaltung des Elternzeitmanagements hat uns ganz besonders interessiert, wie große Firmen gewährleisten, dass Familienfreundlichkeit im Zusammenhang mit der Elternzeit bis in die kleinste Ader des Unternehmens gelebt wird – und was geschieht, wenn Mitarbeiter*innen in Verantwortung nicht mitziehen. Am häufigsten wurde uns mitgeteilt, dass insbesondere die Vorbildfunktion der Geschäftsführung, vor allem aber die Rolle der Führungskräfte, die den häufigsten Kontakt zu den Müttern oder Vätern haben, entscheidend sei: »Führungskräfte müssen das, was ich als Hauptgeschäftsführerin lebe, auch leben. Es hilft nicht, wenn ich mich für Familienfreundlichkeit einsetze, meine Multiplikatoren aber nicht so ticken wie ich. Wir müssen uns daher bei der gemeinsamen Entwicklung von Leitbildern fragen: Wie leben wir sie als Vorbild? Das muss auch nachgehalten und bezüglich der Umsetzung geprüft werden. Einmal gesagt, heißt noch nicht gemacht. Man muss kontinuierlich dranbleiben«, berichtete uns Dr. Manja Schreiner.

Dass das keine einfache Aufgabe ist, dass trotz bester Absichten nicht alle Beifall klatschen und es auch immer wieder schwarze Schafe gibt, räumt Julia Bangerth, Vorständin der DATEV eG, ein: »Es gibt immer wieder Menschen im Unternehmen, die in dieser Hinsicht nicht mitspielen, ja, diese gibt es auch bei DATEV eG. Wir können als Unternehmen solche Fälle leider nicht gänzlich verhindern, wir dürfen sie dann aber auch nicht einfach so stehen lassen.«

Tanja Lederer berichtet, welche Maßnahmen erfolgen, wenn Führungskräfte nicht mitziehen oder sich sogar diskriminierend verhalten: »In diesen Fällen ist die Abteilung People Experience beziehungsweise HR-Business erster Ansprechpartner, und wir holen uns Unterstützung vom Topmanagement sowie arbeitsrechtlichen Rat. Es gibt auch externe Angebote, zum Beispiel Mediationen und neutrale Ansprechpartner. Die kontinuierliche Arbeit an einem positiven Elternzeit-Mindset, das auf die Fähigkeiten einer Rückkehrerin gerichtet ist, ist eine Mammutaufgabe, die immer wieder angekurbelt und nachgehalten werden muss.«

Natürlich hat uns auch die Phase des Wiedereinstiegs ganz besonders interessiert. Wie kann es immer wieder sein, dass trotz klarer gesetzlicher Rahmenbedingungen gültige Arbeitsverträge am ersten Tag nach der Elternzeit gekündigt, dass Mitarbeitende degradiert und schlechter bezahlt werden? Und wie kann man es vor allem vermeiden?

Nina Straßner, Global Head of People Initiatives bei SAP in Deutschland, sieht dabei vor allem eine große Verantwortung bei den Personalabteilungen und den jeweiligen Führungskräften. »Es ist wichtig, das HR-Team und die Leader gleichermaßen zu sensibilisieren. Bei uns gibt es beim Wiedereinstieg von Eltern nach der Elternzeit automatisch eine Gehaltsüberprüfung zwischen Peers mit ähnlichem Skillset und dann automatische Gehaltsanpassung oder die Gewährung von Incentives. Auch wir entdecken immer wieder neue Optimierungsmöglichkeiten. Firmenwagen gibt es bei uns nach einer Betriebszugehörigkeit von drei Jahren. Früher wurde dabei die Elternzeit ausgeklammert, das haben wir jetzt geändert. Ein Mobilitätsbudget richtet sich an die Familien, die kein Auto, aber alternative Möglichkeiten nutzen wollen.« Ähnliches berichtet auch Svenja Gerads von OTTO. »Schon 2017/2018 haben wir unsere Personalprozesse angepasst: Bei OTTO erfolgt auch eine Anpassung der

Gehaltsentwicklungen in einem sogenannten ›ruhenden Geschäftsverhältnis‹, also wenn sich der oder die Mitarbeiter*in beispielsweise in Mutterschutz oder Elternzeit befindet.« Ein Modell, das in jedem Unternehmen selbstverständlich sein sollte.

Noch ein Stück weiter geht die einhorn products GmbH, wie Waldemar Zeiler berichtet: Neben Kinderwunschbehandlungen zahlt das Unternehmen allen Eltern ab der Geburt eine Gehaltserhöhung von vierhundert Euro im Monat für das erste und dreihundert Euro im Monat für das zweite Kind – mit dem Nebeneffekt, dass es dadurch oft Frauen erleichtert wird, Familie und Arbeit gleichberechtigter untereinander aufzuteilen: »Uns war das anfangs gar nicht so bewusst, aber durch die Gehaltserhöhung sind Frauen kürzer in Elternzeit gegangen, denn plötzlich haben sie genauso viel oder sogar mehr verdient als ihr Partner.«

Yazid Shammout, Gründer der Dana Senioreneinrichtungen GmbH, dagegen hält nicht viel von finanziellen Extra-Goodies für Eltern: »In unserer Belegschaft würde das zu großen Irritationen führen. Eine fünfzigjährige kinderlose Pflegekraft würde sich benachteiligt fühlen, wenn ich jungen Müttern nach dem Wiedereinstieg mehr Geld zahle. Hinzu kommt, dass der gesamt Pflegebereich durchreguliert ist, unter anderem durch die Pflegesätze, die die Pflegekassen zahlen. Ich schenke meinen Mitarbeitenden lieber etwas anderes – und zwar Zeit. Ich besuche die Einrichtungen regelmäßig, höre meinen Mitarbeiterinnen zu und versuche gemeinsam mit ihnen und den Heimleitungen, Probleme zu lösen.«

Für Ulrike Hering, Leiterin HR Business DATEV eG, spielt Kommunikation auch eine besondere Rolle, jedoch mit einem etwas anderen Schwerpunkt: »Durch Leitfäden für Führungskräfte und vorformulierte Mails sichern wir ab, dass Prozesse in Bezug auf die Elternzeit rechtssicher ablaufen. Nicht nur für uns als Arbeitgeber*in, sondern auch für Eltern, die in Elternzeit gehen.«

Interessant fanden wir auch die Aspekte »Wissen und Lernen« im Zusammenhang mit dem Wiedereinstieg. Harald Schirmer, Project Lead Future Work bei der Continental AG, vertritt die Auffassung, dass Eltern, die nach der Elternzeit wieder einsteigen, gerade in großen Unternehmen gefragt werden sollten, wofür sie sich interessieren und worauf sie Lust hätten. »Menschen lernen ihr Leben lang und sollten nicht nur Silo-Karrieren verfolgen. Wir befürworten auch Quereinstiege und das Erlernen neuer Fertigkeiten. Continental setzt dabei auf interne Netzwerke und Weiterbildungsangebote, die natürlich auch allen Elternzeit-Wiedereinsteigerinnen ermöglicht werden.«

Das sieht Daniel Grimm, Geschäftsführer von KMK Kinderzimmer ähnlich, auch dort kommt es häufig statt eines Ausstiegs zu einem Wiedereinstieg mit neuen Perspektiven: »Wir finden für jede Wiedereinsteigerin einen Job und eine passende Rolle und machen es auch gern möglich, wenn Erzieherinnen oder Erzieher nach ihrer Elternzeit in die Verwaltung wechseln wollen.«

Auf die Frage hin, was nach ihrer Erfahrung im Unternehmen der wichtigste Faktor ist, um Elternzeitfeindlichkeit und Diskriminierungen zu vermeiden, sagt Tanja Lederer einen Satz, der bei uns hängen geblieben ist: »Vielleicht klingt es jetzt etwas komisch, aber wir sehen Eltern als unsere Kunden an, und genauso wie diese sollten sie auch behandelt werden: der Kunde als König.«

Nach unseren Arbeitgeber*innen-Interviews wurde uns bewusst, welche gewaltigen Auswirkungen ein gutes Elternzeit- und Wiedereinstiegsmanagement für die Erwerbsbiografien von Eltern hat – und dass auch Unternehmen davon profitieren können. Die Umsetzung dieser Maßnahmen führt dazu, dass Eltern die Geburt ihrer Kinder nicht mehr als Karriereknick oder gar Karriereende in Erinnerung behalten, sondern als Start in eine Arbeitswelt, in der sie ihre neu erworbenen Superkräfte aktiv und für alle gewinnbringend unter Beweis stellen können.

Agenda für Arbeitgeber*innen und Führungskräfte

- **Positive Einstellung** gegenüber Elternzeitler*innen
- Positive Einstellungen gegenüber der **Dauer der Elternzeit** (diese kann sowieso nicht geändert werden)
- Angebot zu **Gesprächen**
- **Besprechungen** in bestimmten Abständen auf Augenhöhe: Vertretungsregelung, Karriereplan, Check-out am letzten Arbeitstag und mehrere Check-in-Gespräche vor, während und nach dem Wiedereinstieg
- **Kontakthalten** während der Elternzeit
- Individualisierte **Einarbeitungspläne**, die während der Elternzeit zum Wiedereinstieg erstellt werden
- **Aufgeschlossenheit** gegenüber der neuen Situation, in der sich Eltern befinden, wohlwollende Prüfung von flexiblen Arbeitszeiten
- Unterstützung bei der **Kinderbetreuung**

Notizzettel für Eltern

- *Einbringen von Ideen, wie es während der Abwesenheit zu reibungsloserer Vertretung und geordneten Abläufen kommt*
- *Kein Abtauchen, sondern Kontakt mit den Vorgesetzten halten und einfordern*
- *Bereitschaft, Gespräche zu führen*
- *Frühzeitige Organisation der Kinderbetreuung, bei Kitaplatzmangel gegebenenfalls rechtzeitig eine Klage einreichen, oder Kinderbetreuung organisieren*

Diskriminierungen im Zusammenhang mit der Beantragung von Teilzeit

FALL 19: Ablehnung des Teilzeitantrags trotz vorhandener Stelle

Yvonne, zwei Kinder, Einkaufsassistentin, Handel, 6.000 Mitarbeiter*innen

Während meiner ersten Elternzeit arbeitete ich in Teilzeit für meinen Arbeitgeber, 25 Stunden pro Woche. Man war mit meinen Leistungen sehr zufrieden. Ich habe an allen wichtigen Terminen und Meetings teilgenommen und machte das auch nachmittags möglich. Ich war sogar auf Messen mit Übernachtungen und habe alles so organisiert, dass ich auch auf längere Dienstreisen gehen konnte. Dafür erhielt ich auch die Anerkennung meines Vorgesetzten, dieser äußerte mir gegenüber, dass ich mit 25 Stunden mehr schaffe als andere Mitarbeiter in 40 Wochenstunden.

Drei Jahre später wurde ich mit meinem zweiten Kind schwanger. Ich stellte erneut einen Antrag auf Teilzeit mit 25 Wochenstunden und ging davon aus, dass ich wie in der ersten Elternzeit weiterarbeiten könnte. Ich war völlig perplex, als ich vier Wochen später eine Ablehnung der Teilzeit aus dringenden betrieblichen Gründen erhielt. Angeblich müssten Kosten eingespart und Planstellen reduziert werden, daher gebe es keinen Beschäftigungsbedarf. Zudem sei eine Anwesenheit von neun bis siebzehn Uhr aufgrund neuer Servicezeiten erforderlich. Diese Begründung war an den Haaren herbeigezogen. Meine Abteilung wurde vergrößert, und Kollegen, mit denen ich während der Elternzeit Kontakt gehalten hatte, wussten nichts von neuen Servicezeiten. Da ich noch während der Schwangerschaft davon erfahren habe, hatte ich dadurch keine gute Schwangerschaft und keine schöne Elternzeit, da ich von Sorgen geplagt war. Ich hatte seitdem Albträume und Existenzängste.

Nachdem ich dann auf der Homepage meines Arbeitgebers entdeckt hatte, dass eine offene Stelle in Teilzeit ausgeschrieben wurde, die ich hätte besetzen können, beschloss ich, Klage einzureichen und mich gerichtlich gegen die Ablehnung der Teilzeit zu wehren. Im Gütetermin wurde mir dann tatsächlich mitgeteilt, dass es doch eine Stelle gibt. Die Personalabteilung verhandelte mit meiner Anwältin derzeit eine Teilzeitvereinbarung. Ich bin immer noch völlig fassungslos, dass ich gerichtliche Hilfe in Anspruch nehmen musste, um mein Recht durchzusetzen.

FALL 20: Ablehnung einer Teilzeit
Isabelle, zwei Kinder, Bürokauffrau, Automobilbranche, 25 Mitarbeiter*innen

Ich wurde mit Zwillingen schwanger und beantragte mit Geburt Elternzeit und teilte meinem Arbeitgeber gleichzeitig mit, dass ich nach einem Jahr wieder in Teilzeit zurückkehren werde mit ungefähr 23 bis 25 Stunden. Ich meldete mich wie vereinbart mit einem konkreten Teilzeitantragsschreiben und Festlegung einer genauen Stundenanzahl zurück. Wochenlang passierte nichts, ich meldete mich zwischenzeitlich beim Betriebsrat und fragte, ob man dort was wisse. Die Antwort war »Nein«. Die Widerspruchsfrist war inzwischen abgelaufen, trotzdem erhielt ich ein Schreiben, in dem es hieß, dass man meine Teilzeit in Elternzeit ablehnen wolle. Ich widersprach und schaltete meine Anwältin, die mich schon vorher im Hintergrund beraten hatte, ein.

Die Personalabteilung meldete sich daraufhin bei mir. Auf meine Frage, ob sie mir sagen könne, wo genau ich nun eingesetzt werde, meinte sie, das stehe noch nicht genau fest; es wäre nur sicher, dass es mein alter Bereich sein würde, denn sie müssten mich ja entsprechend meinem Abschluss einsetzen. Kurz darauf bekam ich einen Vertrag zugeschickt, allerdings nicht als Teamlead, sondern als Produktdesignerin, also zwei Hierarchiestufen unter meiner Position. Der Vertrag enthielt noch mehr unzumutbare Klauseln. Meine Anwältin reagierte sofort und nahm Kontakt mit dem Arbeitgeber auf. Daraufhin hieß es, dass es angeblich keinen Platz für mich gebe, weil meine Stelle gestrichen wurde. Man sei daran interessiert, alles »professionell abzuwickeln«, spätestens 2026, wenn meine Elternzeit vorbei wäre, würde man mir kündigen. Ein ewiges Hin und Her begann, und plötzlich hatte mein Arbeitgeber auch einen Anwalt. Dieser teilte meiner Anwältin dann mit, dass es ja eine Anhörung gegeben habe beim Betriebsrat und dieser meiner Versetzung auf die andere Stelle zugestimmt habe. Ich fiel aus allen Wolken, denn der Betriebsrat hatte sich – seitdem ich ihn im Juni kontaktiert hatte – nie wieder bei mir gemeldet.

Ich rief an und sprach mit dem zweiten Vorsitzenden, da der erste Vorsitzende krank war. Er erklärte mir, dass er ja gar nicht im Thema sei und dass federführend alles der erste Vorsitzende gemacht habe. Ich fragte ihn, wie sie so was zustimmen könnten, da sie somit meine ganze Karriere ruinieren würden. Der Betriebsrat wusste, wie hart ich gekämpft habe, weiterzukommen in dieser Männerdomäne, und wenn ich nun fünf Jahre nicht in meiner Position arbeite, stellt mich auch keiner mehr in vergleichbaren Positionen ein. Er schmiss mir an den Kopf, dass ich mich nicht so anstellen solle, man wolle mir ja das Gehalt auf der alten Basis weiterbezahlen. Wenn ich volle Tage zurückkommen würde, sähe die Sache ja schon anders aus, aber diese Teilzeit … Ich erklärte ihm, dass ich zwei Kleinkinder habe, die ich betreuen muss, darauf sagte er mir wortwörtlich: »Ja, das ist halt das Problem.« Ich dachte, ich höre nicht richtig. Wir befinden uns angeblich im 21. Jahrhundert, angeblich ist Deutschland so familienfreundlich, und der Betriebsrat erklärt mir, meine zwölf Monate alten Zwillinge seien ein Problem für meine Arbeit?

Die ganze Angelegenheit ging dann bis Ende 2021 hin und her. Der Arbeitgeber behauptete, meine Position sei nicht mehr vorhanden und in Teilzeit nicht ausübbar und bot mir großzügigerweise die Stelle als Produktdesignerin zwei Hierarchiestufen darunter an. Drei Tage vor Weihnachten bekam ich plötzlich von der Mutterschutzbehörde ein Schreiben zugestellt. Mein Arbeitgeber hatte einen Antrag gestellt auf Aufhebung meines Sonderkündigungsschutzes und Erlaubnis, mir die Änderungskündigung aussprechen zu dürfen, um mich dauerhaft zur Produktdesignerin degradieren zu können.

Sie behaupteten, dass meine aktuelle Position wegen Projekten in den USA und der Zeitverschiebung nicht in Teilzeit ausführbar sei, meine Stelle sei gestrichen worden, es wurden minutiös meine Kranktage aus der Schwangerschaft aufgeführt. Hätte mein Arbeitgeber vorausschauend geplant, hätte er eine Stelle haben können, meine Position kann auch in Teilzeit ausgeübt werden, ebenso auch im Homeoffice – das hat die Pandemie bewiesen. Ich war fassungslos, beschwerte mich parallel bei der Gewerkschaft und fragte, seit wann Betriebsräte für den Arbeitgeber und gegen den Mitarbeiter arbeiten und wieso bei so wichtigen Dingen wie Versetzungen der Betriebsrat nicht persönlich mit dem Mitarbeiter spricht. Einige Monate später meldete sich dann plötzlich der erste Betriebsratsvorsitzende bei mir, er war wieder genesen. Er war etwas schockiert über das, was da ablief, teilte mir mit, dass er schon eine

Stellungnahme an die Mutterschutzbehörde geschickt habe, in der stehe, dass der Versetzung fälschlicherweise zugestimmt, aber einer Änderungskündigung nie zugestimmt wurde und auch nie zugestimmt werden würde.

Die Mutterschutzbehörde hat sich Zeit gelassen, der Arbeitgeber bekam dann noch mal Zeit sich zu äußern. Nun gut, für mich war aber das Kind in den Brunnen gefallen. Ich hatte mittlerweile Abfindungsverhandlungen zugestimmt, hatte Urlaub, war leider auch viel krank. Ich war lange Zeit sehr angespannt, konnte meine Elternzeit nicht mehr wirklich genießen. Andere Mamas waren mit ihren Babys gemütlich spazieren, haben die Zeit mit ihnen genossen, ich habe dabei mit meiner Anwältin telefoniert, um zu besprechen, wie es weitergeht und was wir am besten als Nächstes machen. Irgendwann habe ich nicht mehr wirklich geschlafen.

Wir erzielten eine Einigung, die aber für mich bedeutete, dass ich mit zwei Kleinkindern arbeitslos werde. Wir als Familie brauchen zwei Gehälter, um überleben zu können, das Arbeitslosengeld, das ich ein Jahr beziehen kann, hilft darüber auch nicht wirklich hinweg. Ich hatte die letzten Monate viele Jobanfragen, aber jedes Mal, wenn zur Sprache kam, dass ich nur Teilzeit zur Verfügung stehe und Zwillinge im Kleinkindalter habe, bekomme ich gesagt, ich könne mich gern wieder melden, wenn meine Kinder aus dem Gröbsten raus sind. Ich frage mich, wann das sein soll …

FALL 21: Ablehnung einer zugesagten Teilzeit
Carina, ein Kind, Friseurin, Friseursalon, 3 Mitarbeiter*innen
Ich arbeite seit 14 Jahren in einem Friseursalon, habe meine Chefin immer unterstützt und den Laden geschmissen und

mich um sehr viel gekümmert – ich war quasi die stellvertretende Chefin. Unser Verhältnis war immer gut, auch privat haben wir uns in meiner zweijährigen Elternzeit immer gut verstanden. Neun Monate vor meinem geplanten Arbeitsbeginn habe ich angefangen, die Bewerbungen für einen Kitaplatz loszuschicken, und habe mit meiner Chefin schon die Arbeitszeiten ausgemacht. Ich bin ihr entgegengekommen, dass ich dienstags sogar ganz arbeite, und meine Mama, die auch noch Vollzeit arbeitet, wird mein Kind von der Kita holen, da mein Freund sehr oft beruflich unterwegs ist.

Letzte Woche kam meine Chefin zu mir nach Hause und meinte, sie müsse mit mir persönlich über die Arbeit reden. Ich dachte, sie will, dass ich etwas früher anfange, da ja schon alles ausgemacht war. Sie hat mir dann einfach gesagt, sie müsse mir kündigen, da sie mich nicht bezahlen kann als Teilzeitkraft, sie brauche eine Vollzeitkraft. Falls ich dazu bereit wäre, würde sie mich mit Handkuss zurücknehmen.

Ich habe ihr vorgeschlagen, dass sie die Vollzeitkraft, die sie für mich eingestellt hat, auf eine Teilzeit kürzt, sodass sie nachmittags und ich vormittags arbeiten kann. Sie meinte, das ginge nicht, weil diese ja bald heirate und das Geld benötige. Aber dass ich ein Kind zu versorgen habe, interessierte sie wohl nicht mehr, obwohl sie selbst zweifache Mutter und Oma ist. Und eigentlich geht es ihr nur darum, weil sie wieder ein paar Stunden mehr arbeiten müsste, wenn ich zurückkommen würde, und das möchte sie nicht.

Ja, und jetzt steh ich da und muss mir einen neuen Arbeitsplatz suchen.

Ich bin einfach nur enttäuscht, wie man mit Mitarbeitern nach 14 Jahren so umgeht. Undankbar.

FALL 22: Teilzeitablehnung
Patrizia, schwanger, Gebietsleitung, Handel,
5.000 Mitarbeiter*innen

Wir bekommen bald unser erstes Kind. Da wir uns die Elternzeit gleichberechtigt teilen wollen, haben wir uns entschieden,
ab dem 20. Lebensmonat beide Teilzeit in Elternzeit (32 Stunden) zu arbeiten. In diesem Fall erhalten wir ja auch den
Elterngeld-Partnerschaftsbonus.

Leider wurde der Teilzeitantrag in Elternzeit per Post innerhalb
der Vierwochenfrist abgelehnt. Gründe aus dem Brief waren
unter anderem:

- Reisende Stelle für das Gebiet nur in Vollzeit möglich
- Gegebenenfalls Hotelübernachtungen
- Gegebenenfalls Zehnstundentage
- Abstimmungstermine mit Schnittstellen auch freitags und
  nach sechzehn Uhr
- Telefonische Betreuung der Standorte acht bis zwanzig Uhr

Nach Hintergründen und Lösungen wurde gar nicht gefragt.
Eine reisende Stelle wäre weiterhin möglich meines Erachtens,
da wir uns die Elternschaft und Care-Arbeit von Beginn an aufteilen. Unser Konzept steht, das wollte aber niemand detaillier-
ter hören.

Ich selbst habe proaktiv meine Teamleitung angerufen und
mich nach der Meinung der Fachabteilung zu meinem Antrag
erkundigt. Weiterhin war mir wichtig, meinen Standpunkt klar
darzustellen: Vereinbarkeit zwischen Familie und Beruf. Ich bin
flexibler als im Antrag angegeben. Und sich an einen Tisch zu
setzen, um eine GEMEINSAME Lösung zu finden. Ich habe auch
deutlich gesagt, dass ich das bis jetzt komplett vermisse und es
mir vorkommt, als hätte man seitens der HR schnell nach Gründen der Ablehnung gesucht anstelle nach Lösungen für die

Vereinbarkeit. Wahrscheinlich will man nicht so weit in die Zukunft planen und sich keine Teilzeitstelle aufbinden (erst in zwei Jahren).

Meine Teamleitung konnte mich gut verstehen. »In der Vergangenheit wurden wir (Fachabteilung) in den Entscheidungen nicht gefragt. Und haben dann einfach vom Ergebnis erfahren und die Mitarbeiter waren dann meist weg.« Sie hat mich dennoch beruhigt und mir versichert, sich für mich einzusetzen, wenn es um den Wiedereinstieg geht. Meinen Wiedereinstiegsplan findet sie bemerkenswert und machbar. Ich soll sie gern auf dem Laufenden halten. Ein Zwischenzeugnis für mich wird noch erstellt.

Hier sieht man, wie wichtig es ist, weiterhin das Netzwerk zu den Kollegen aufrechtzuerhalten. Im *daily business* gerät man ohne Präsenz schnell in Vergessenheit. Wenn es dann um die Rückkehr geht, entscheidet die HR oft nach Kosten und freien Stellen. Der Fachbereich weiß dann eventuell nicht, dass schon Wiedereinstiegsgespräche laufen und verpasst die Chance, sich für die Mitarbeiter einzusetzen.

Aktuell lasse ich die Situation mit meinem Arbeitgeber ruhen. Der Plan war und ist immer noch, dass ich nach meiner Elternzeit daheim in Vollzeit wiedereinsteige. In dieser Zeit ist dann mein Partner daheim in Elternzeit. Durch die Rückkehr mit vierzig Stunden sollte die Stundenanzahl vorerst kein Problem für meinen Arbeitgeber darstellen. Es ist ja alles wie vor der Elternzeit. Dennoch weiß ich, dass mein alter Arbeitsplatz schon unbefristet neu besetzt worden ist. Es bleibt also spannend. Die Teilzeit in Elternzeit werde ich später nochmals beantragen

Es ist schade, dass wir vom Arbeitgeber so ausgebremst werden. Sobald man nicht das klassische Familienmodell wählt und

Erwartungen erfüllt, wird es kompliziert. Das macht echt müde und traurig. Dabei braucht man die Energie für die Familie und die Geburt.

Ich fühle mich nicht wertgeschätzt und bin enttäuscht, müde und traurig. Man leistet jahrelang, auf drei verschiedenen Positionen wertvolle Arbeit und wird einfach abgewiesen. Obwohl man den Willen hat, Familie und Beruf zu vereinbaren. Wir haben keine Lust, dass unserem Kind in dreißig Jahren genau die gleichen alten Sätze um die Ohren fliegen und die gleichen urzeitlichen Steine in den Weg gelegt werden.

Teilzeit: Fluch und Segen zugleich

Die Bedürfnisse und Gründe für den Wunsch nach Verringerung der Arbeitszeit sind so vielfältig wie die Lebensentwürfe und individuellen Rahmenbedingungen von Eltern. Ein Teil der Mütter und Väter entscheidet sich bewusst für Teilzeit, weil sie mehr Zeit mit dem Kind und der Familie verbringen möchten, vielleicht auch weil sie großen Wert auf eine ausgewogene Work-Life-Balance legen, in der auch noch Freizeit oder Ehrenamt einen Platz haben, oder weil sie sich gezielt eine gleichberechtigte Verteilung von Fürsorgearbeit vorgenommen haben. Es gibt aber auch Eltern, die in Teilzeit arbeiten *müssen*, obwohl sie lieber Vollzeit arbeiten möchten – weil die persönlichen oder systemischen Rahmenbedingungen fehlen, meistens eine Kinderbetreuung. Viele Kitas haben nur bis fünfzehn oder sechzehn Uhr geöffnet und decken die Betreuungszeiten für einen Fulltime-Job nicht ab. Und was ist, wenn das Kind in die Schule kommt? Den Anspruch auf eine Ganztagsbetreuung eines Grundschulkindes wird es erst ab 2026 geben,[113] wobei natürlich fraglich ist, ob dieser angesichts fehlenden Betreuungspersonals überhaupt durchsetzbar sein wird. Zu wessen Lasten eine unzureichende Betreuungssituation geht, ist klar. Weil es meistens Mama ist, die weniger verdient, beantragt sie Teilzeit und kümmert sich um das Kind – diesen Rollenmechanismus haben wir bereits am Anfang des Buches beschrieben. Sissi Rasche, freiberufliche Hebamme, beobachtet oft: »Wer es sich leisten kann, stellt eine Nanny ein, wenn die staatliche Kinderbetreuung nicht ausreicht. Mein Gefühl ist, dass Vereinbarkeit immer mehr zum Privileg wird, das ist doch keine Lösung. Vieles baut sich von unten auf. Dazu gehört für mich vor allem, dass Personen, die junge Familien starkmachen und für die gesunde Entwicklung von Babys und Kinder verantwortlich sind, wie Erzieher*innen, aber auch Hebammen, viel mehr wertgeschätzt und besser bezahlt werden müssen.« Die Zahlen sind deutlich: Teilzeit ist ein »weibliches« Phänomen. Insgesamt arbeiten 47,5 Prozent der Frauen und nur 10,5 Prozent der Männer in Teilzeit.[114] Bei Eltern sind diese Unterschiede noch größer, 2019 haben 72,6 Prozent der Mütter und nur 6,9 Prozent der Väter mit Kindern unter sechs Jahren in Teilzeit gearbeitet.[115]

Teilzeit ist Fluch und Segen zugleich. Einerseits hilft sie, den Bedürfnissen der Familie gerecht zu werden, insbesondere mit kleinen Kindern und in der ersten Phase des Wiedereinstiegs, andererseits birgt sie die Gefahr, dass sie zur Falle mutiert, in der vor allem Frauen bis zur Rente gefangen sind – oftmals mit dem Risiko verbunden, dass ihnen später Altersarmut droht. Auch wenn wir eine Teilzeit unter den aktuellen Rahmenbedingungen für den Rest des Lebens kritisch sehen: Fakt ist, dass Eltern die Möglichkeit brauchen, in Teilzeit zu arbeiten, daran wird sich auch langfristig nichts ändern. Daher muss zumindest eine faire Möglichkeit bestehen, diese ohne Diskriminierungen beanspruchen zu können. Unsere Fallgeschichten zeigen, dass es in Bezug auf Diskriminierungen verschiedene sensible Punkte gibt. Das ist zum einen der Teilzeit-Generalverdacht, die Ablehnung von Teilzeitwünschen sowie das Teilzeitabstellgleis.

Der Teilzeit-Generalverdacht

Wir konnten bei vielen unserer Fälle beobachten, dass werdende Mütter unter »Teilzeit-Generalverdacht« stehen – was angesichts der Zahlen zwar nachvollziehbar ist, aber nicht automatisch der gewünschten Realität von Müttern entspricht. Unsere Fälle haben gezeigt, dass Frauen bereits zum Zeitpunkt der Offenbarung einer Schwangerschaft damit konfrontiert werden. Das gängige Narrativ an dieser Stelle lautet: Schwanger – ein Jahr Elternzeit – Wiedereinstieg – Teilzeitwunsch – keine Ambitionen – Ende der Karriere. Auch das ist wieder Ausdruck zementierter Rollenbilder. Daher kommt es nicht nur bei Ankündigung einer Teilzeit, sondern bereits bei Ankündigung einer Schwangerschaft zu Diskriminierungen, die mit einem – vermeintlichen und noch gar nicht ausgesprochenen – Teilzeitwunsch zusammenhängen.

Teilzeit? Das ist geschäftsschädigend und gibt's aus Prinzip nicht

Wird dann tatsächlich eine Teilzeit angesprochen oder offiziell während oder nach der Elternzeit beantragt, kommt es häufig zu ablehnenden Reaktionen, das zeigt auch die Studie der ADS. Demnach wurde 15 Prozent aller Mütter eine Teilzeittätigkeit nicht oder nicht in gewünschtem Umfang gestattet.[116] Die Reaktionen erschöpfen sich nach unseren Erfahrungen nicht nur in einer offiziellen Ablehnung, sondern auch in Bemerkungen wie: »Das gibt es aus Prinzip nicht« oder »Das ist geschäftsschädigend« oder »Die Kunden rennen weg« –, ohne dass Möglichkeiten zur Gestaltung der Teilzeit näher mit dem*der Arbeitnehmer*in oder im Team besprochen werden. Genau das wünschen sich auch die meisten Eltern, wie unsere Fallgeschichten verdeutlichen. So wurden Vorschläge von Carina, Isabelle und Patrizia zu Teilzeitmodellen ignoriert oder nicht ernsthaft diskutiert, obwohl viele Mütter dabei deutlich machen, dass sie sehr flexibel sind und eben nicht nur von acht bis vierzehn Uhr arbeiten können.

Die genannten Reaktionen vieler Arbeitgeber*innen, aber auch die unzulässige Ablehnung von Teilzeitanträgen sind Ausdruck hierarchischer Unternehmensstrukturen und des Machtgefälles, das beim Thema Teilzeit besteht. Wie wir in Isabelles Fall gesehen haben, spielen Betriebsräte oftmals eine entscheidende Rolle. Wir haben uns gewundert, dass sich so viele Eltern nicht ausreichend durch Betriebsrät*innen unterstützt fühlen, und haben dazu mit Sonja Szicher, freigestellte Betriebsrätin der BMW Group, zuständig für den Bereich Elternzeit, Teilzeit und Jobsharing, gesprochen. Sie berichtet:

»Ich kann Eltern in unserem Unternehmen sehr gut zu ihren Sorgen beraten und unterstützen, weil ich die Bedürfnisse von Eltern als erwerbstätige Mutter und in Teilzeit arbeitend sehr gut kenne. Ich wünsche mir, dass Betriebsratsgremien möglichst divers besetzt sind, das heißt für mich auch mit Eltern und Betriebsrät*innen in Teilzeit arbeitend. Ich weiß, dass das nicht in allen Unternehmen der Fall ist und sich viele Eltern oft eine stärkere Unterstützung von Betriebsrät*innen wünschen. Mütter und Väter sollten sich daher unbedingt als Betriebsrät*innen engagieren. Leider wird das aktuell durch die verstaubten Regelungen des Betriebsverfassungsgesetzes erschwert, da bei der Anzahl von Betriebsrät*innen immer nur von Vollzeitkräften und somit Vollzeitmandaten ausgegangen wird. Das heißt, ich mache als Angestellte in Teilzeit mit meinem Betriebsratsmandat quasi einen Vollzeitjob. Das mache ich natürlich gern, da ich gewählte Vertreterin der Belegschaft bin und meine Aufgaben sehr ernst nehme, aber Betriebsratssitzungen, welche weit über meine Teilzeitarbeitszeit hinausgehen, sind für mich jedes Mal ein großer Spagat. Es wäre daher besser, wenn es laut Gesetz auch möglich wäre, Teilzeit-betriebsrätin zu sein und Mandate wie im Jobsharing-Modell geteilt zu bekommen. Ich bin mir sicher, dass sich dann auch viel mehr Mütter und Väter bei Betriebsratswahlen aufstellen würden. Wir brauchen mehr *Role Models,* und ich würde mich freuen, dort nicht mehr die ›Exotin‹ zu sein.«

Die schwache Rechtsposition von Eltern im Unternehmen und auch die aktuelle Rechtslage zwingen Eltern zur Klage – ein Systemfehler, der dringend beseitigt werden muss. Hinzu kommt, dass es nicht immer – wie in Yvonnes Fall – zu konstruktiven Ergebnissen kommt, oftmals zerrütten die Rechtsdurchsetzung oder Rechtsstreitigkeiten das Arbeitsverhältnis, wie zum Beispiel in Isabelles Fall. Absurd ist zudem, dass die aktuelle Gesetzeslage nicht zu den Zielen der aktuellen Familienpolitik und zu den Elterngeldregelungen passt. Der vielgepriesene Partnerschaftsbonus in Form von vier Monaten Elterngeld Plus, der Anreize setzen soll, Erwerbs- und Fürsorgearbeit gleichmäßig aufzuteilen, indem beide Elternteile ihre Arbeitszeit reduzieren, läuft ins Leere, wenn Arbeitgeber*innen sich querstellen und Nein zur Teilzeit sagen. Das hat sich auch in Patrizias Fall gezeigt: Aufgrund der Ablehnung der Teilzeit konnte sie den Partnerschaftsbonus nicht beziehen, und ihr Wunsch nach einem gleichberechtigten Familienmodell wurde zunichte gemacht.

Wir können nicht oft genug wiederholen: Der Gesetzgeber sollte zur Vermeidung von Benachteiligungen und zur Förderung gleichberechtigter Familienmodelle die aktuellen Regelungen zur Teilzeitausgestaltung dringend reformieren.

Doch nicht nur die gesetzlichen Regeln müssen sich ändern: Es ist wichtig, dass Arbeitgeber*innen langsam anerkennen, dass Teilzeit oder vollzeitnahe Arbeit mit fairem Verdienst das Wunsch-Arbeitsmodell vieler Eltern ist – denn anders lässt sich, zumindest wenn die Kinder kleiner sind, eine gleichberechtigte Aufteilung von Fürsorge- und Erwerbsarbeit fast nicht umsetzen. Die Zeiten sind vorbei, in denen ein*e Bewerber*in oder ein*e Mitarbeiter*in jedes Arbeitsmodell einfach so abnickt und eine Vollzeittätigkeit das Ziel ist. Das bestätigt die *Trendstudie Vereinbarkeit* aus dem Jahr 2021: 38 Prozent der befragten Männer und 41 Prozent der befragten Frauen sind demnach der Meinung, dass eine wöchentliche Arbeitszeit zwischen 32 und 40 Stunden für die Vereinbarkeit von Familie und Beruf ideal sei.[117]

Teilzeit und flexible Arbeitsmodelle werden über kurz oder lang Alltag in der Arbeitswelt sein. Unternehmen müssen jetzt neue Denkansätze finden und aufkommende Zweifel oder Widerstände beseitigen, um sich eine gute Ausgangsposition im Kampf um die Talente zu verschaffen.

Teilzeit? Genehmigen wir dir gern – aber nur auf dem Abstellgleis

Leider ist es so, dass Teilzeitarbeitende ein schlechtes Image haben. Den Müttern, die in Teilzeit arbeiten, wird häufig nicht sehr viel zugetraut. Wörter wie »Teilzeitmutti« oder »Teilzeitfalle« sind oft negativ besetzt und zeigen die mangelnde Wertschätzung, insbesondere gegenüber Müttern, die nicht in Vollzeit arbeiten. Oder hast du schon einmal das Wort »Teilzeitpapi« gehört? Das kann dazu führen, dass sie bei Beförderungen übergangen werden und weniger Gehalt oder Boni erhalten. Angesichts der immer größer werdenden Bedeutung von Teilzeitarbeit und Jobsharing ist es dringend notwendig, Teilzeitarbeitende vom Stigma der Minderwertigkeit und Minderleistung zu befreien und auch männlich zu besetzen. Nicht umsonst gibt es im Teilzeit- und Befristungsgesetz ein Diskriminierungsverbot von Teilzeitkräften. Das betrifft jedoch nur Teilzeit, die außerhalb der Elternzeit beantragt wird. Eine entsprechende Regelung sollte daher auch unbedingt im Bundeselterngeld- und Elternzeitgesetz eingeführt werden, in dem der Teilzeitanspruch während der Elternzeit geregelt ist.

Auch Reaktionen auf Teilzeitanträge wie: »Sorry, Teilzeit funktioniert nicht bei deinen verantwortungsvollen Aufgaben, wir können es aber so machen, dass du in einer anderen Abteilung in Teilzeit arbeitest. Das wäre dann ein anderer Job und etwas weniger Gehalt«, sollten der Vergangenheit angehören. Die oft an uns herangetragene Praxis, dass ein Antrag auf Teilzeit als Einladung zu einer Degradierung verstanden wird, muss dringend aufhören.

Typische Diskriminierungshandlungen im Zusammenhang mit Teilzeit

- **Ablehnung** zugesagter Teilzeitarbeit
- Ungerechtfertigte **Ablehnung des Teilzeitantrags**
- **Degradierung** durch Zuweisung geringwertiger Tätigkeiten
- Ausübung von Druck, eine **geringere Vergütung** für die Arbeit in Teilzeit zu akzeptieren
- **Herabwürdigung**
- Nichtgewährung von **Aufstiegschancen**
- **Kündigung** mündlich aufgrund eines Teilzeitwunsches

Was sagen die Arbeitgeber*innen dazu?

Es ist nachvollziehbar, dass der Wunsch, in Teilzeit zu arbeiten und vertraglich fixierte Arbeitszeiten zu reduzieren, eine Herausforderung für Arbeitgeber*innen darstellt. Dabei sind vor allem Betriebsgrößen entscheidend, aber auch Verantwortungen und Aufgaben. So macht es natürlich einen Unterschied, ob jemand in einem kundenintensiven Bereich, wie zum Beispiel einer kleinen Bäckerei, von vierzig auf zwanzig Stunden reduzieren und nur von sieben bis zwölf Uhr arbeiten möchte oder ob man bei einem großen

Unternehmen wie SAP tätig ist, bei dem fast alle von zu Hause arbeiten können. Es ist richtig, dass ein*e Arbeitgeber*in die grundsätzliche Möglichkeit haben muss, unter engen Voraussetzungen Teilzeitwünsche abzulehnen. Aber: Dafür braucht es faire, transparente Regelungen, die mit Bedacht und erst nach Prüfung aller vorhandenen Möglichkeiten und vor allem diskriminierungsfrei angewendet werden dürfen.

Wir wollten daher von Arbeitgeber*innen wissen, wie Modelle mit verkürzten Arbeitszeiten gelingen können – nicht nur in großen, sondern vor allem auch in kleinen Unternehmen. Wichtig war uns auch zu fragen, wie Diskriminierungen vermieden werden können und wie man eine teilzeitfreundliche Unternehmenskultur umsetzt.

Dr. Karella Easwaran versteht zum Beispiel überhaupt nicht, warum es so viele Vorbehalte gegenüber Teilzeit gibt: »Ich bin ein großer Fan von Teilzeit, es wundert mich, dass viele Arbeitgeber*innen übersehen, dass gut organisierte Teilzeitbeschäftigung sehr effektiv sein kann und häufig mehr Vor- als Nachteile hat. Solidarität, Respekt und Vertrauen unter den Mitarbeiterinnen werden stärker, die Arbeit wird produktiver, durch gegenseitige Vertretung ist der Arbeitsausfall weniger. Teilzeit entlastet und erlaubt Müttern weniger gestresst zu sein, dadurch kommt automatisch mehr Freude für die Arbeit auf.

Dass Teilzeitmodelle auch in kleinen Unternehmen umsetzbar sind, erklären die Gründerinnen des Unternehmens Babybox, Sissi Rasche und Marina Swart: »Wir sind ein kleines Unternehmen mit zehn Mitarbeiterinnen, alle sind Mütter mit kleinen Kindern, einige sind gerade schwanger. Wenn jemand seine Arbeitszeit in Bezug auf Stunden oder Uhrzeiten verändern will, machen wir das zur Teamsache. Wenn eine Mitarbeiterin reduzieren will, findet sich meistens eine andere, die erhöht. Bisher haben wir durch offene Gespräche immer eine Lösung gefunden.«

Ähnlich wird es auch bei der pme Familienservice GmbH gehandhabt, bei der rund zwei Drittel der insgesamt ungefähr zweitausend Mitarbeiter*innen in Kitas arbeiten. »Jede Mutter, jeder Vater, jede Familienkonstellation ist anders, da gibt es nicht Schema F, das wir über alles drüberstülpen können«, sagt Nils Hofert, Personalleiter. »Wir geben die Verantwortung in die Teams und ganz bewusst nicht nur an einzelne Führungskräfte und wollen, dass dort gemeinsam individuelle Lösungen gefunden werden. So haben wir etwa ein Tool eingeführt, mit dem die Teams ihre Personaleinsatzplanung in den Kitas selbst gestalten und dies nicht nur in der Verantwortung der Kitaleitung liegt. Unsere Leitidee ist, wie kommen wir gemeinsam zum Ziel?«

Auch Yazid Shammout, Gründer der Dana Senioreneinrichtungen GmbH, berichtet, dass die Dienstpläne zusammen mit den Pflegedienstleitungen gestaltet werden. »Natürlich ermögliche ich Müttern, die nach der Babypause zurückkehren, in Teilzeit zu arbeiten. Wir erfüllen fast jeden Wunsch, auch was die Arbeitszeiten angeht. Es ist doch selbstverständlich, dass junge Mütter weniger arbeiten wollen und keine Nachtdienste übernehmen. Im Bereich der Pflege können wir es uns gar nicht leisten, die Wünsche der Mitarbeitenden zu ignorieren. Wir sind auf jede Arbeitskraft angewiesen.«

Bei größeren Unternehmen, in denen Arbeitsaufgaben auf mehrere Köpfe verteilt sind und verschiedene Abteilungen mit weiterreichenden Entwicklungsmöglichkeiten bestehen, ist es natürlich oftmals einfacher.

Aber auch bei den ganz »Kleinen« ist fast alles möglich, wenn man es will: Harald Fortmann, Gründer der Personalberatung five14 GmbH, der nur fünf Mitarbeiter*innen beschäftigt, setzt auf komplette Flexibilität: »Bei uns gibt es keine festen Arbeitszeiten, jeder kann entscheiden, wie viel er arbeitet und wann er Urlaub nimmt.

Es gibt nur eine Pflicht: Wenn ein Kind Geburtstag hat, darf der*die Kolleg*in nicht arbeiten.« Er verrät uns sein Geheimrezept: »Jeweils zwei Mitarbeitende arbeiten für einen Kunden. Wir haben für die Betreuung standardisierte Prozesse und Timelines, die umgesetzt werden müssen. Wer, wann, wie oder wo interessiert mich nicht.« Auf die Nachfrage hin, dass das vielleicht nicht für alle funktioniere, räumt er ein, dass man sich gut organisieren müsse und Spaß am selbstbestimmten Arbeiten haben müsse. »Ob das auch in großen Unternehmen für alle klappt, weiß ich nicht, ich denke aber, dass hier auch Betriebsräte offener sein müssen und mehr Flexibilität und Selbstbestimmung durch Arbeitnehmende möglich machen müssen.«

Wie das Modell Jobsharing, bei Führungskräften auch »Topsharing« oder »Co-Leadership« genannt, auch in Dienstleistungsunternehmen funktionieren kann, berichtet Meike Bukowski, Personalentwicklungsleiterin bei der pme Familienservice GmbH: »Wir haben sehr gute Erfahrung mit Co-Leadership-Modellen gemacht. Eltern, die gern in Teilzeit arbeiten wollen, teilen sich bei diesem Modell einen Job mit einer oder einem Mitarbeiter*in in Altersteilzeit. Diese Variante ermöglicht allen Beteiligten, eine gewisse Zeit parallel zusammen den Job zu tätigen und so einen weichen Übergang zu gestalten.« Dass dies sogar auf höchster Ebene funktionieren kann, zeigt das Unternehmen Edding International GmbH, das einen Vorstandsjob auf zwei Köpfe verteilt hat. So teilen sich Fränzi Kühne und Boontham Temaismithi die Stelle des Chief Digital Officers. Auch die Personalberaterin Yasemin Sancak betont, dass Jobsharing zu einer Art Normalität gemacht werden muss: »Gerade auf Führungsebene ist dies noch immer eine schockierende Seltenheit. Dabei zeigt die Realität, das Führungskräfterollen kaum noch in vierzig Stunden zu bewältigen sind, gerade auf Vorstandsebene ist das nahezu unmöglich. Daher können aus meiner Sicht Unternehmen mehr Mut darin zeigen, diese Stellen leicht bis moderat überzubesetzen. Das ist auch gar nicht so viel teurer.«

Hier werden spannende Trends gesetzt, und es ist davon auszugehen, dass Arbeitgeber*innen sich früher oder später mit Teilzeitmodellen, flexiblen Modellen und Jobsharing intensiv auseinandersetzen und diese umsetzen müssen, um im Kampf um die besten Mitarbeiter*innen nicht abgehängt zu werden. Teilzeitführung und Jobsharing sollten daher schon heute als normal angesehen werden.

Bleibt zuletzt noch die Frage, wie man verhindert, dass Mitarbeiter*innen in Teilzeit abgehängt und aufgrund der Tatsache, dass sie weniger arbeiten, diskriminiert werden. Als wir diese Frage Nina Straßner stellten, landeten wir wieder automatisch beim Thema Jobsharing: »Eltern in Teilzeit werden dann nicht zu Mitarbeiter*innen zweiter Klasse, indem man Teilzeit nicht immer reflexartig mit Müttern erwähnt, sondern ganz offensiv auch Generationen-Leadership oder Co-Leadership fördert.«

Unsere Arbeitgeber*innen-Interviews zeigen, dass es bezüglich flexibler Arbeitszeitmodelle viele verschiedene Möglichkeiten gibt, die beantragt, gewünscht, angeboten, durchgesetzt und vereinbart werden können. Um Konflikte, Rechtsstreitigkeiten und Kündigungen zu vermeiden, ist es vor allem wichtig, über die jeweiligen Bedürfnisse auf Augenhöhe zu sprechen, offen zu sein, gemeinsam Lösungen zu finden und vielleicht auch den Mut zu haben, unkonventionelle Wege zu gehen. Und: Wer zweifelt, ob das alles so klappt, könnte dies erst einmal auf Probe einführen.

Agenda für Arbeitgeber*innen und Führungskräfte

- Ausloten von **Teilzeitmodellen** im Unternehmen
- Aufgeschlossenheit gegenüber **Jobsharing, Topsharing** Co-Leadership und Generationen-Leadership

- **Kommunikation auf Augenhöhe** bei Teilzeitwünschen
- Vereinbarung einer **Teilzeit auf Probe** bei Zweifeln

Notizzettel für Eltern

> - *Sprecht das Thema Teilzeit bei eurem*eurer Arbeitgeber*in an, am besten mit einem **Plan** in der Tasche*
> - *Bindet eure Kolleg*innen ein und fragt diese, ob sie **Jobsharing** offen gegenüberstehen*
> - *Bittet darum, eine **Teilzeit auf Probe** zu vereinbaren*
> - *Wehrt euch gegen grundlose Ablehnung, Schlechterstellungen und **Diskriminierungen** aufgrund eurer Teilzeittätigkeit*
> - *Tut euch zusammen und unterstützt euch gegenseitig, wenn ihr eure Wunsch-Arbeitszeiten nicht leben könnt, weil keine ausreichende Kinderbetreuung vorhanden ist*

Diskriminierungen im Zusammenhang mit befristeten Verträgen

FALL 23: Unterlassene Entfristung aufgrund einer Schwangerschaft

Lara, ein Kind, Abteilungsleiterin, Stadtverwaltung, öffentlicher Dienst

Ich arbeite seit etwas über einem Jahr als Abteilungsleiterin mit stets positivem Feedback und außerordentlicher Leistungsbeurteilung. Mein Vertrag ist auf zwei Jahre befristet. Trotzdem erhielt ich lange vor Ablauf meines befristeten Arbeitsvertrags die mündliche Zusage einer Entfristung, worüber ich mich sehr freute. Der Amtsleiter beantragte die Entfristung offiziell, und auch der Personalrat stimmte zu.

Kurz danach wurde ich schwanger. Ich informierte meine Vorgesetzten im Glauben, dass die Entfristung in trockenen Tüchern sei. Als ich nachfragte, wann ich mit dieser rechnen könne, wurde ich vom Personalamt vertröstet.

Kurz darauf erhielt ich die positive Rückmeldung in einem persönlichen Gespräch mit der höchsten Ebene, dass meine Entfristung bereits unterschrieben sei. Ich wartete vertrauensvoll auf den Vertrag und erstellte mit der Amtsleitung eine Vertretungslösung für meine zukünftige Abwesenheit. Kurze Zeit später wurde ein ärztliches Beschäftigungsverbot ausgesprochen. Mein Vertrag war immer noch nicht da. Als ich erneut die Entfristung ansprach, erfuhr ich, dass die Personalleitung damit nicht einverstanden war. Ich bin aus allen Wolken gefallen, als es hieß, dass ich eine Entfristung bekommen könne, allerdings nur dann, wenn ich die Abteilungsleitung aufgeben und eine niedrigere Position annehmen würde. Dies war für mich nach all der Leistung, die ich an den Tag gelegt hatte, der pure Hohn. Ich lehnte ab und beharrte erneut und mehrfach auf der Zusendung der zugesagten Entfristung. Ich wartete und wartete, irgendwann hieß es, man wolle erst mal die Geburt meines Kindes abwarten. Inzwischen habe ich mein Kind entbunden und musste meine Elternzeit mit meinem Mann so aufteilen, dass ich die meiste Elternzeit nehme, weil nicht sicher ist, ob ich bald überhaupt noch eine Stelle habe. Eigentlich war geplant, dass wir die Zeit 50:50 aufteilen, und es ärgert mich sehr, dass meinem Mann durch diese Farce seine längere Elternzeit verwehrt bleibt. Auch nachdem ich mit Hilfe einer Anwältin ein offizielles Schreiben an die Stadtverwaltung versandt hatte, erhielt ich keine Antwort. Erst nach der Geburt, einen Tag nach Anmeldung meiner Elternzeit, wurde mir der Vertrag zugesandt.

FALL 24: Entfristung und Mobbing

Elisabeth, zwei Kinder, Onlinemarketing-Managerin,
500 Mitarbeiter*innen

Als ich nach der Geburt meines Kindes wieder in den Job einstieg, hatte ich einen befristeten Vertrag und noch ein knappes halbes Jahr bis zum Vertragsende. In einem Gespräch zum Wiedereinstieg signalisierte ich meinem Arbeitgeber ganz klar, dass ich mir eine Entfristung des Vertrages wünsche. Schließlich war ich bereits vor knapp fünf Jahren erst als Werkstudentin und dann später als angestellte Mitarbeiterin für das Unternehmen tätig gewesen und in meinem Team hoch angesehen. Zum Zeitpunkt des Gespräches war ich in der zehnten Woche schwanger, also vor der berühmten zwölften Woche. Ich wollte es noch nicht der Familie und schon gar nicht dem Arbeitgeber sagen.

Die Reaktion meines Chefs, als ich die Entfristung ansprach, machte mich sprachlos. Nach einem kurzen, konstruktiven Austausch legte er plötzlich los: »Ich weiß, ich darf Sie das nicht fragen, aber wie sieht Ihre weitere Familienplanung aus? Sie haben ein junges Kind und sind selbst noch jung. Sie kaufen sich ein Haus, Sie vergrößern also Ihren Lebensraum. Da liegt es nahe, dass Sie Ihre Familie vielleicht auch in Zukunft vergrößern wollen.«

Ich war völlig fassungslos und wütend. Ich hatte mich ihm vorgestellt, ihm soeben meinen professionellen Lebenslauf, meine Qualitäten als Arbeitnehmerin im Onlinemarketing und meine Loyalität zum Unternehmen dargelegt, und das, was er sich herauspickt, ist mein knapp einjähriges Dasein als Mutter. Wenn dies irgendein anderes Bewerbungsgespräch gewesen wäre, wäre ich aufgestanden und gegangen, aber ich war angewiesen auf diesen entfristeten Arbeitsvertrag. Mein Mann und ich wollten uns ein Haus kaufen, und für die Finanzierung benötigte ich einen unbefristeten Vertrag.

Ich atmete also tief durch und entgegnete ihm: »So gern ich auch plane, aber wann man Kinder bekommt, kann man nicht direkt steuern. Wenn es dazu kommen sollte, dass dieses Thema aktuell wird, dann bin ich bereit, auch Modelle wie Teilzeit in Elternzeit anzubieten.«

Nach einigem Hin und Her bekam ich dann auch tatsächlich die Entfristung. Einige Wochen später offenbarte ich meinem Arbeitgeber, dass ich erneut schwanger sei. Mein Chef explodierte förmlich. Es fielen Aussagen wie: »Sie haben mich vorsätzlich belogen. Die Vertrauensbasis ist zerstört. Ich habe Sie vor ein paar Wochen noch gefragt, wie Ihre Familienplanung aussieht, und jetzt sagen Sie mir genau so was. Ich bin nicht enttäuscht, ich bin erschüttert.«

Ich bot an, Teilzeit in Elternzeit zu arbeiten, dies wurde aber sofort abgelehnt: »Wir brauchen mehr Kontinuität in Ihrem Aufgabenbereich. Deswegen müssen wir leider auf Ihre Dienste verzichten.«

Fazit: Ich habe nun einen unbefristeten Vertrag, die Stimmung ist nicht schön, und ich weiß nicht, was mich erwartet, wenn die jetzige Elternzeit vorbei ist. Ich komme mir vor wie eine Betrügerin, obwohl ich nichts Falsches gemacht habe. Wie soll ich in dem Unternehmen wieder arbeiten? Und wenn ich einen anderen Job suchen würde, wie soll ich jemals ein gutes Zeugnis bekommen? Ich habe Angst davor, eine Kündigung auf dem Tisch liegen zu haben, wenn ich wieder einsteige. Hinzu kommt die Wut über das Geschehene und über die gestohlenen Momente, da ich die Schwangerschaft und zum Teil die Ankunft meines kleinen Kindes durch diese Unsicherheit nicht genießen konnte.

Fall 25: Nichtverlängerung eines Arbeitsvertrags aufgrund einer Mutter-Kind-Kur

Marie, ein Kind, kaufmännische Angestellte, Textilwirtschaft/ Industrie, 300 Mitarbeiter*innen

Ich habe ein Kind und bin alleinerziehend. Während meiner Ausbildung zur kaufmännischen Angestellten in einem mittelständischen Industrieunternehmen wurde ich schwanger. Es war überhaupt kein Problem, die Ausbildung für ein Jahr Elternzeit zu unterbrechen und nach meiner Rückkehr zu beenden. Danach wurde ich sogar von der gleichen Firma übernommen, erst mal befristet.

Ich bin sehr jung und ungeplant Mutter geworden, und es hat mich sehr viel Kraft gekostet, in die Rolle einer alleinerziehenden Mutter hineinzuwachsen. Die ständigen Betreuungsprobleme während Corona, geschlossene Kitas und jeden Morgen hoffen, dass mein Kind in die Kita und ich zur Arbeit kann – all das hat auch viel zu meiner tiefen Erschöpfung beigetragen, sodass ich immer stärkere gesundheitliche Probleme hatte. Als Alleinerziehende muss ich ganz besonders auf meine Gesundheit achten, damit alles zu Hause funktioniert und ich meinem Kind gerecht werden kann. Ich entschied mich daher während der Pandemie, eine Mutter-Kind-Kur für 15 Tage zu beantragen. Niemals hätte ich gedacht, dass mein Antrag dazu führt, dass mein befristeter Vertrag nicht verlängert wird.

Meiner direkten Chefin hatte ich schon frühzeitig von der Mutter-Kind-Kur berichtet, sie reagierte verständnisvoll. Ich reichte den Antrag dann bei der Personalabteilung ein. Einen Monat später fand ein Personalgespräch mit der Geschäftsführung und der Personalchefin statt, in dem es eigentlich um die Verlängerung meines befristeten Vertrages gehen sollte. Ich war fassungslos und wütend, als völlig unerwartet ein riesiges Fass aufgrund der Mutter-Kind-Kur aufgemacht wurde.

Der Geschäftsführer äußerte, dass man Eltern ja immer nach der Elternzeitrückkehr unterstützen würde, obwohl diese dann ein großes Ausfallrisiko mitbringen. Aber 30 Tage normaler Urlaub plus 15 Tage Mutter-Kind-Kur wären ja zusammen 45 Tage Urlaub im Jahr. Wenn das jedes Jahr so wäre – wo würde man denn da hinkommen? Man sei irritiert gewesen, dass ich einfach die Kurbescheinigung eingereicht hätte, ohne vorher über »Lösungen« zu sprechen. Er hätte es besser gefunden, sieben Tage normalen Urlaub zu nehmen, plus acht Tage Sonderurlaub. Warum ich denn überhaupt in Kur gehen müsse, wollte er auch wissen. Ich empfand es als sehr unangenehm und ungerecht, mich für meine Kur rechtfertigen zu müssen. Schließlich hatte ich ja nichts Verbotenes getan. Als ich von meiner Situation als Alleinerziehende berichtete, entgegnete die Personalchefin, selbst Mutter: »Andere Mütter stehen auch unter einer Doppelbelastung und beantragen noch lange nicht eine Kur.« Das hat mich sehr verletzt.

Schließlich beendete der Geschäftsführer das Gespräch mit den Worten: »Nach der Einreichung des Kurantrags bereitet es mir Bauchschmerzen, Ihren Vertrag zu verlängern. Wir werden diesbezüglich dann noch einmal auf Sie zukommen.«

Mir war nach dem Gespräch klar, dass ich in dem Unternehmen keine Perspektive mehr hatte. Meine Vorgesetzte, die leider machtlos war und weiter zu mir hielt, bestätigte mir wenig später, dass sie gehört habe, dass mein Vertrag nicht verlängert werden solle. Sie riet mir hinter vorgehaltener Hand: »Such dir schnell einen neuen Job und kündige lieber, bevor dir gekündigt wird.«

Genau das tat ich auch. Ich kündigte und suchte mir einen neuen Job. Als ich der Personalchefin meine Kündigung überreichte, kommentierte diese: »Gut, dass du dich nach einem neuen Job umschaust, wir hätten deinen Vertrag sowieso nicht verlängert.« Das Gespräch dauerte gerade mal drei Minuten.

Rückblickend bin ich einfach nur schockiert und enttäuscht über das Verhalten des Geschäftsführers und der Personalchefin, die selbst Mutter ist. Arbeitgeber haben doch auch ein Interesse daran, dass es Arbeitnehmern gut geht. Ich hätte mich gefreut, wenn man mich ehrlich gefragt hätte, wie man mich unterstützen kann – stattdessen musste ich mich für die Kur rechtfertigen, obwohl die Kosten dafür ja dem Arbeitgeber von der Krankenkasse erstattet werden. Und: Ich war ja nicht monatelang weg, sondern nur zwei Wochen! Sicherlich hätte ich die Geschäftsführung und die Personalleiterin früher einbinden können, es kam aber auch hinzu, dass ein Gesprächstermin erst sehr spät zustande kam, weil er seitens der Geschäftsführung immer wieder verschoben wurde.

Mir war damals schon bewusst, dass das Verhalten nicht rechtens war, aber einem Rechtsstreit und der damit verbundenen neuen Konfrontation mit meinem Arbeitgeber fühlte ich mich nicht gewachsen. Wenn ich gewusst hätte, dass man für so ein Verhalten Schadensersatz erhalten kann, hätte ich geklagt. Ich wollte einfach nur noch weg und mich nicht weiter einschüchtern lassen und mich nicht mit negativen Dingen abgeben, die auch meine Familie belasten. Mein Job ist auswechselbar, meine Familie nicht.

Fall 26: Weigerung, einen Vertrag zu entfristen
Doreen, zwei Kinder, Mitarbeiterin Ambulanz/Klinik, 150 Mitarbeiter*innen

Ich arbeitete damals als Mitarbeiterin einer Ambulanz. Dort war ich für Verwaltungsaufgaben und die gynäkologische Stuhlassistenz zuständig. Als ich mit meinem Sohn schwanger wurde, verbot mir der Betriebsarzt bestimmte Tätigkeiten. Meiner Chefin hat das natürlich gar nicht gepasst, da die Personalsituation angespannt war. Die ganze Schwangerschaft über musste ich mir nahezu täglich anhören: »Du bist schuld, dass wir jetzt so viel zu tun haben. Nur weil du schwanger bist, müssen wir deine Arbeit übernehmen.«

Ich fühlte mich furchtbar, für meine Familie war ich kaum noch zu ertragen, weil ich mir diese Vorwürfe so zu Herzen genommen habe und angefangen habe, mir selbst die »Schuld« für die Personalsituation zu geben. Es ging so weit, dass ich aufgrund des permanenten Druckes und der Vorwürfe gesundheitliche Probleme bekam und vier Wochen arbeitsunfähig war. Des Weiteren hatte ich einen befristeten Vertrag, dessen Befristung aber nicht rechtens war, da ich vor der Befristung bereits einen unbefristeten Minijobvertrag in der Klinik hatte. In dem befristeten Vertrag gab es keinen Sachgrund, der die Befristung gerechtfertigt hätte, und ich habe bereits vor meiner Unterschrift explizit nach einem Sachgrund gefragt. Ich habe in meiner Schwangerschaft mehrfach um Aufhebung der Befristung gebeten, aber mein Arbeitgeber weigerte sich strikt, den Vertrag zu entfristen. Er teilte mir mehrfach mit, dass er ihn in der Elternzeit auslaufen lassen wolle, aber ich hätte mich natürlich erneut bewerben können, wenn das Kind in der Kita ist. Es blieb mir also nur der Weg der Klage, um nach der Elternzeit nicht arbeitslos zu sein. Es kam nur zu einer Güteverhandlung, bei der der Anwalt der Klinik behauptete, ICH hätte die Befristung gewollt. Diese Behauptung konnte ich jederzeit durch E-Mails, die mir von der Geschäftsführung geschrieben worden waren, widerlegen. Nachdem die Klinik vom Gericht aufgefordert wurde, die Gründe für die Befristung schriftlich darzulegen, bot sie mir einen entfristeten Arbeitsvertrag an. Ich habe das Angebot angenommen und habe nach der Elternzeit angefangen, mich zu bewerben. Ein Jahr nach Beendigung meiner Elternzeit habe ich eine neue Ausbildung begonnen und die komplette Branche gewechselt. Wegen Diskriminierung klagte ich nicht, ich wollte damit nur noch abschließen und wusste auch gar nichts von dieser Möglichkeit.

Als ich ein Jahr nach Beendigung meiner Elternzeit gekündigt habe, hat mich die stellvertretende Geschäftsführerin nach meinen Kündigungsgründen gefragt. Als ich antwortete, dass ich bei meiner neuen Stelle mehr verdienen werde, auch perspektivisch, war ihre einzige Frage, ob ich denn alleinerziehend wäre, sinngemäß also, dass es ja nur gerechtfertigt sei, mehr Geld zu verlangen, wenn ich keinen Partner hätte.

Eine Vertragsverlängerung während der Schwangerschaft oder Elternzeit? Machen wir nicht.

Neben Kündigungen oder Aufhebungsverträgen nach der Elternzeit gibt es einen weiteren Grund, warum Mütter – und auch Väter, wie wir noch sehen werden – von einem Tag auf den anderen plötzlich ohne Job dastehen: das Ende eines befristet abgeschlossenen Arbeitsvertrags. Das ist grundsätzlich erst einmal ganz legal, denn nach unserem Teilzeit- und Befristungsgesetz ist es möglich, Arbeitsverträge ohne Sachgrund bis zu zwei Jahre zu befristen. Unter bestimmten Voraussetzungen geht das sogar noch länger. § 14 des »Teilzeit- und Befristungsgesetzes« (TzBfG) regelt einen abschließenden Katalog von »erlaubten Gründen« für eine Befristung: vorübergehender Bedarf an Arbeitsleistung, Tätigkeit im Anschluss an eine Ausbildung, Beschäftigung zur Vertretung – nur um einige der gesetzlich geregelten Ausnahmetatbestände zu nennen.

Im wahren Leben existiert allerdings noch ein weiterer versteckter Befristungsgrund, der zur Beendigung eines Arbeitsvertrags führt. Dieser Grund, der wie eine gut versteckte Mausefalle lauert und zuschnappt, wenn es so weit ist, nennt sich: »Eltern-Alarm – droht hier etwa eine Schwangerschaft oder gar mehrmonatige Elternzeit?«. Er verleitet Arbeitgeber*innen dazu – trotz ursprünglich gegenteiliger Absichten –, Arbeitsverträge nicht zu verlängern oder zu entfristen, was diskriminierend ist. Es soll sogar Arbeitgeber*innen geben, die eine Beendigung durch Entfristung im Schwangerschaftsfall bewusst instrumentalisieren. Christin Herken, Rechtsanwältin und Fachanwältin für Arbeitsrecht und spezialisiert auf Rechte für Eltern, berichtete uns von der sogenannten »Probezeit-Schwangerschaftsbremse«:

»Mir ist ein Pharmaunternehmen bekannt, in dem anstelle der üblichen Probezeit alle neuen Arbeitsverträge mit einer generellen ›Probezeitbefristung‹ von sechs Monaten versehen werden. Das bedeutet, dass der Vertrag für den*die neu einzustellende*n Mitarbeiter*in auf sechs Monate befristet wird. Normalerweise arbeitet der*die Arbeitnehmer*in allerdings einfach stillschweigend im siebten Monat weiter und damit ist der Vertrag unbefristet. Es sei denn – Überraschung – die Arbeitnehmerin wird vor Ablauf der Probezeit schwanger. In diesem Fall kann der*die Arbeitgeber*in ihr mitteilen, dass ihre Befristung leider doch nach sechs Monaten ausläuft und nicht verlängert wird. Anders als bei normalen Probezeiten befindet sich die Arbeitnehmerin zwar im Sonderkündigungsschutz, allerdings nur bis zum Ende der Probezeitbefristung. Die Befristung nach sechs Monaten läuft erst einmal planmäßig aus. Es ist also gar keine Kündigung erforderlich, um die Arbeitnehmerin zu diskriminieren. Dieses Vorgehen ist auf den ersten Blick meist nicht als diskriminierend erkennbar und daher sehr nachteilig für Schwangere.«

Die ADS-Studie hat gezeigt, dass die Verträge von 26 Prozent der befragten Mütter und 15 Prozent der befragten Väter innerhalb der letzten sechs Jahre befristet waren – und es zum Teil immer noch sind. Von diesen Befragten gaben 48 Prozent der Mütter und 15 Prozent der Väter an, dass ihr Vertrag in diesem Zeitraum nicht verlängert oder entfristet wurde.[118] Man muss diese Zahlen gleich noch einmal lesen, so ungeheuerlich sind sie: Fast die Hälfte aller befristeten Arbeitsverträge von Müttern werden nicht verlängert! Hinzu kommt, dass der Zusammenhang zwischen befristeten Arbeitsverhältnissen und Diskriminierungen erschreckend ist: Nach der Studie der ADS haben sich 57 Prozent der Mütter und 64 Prozent der Väter mit einem befristeten Arbeitsvertrag diskriminiert gefühlt.[119] Befristet eingestellte Eltern sind somit überdurchschnittlich häufig von Diskriminierungen bedroht.

Unseren Fallgeschichten lässt sich entnehmen, dass es vor allem zwei sensible Punkte gibt: Das stille Auslaufenlassen eines befristeten Vertrages aufgrund einer Schwangerschaft oder Elternzeit sowie diskriminierende Reaktionen, nachdem man kurz nach einer Befristung oder Entfristung eine Schwangerschaft offenbart.

Verlängerung oder Entfristung? Was interessiert mich mein Geschwätz von gestern.

Uns wurde oft geschildert, dass die Verlängerung eines befristeten Vertrages oder eine Entfristung – also die Umwandlung eines befristeten Arbeitsvertrages in einen unbefristeten, wie auch im Fall von Lara – trotz entsprechender Zusagen erst mal aufs Eis gelegt wurde. Viele Arbeitgeber*innen sehen es nicht ein, befristete Verträge zu verlängern, wenn diese während einer Schwangerschaft oder während der Elternzeit auslaufen. Wie selbstverständlich gehen sie davon aus, dass man weg vom Fenster ist, kein Interesse mehr an der Arbeit hat, sowieso nicht mehr wiederkommt oder wie im Fall von

Marie, deren »Ausfallrisiko« aufgrund weiterer möglicher Mutter-Kind-Kuren zu groß sei. »Gern kannst du dich nach der Elternzeit wieder bewerben.« Dieser Satz wurde nicht nur von Doreen, sondern mehrfach von Müttern an uns herangetragen. Das selbstverständlich stillschweigende »Auslaufenlassen« befristeter Arbeitsverträge zeigt besonders anschaulich, wie fatal es sein kann, wenn arbeitgeberseitiges Verhalten von festgefahrenen Rollenvorstellungen bestimmt ist. Das Narrativ »Du bist schwanger, du bist nicht mehr leistungsfähig und -willig, du fällst länger aus und gehst als Mutter danach ja sowieso ein Jahr in Elternzeit, weil du das Kind betreust« führt im Fall befristeter Arbeitsverträge direkt in die Arbeitslosigkeit. Genauso gut könnte es doch aber sein, dass eine gute Mitarbeiterin nach der gesetzlichen Mutterschutzfrist wieder arbeiten geht und ihr Partner Elternzeit anmeldet und das Kind betreut? Oder dass sie nur ein bis zwei Monate in Elternzeit geht und dann wieder kommen möchte? Nein, wer befristet arbeitet und schwanger wird oder in Elternzeit geht, ist raus. Auf Nimmerwiedersehen!

Mütter und Väter sind in diesen Situationen im Vergleich zu Kündigungen oder Aufhebungsverträgen nahezu machtlos: Da es im Falle einer Schwangerschaft oder Elternzeit keine gesetzlich vorgesehene Verlängerung oder einen »Beendigungsschutz« gibt, ist die automatische Folge, dass das Arbeitsverhältnis mit Zeitablauf oder Projektbeendigung endet – genau in einer Lebensphase, in der wirtschaftliche Stabilität besonders wichtig ist und es sehr viel schwieriger ist, sich zu bewerben. Der schützende Kokon, bestehend aus regelmäßigen Gehaltszahlungen während der Schwangerschaft, Ersatzleistungen aus dem Mutterschutzgesetz, Sonderkündigungsschutz und Schutzvorschriften aus dem Mutterschutzgesetz, platzt am letzten Tag der Beschäftigung. Gehalt wird zu Arbeitslosengeld, und auch bei den Mutterschutzleistungen drohen Einschnitte. Sofern der Arbeitsvertrag aufgrund der Befristung während der Mutterschutzfrist endet, wird beispielsweise kein Arbeitgeberzuschuss mehr gezahlt. Stattdessen erfolgt eine Neuberechnung des Mutterschaftsgeldes nach den Vorgaben, die für Krankengeld gelten.

Wichtig ist auch die ungleiche Interessenlage beim Abschluss befristeter Verträge: Diese erfolgen fast immer auf Initiative und im Interesse von Arbeitgeber*innen. Für Arbeitnehmer*innen sind sie ein Unsicherheitsfaktor, manchmal sogar ein Lebensplanungskiller, da der regelmäßige Gehaltseingang auf dem Konto zeitlich begrenzt ist. Das kann wichtige Lebensschritte, Investitionen und Familienwünsche ausbremsen. So stehen Eltern mit befristeten Arbeitsverträgen nicht gerade ganz oben auf der Beliebtheitsskala von Vermieter*innen oder bei Kreditinstituten. Dass Mütter und Väter besonders stark von Diskriminierungen bedroht sind, wenn sie in einem befristeten Arbeitsverhältnis stehen, ist hochgradig unsozial – gerade sie benötigen Planungssicherheit.

Oft kommen zwar Klagen auf Entfristung beziehungsweise wegen Diskriminierung in Betracht, diese sind jedoch nur in seltenen Fällen aussichtsreich – vermutlich aufgrund der Beweislage: Mütter und Väter müssen beweisen, dass sie ohne Eintritt einer Schwangerschaft oder Elternzeit weiter beschäftigt worden wären oder dass beispielsweise die Verträge aller anderen Mitarbeiter*innen verlängert werden, nur eben der Vertrag einer Mutter oder eines Vaters nicht. Sollte vor der Schwangerschaft eine Verlängerung oder Entfristung in Aussicht gestellt worden sein, ist diese nur selten beweisbar, da sie, wie uns oft geschildert wurde, meistens nur mündlich erfolgt. Und: Viele Arbeitgeber*innen werden eine Nichtverlängerung oder Nichtentfristung mit betriebsbedingten Gründen erklären und es tunlichst vermeiden, dabei eine Schwangerschaft oder Elternzeit in den Mund zu nehmen. Sinnvoll wäre es daher, einen stärkeren gesetzlichen Schutz zu regeln – dahingehend, dass sich ein befristeter Arbeitsvertrag zumindest im Falle einer Schwangerschaft bis zum nachgeburtlichen Mutterschutz verlängert. Diese Regelung würde Gehaltseinbußen und Verringerungen des Mutterschaftsgeldes sowie des Elterngeldes vermeiden.

Schwanger, im Ernst? Sie haben mich vorsätzlich belogen!

Bereits im Schwangerschaftskapitel hatten wir beschrieben, dass der Zeitpunkt der Offenbarung der Schwangerschaft besonders sensibel ist. Ganz besonders brisant wird es, wenn einige Wochen vorher ein befristeter Arbeitsvertrag entfristet wurde – so wie im Fall von Elisabeth. Dass ein*e Arbeitgeber*in darüber nicht amüsiert ist, ist nachvollziehbar. Nachvollziehbar ist aber vor allem auch, dass Elisabeth die Information zu ihrer Schwangerschaft zurückgehalten hat, denn sonst hätte sie ihr Haus nicht finanzieren können. Bei diesen Fällen ist typisch, dass eine Mutter immer verliert – egal für welchen Weg sie sich entscheidet: »Entweder sage ich meinem Chef, dass ich schwanger bin, dann wird er keine Entfristung mehr unterschreiben, und ich werde während der Schwangerschaft arbeitslos. Oder ich sage es nicht, unterschreibe, bin erst mal während der Schwangerschaft abgesichert und nehme dafür eine Zerrüttung in Kauf, wenn er von meiner Schwangerschaft erfährt.« Wie sich Mütter bei der Auswahl »schwanger plus arbeitslos« oder »schwanger plus Arbeit plus schlecht gelaunter Arbeitgeber« entscheiden, liegt auf der Hand. Es ist menschlich nachvollziehbar und darf ihnen nicht zum Vorwurf gemacht werden.

Harte Reaktionen und Betrugsvorwürfe führen zu einem sofortigen Vertrauensverlust, der das Arbeitsverhältnis nachhaltig zerrüttet. Besonders erschreckt hat uns, wie viele Frauen von Mobbing berichtet haben, von verbalen Attacken oder schlechten Zeugnissen, wie im Fall von Elisabeth. Eltern müssen sich vorwerfen lassen, vorsätzlich zu lügen, nicht im Sinne des Unternehmens zu denken und überhaupt verantwortungslos zu sein. Am Ende sind die Unternehmen die Verlierer, denn sie verlieren eine*n wertvolle*n Mitarbeiter*in.

Typische Diskriminierungshandlungen im Zusammenhang mit Befristungen

- Nichtverlängerung oder Nichtentfristung befristeter Verträge aufgrund einer Schwangerschaft/Elternzeit, mit vorheriger Zusage einer Verlängerung
- Schlechterbehandlungen, Mobbing, abwertende Bemerkungen, wenn eine Schwangerschaft bereits bei Unterzeichnung einer Verlängerung oder Entfristung bestand und diese erst danach offenbart wurde oder wenn eine Schwangerschaft kurz nach Unterzeichnung einer Verlängerung oder Entfristung eintritt

Was sagen Arbeitgeber*innen dazu?

Aus Sicht der Arbeitgeber*innen ist fairerweise zunächst klarzustellen, dass es gute Gründe für die Vereinbarung befristeter Arbeitsverträge geben kann. Nicht umsonst sind sie – wenn auch in engen Grenzen – legal. Zum Beispiel dann, wenn nur Arbeitsbedarf für ein zeitlich begrenztes Projekt besteht, Arbeitsplätze nur befristet finanziert werden, wie zum Beispiel im Zusammenhang mit dem Wissenschaftszeitgesetz, oder eine Stelle nur vorübergehend vakant ist, zum Beispiel durch eine Elternzeit. In diesem Fall kann es sogar sinnvoll sein, befristet einzustellen, denn dadurch signalisiert ein*e Arbeitgeber*in der sich in Elternzeit befindlichen Mutter: Deine Stelle wird nur so lang mit einer Vertretung besetzt, bis du wiederkommst.

Uns hat besonders interessiert, ob unsere familienfreundlichen Arbeitgeber*innen überhaupt befristete Arbeitsverträge abschließen und wenn ja, warum. Außerdem wollten wir wissen, was im

Falle einer Schwangerschaft oder Elternzeit mit diesen Verträgen passiert.

Michael Martens, Gründer von Fairlanguage, berichtet uns, dass er alle Mitarbeiter*innen generell erst einmal zwei Jahre befristet einstellt: »So haben wir noch einmal einen Checkpoint nach zwei Jahren, falls sich das Unternehmen nicht so positiv entwickelt wie erwartet oder die Interessen doch unterschiedlich sind. Vieles können wir als junges Unternehmen noch nicht absehen. Wir haben das transparent gemacht. Für alle, die wir bis jetzt einstellen wollten und eingestellt haben, war das okay.«

Beeindruckt hat uns, dass einige Arbeitgeber*innen, mit denen wir gesprochen haben, trotz bestehender Möglichkeiten den Abschluss befristeter Verträge in ihren Unternehmen generell ausschließen. Waldemar Zeiler berichtete uns: »Wir schließen bei Einhorn aus Prinzip keine befristeten Arbeitsverträge ab. Ein befristeter Vertrag schwebt die ganze Zeit wie eine Guillotine über Mitarbeiter*innen. Unbefristete Verträge nehmen Druck weg und stärken das Vertrauen.«

Aber wie gelingt es, Fälle zu lösen, bei denen die Interessen von Eltern und Arbeitgeber*innen mit Wucht aufeinanderprallen? Wir haben unseren Arbeitgeber*innen daher von Elisabeths Fall berichtet und wollten wissen, wie sie damit umgehen, wenn ein*e Arbeitnehmer*in während einer Befristung schwanger wird oder in Elternzeit geht. Ulrike Hering, Leiterin HR Business bei DATEV eG, versichert: »Wir entfristen nach vorheriger Zusage immer, auch wenn währenddessen eine Schwangerschaft eintreten sollte, das ist für uns eine Frage der Verantwortung und Verlässlichkeit.«

Auch Harald Fortmann versteht nicht, warum man einen befristeten Arbeitsvertrag während der Schwangerschaft oder Elternzeit auslaufen lassen sollte. »Es ist doch absolut hirnrissig, eine

Person, mit der man wunderbar zusammengearbeitet hat, nicht zu halten, insbesondere dann, wenn man gar nichts für sie zahlt. Viel wichtiger ist doch, sich bewusst zu machen, dass man einen loyalen, an das Unternehmen gebundenen und vor allem glücklichen Arbeitnehmenden gewonnen hat.«

Auch Michael Martens beteuert: »Es ist doch super, Mitarbeiter*innen zu halten, auch wenn diese erst mal pausieren. Im Idealfall will man doch wachsen, dann ist man doch froh, gleich eine neue Person mit Erfahrung zu haben.«

Wir stellen nach Auswertung der Arbeitgeber*innenstimmen fest, dass Arbeitgeber*innen selbst in einer vermeintlichen »Geht-gar-nicht-Situation« auch als Gewinner dastehen können, wenn sie Offenheit und Entgegenkommen für die Bedürfnisse zeigen. Unsere familienfreundlichen Arbeitgeber*innen haben gezeigt, dass es sich lohnt, Tabus aufzubrechen und zu einer Win-win-Situation umzuwandeln – wie etwa durch die Verlängerung eines befristeten Vertrages, der eigentlich während der Schwangerschaft enden sollte.

Agenda für Arbeitgeber*innen und Führungskräfte

- **Sorgsamer Umgang mit befristeten Arbeitsverträgen:** Überprüfung, ob der Abschluss befristeter Arbeitsverträge wirklich erforderlich ist
- **Empathischer Blick** auf Eltern im Zusammenhang mit der Beendigung befristeter Verträge während der Schwangerschaft und der Elternzeit
- **Langfristige Planung:** Ist es nicht sinnvoller und auch weniger kostenintensiv, langfristig eine*n gute*n Mitarbeiter*in zu behalten?
- Bereitschaft zu konstruktiven Lösungen auf Augenhöhe

Notizzettel für Eltern

- *Die Verlängerung eines befristeten Arbeitsvertrags oder dessen Entfristung solltest du möglichst frühzeitig thematisieren, am besten gleich dann, wenn du positives Feedback erhältst und du merkst, dass dein*e Arbeitgeber*in mit deiner Leistung zufrieden ist. Arbeitsverträge können auch schon vor Ablauf einer Befristung verlängert oder entfristet werden!*

- *Sofern Zusagen erfolgen, solltest du dir diese schriftlich bestätigen lassen.*

- *Kommt es doch zu einer Nichtverlängerung deines Arbeitsvertrags, suche zunächst das Gespräch mit deinem*deiner Arbeitgeber*in und versuche, ihn oder sie zu überzeugen, dass eine Schwangerschaft, Elternzeit oder Elternschaft kein Hinderungsgrund für eine Verlängerung oder Entfristung ist.*

- *Wenn das nicht hilft, solltest du in Erwägung ziehen, die Antidiskriminierungsstelle einzubeziehen beziehungsweise eine Diskriminierungsklage einzureichen. Denke daran, etwaige Schadensersatzansprüche innerhalb der zweimonatigen Frist geltend zu machen.*

Diskriminierungen aufgrund der Coronakrise

FALL 27: Kündigung während der Probezeit aufgrund coronabedingter Fehltage

Nele, zwei Kinder, Schulsozialarbeiterin, sozialer Träger, 10 Mitarbeiter*innen

Mir wurde innerhalb der vereinbarten sechsmonatigen Probezeit mitten im zweiten Coronawinter gekündigt. Wie meine Teamleitung ausführte, fiel es ihr sehr schwer, die Entscheidung zu treffen, da »sie mich alle super fanden«, »meine Arbeit ausgezeichnet und sehr professionell war« und »ich gut ins Team gepasst habe«. Nur leider musste ich in den vergangenen Monaten mehrmals mit meinen Kitakindern in Quarantäne, und da in meinem Job der Aufbau konstanter Beziehungen wichtig ist, könnten sie das nicht weitertragen und würden mich fristgerecht in zwei Wochen kündigen.

Ich wurde sofort freigestellt. Ich war absolut fassungslos, weil meine Chefin selbst ganz deutlich gesagt hat, dass es nicht an meiner Persönlichkeit oder meiner Leistung liegt, sondern an den Fehlzeiten wegen der Kinder – es war Pandemie im Winter. Beim Einstellungsgespräch wurde extra betont, wie familienfreundlich der Träger sei und dass es sogar bezahlte Tage gebe, um die Kinder abgesehen von den Kinderkrankentagen kurzfristig betreuen zu können.

Ich hätte mir vorab ein Gespräch darüber gewünscht, dass die Fehlzeiten negativ auffallen und wie die Einschätzung für die Zukunft ist beziehungsweise welche Konsequenzen bei weiterem Fehlen folgen. Mein Partner war zu dem Zeitpunkt in klinischer Behandlung und konnte daher die Betreuung nicht übernehmen, das wusste das Team. Und natürlich war das ein befristeter Zeitraum. Genauso wie zu erwarten war, dass die Quarantäneregeln durch die Kita irgendwann wieder abebben.

Obwohl ich mir im Klaren war, dass Fehlzeiten wegen Kinderbetreuung kein triftiger Kündigungsgrund sind, hatte ich nach der Enttäuschung und dem Gefühl, dass mir mein Team in den Rücken gefallen ist, auch selbst kein Interesse mehr, mit ihnen zu arbeiten, und habe daher keine rechtlichen Schritte eingeleitet.

FALL 28: Kündigung während der Probezeit
Sonja, ein Kind, Minijobberin, Personal/IT Dienstleistung, 150 Mitarbeiter*innen

Ich bin alleinerziehend und habe einen schwerbehinderten Sohn. Er hat Autismus und geht grundsätzlich mit Schulbegleitung in die Grundschule. Eines Morgens musste die Mitbewohnerin der Schulbegleitung in Quarantäne. Das hieß: keine Begleitung für meinen sowieso schon durch die Pandemie verunsicherten Sohn. Ich begleitete meinen Sohn zur Schule. Als wir vor der Tür standen, teilte mir die Sekretärin mit, dass mein Sohn nicht allein ohne Schulbegleitung die Klasse betreten darf, was eigentlich auch nicht in Ordnung war, denn es war ihm auch möglich, ohne Schulbegleitung in die Schule zu gehen.

Ich rief also in der Arbeit an und sagte, dass ich heute nicht kommen könne, bot aber sofort an, stattdessen den Arbeitstag zu tauschen, sobald mein Sohn wieder in die Schule kann. Was dann kam, war ein Schock: Nur zwei Wochen später erhielt ich die Kündigung. Mir wurde unter anderem wegen dieses Vorfalles mangelnde Flexibilität vorgeworfen, und das, obwohl ich im Gegensatz zu anderen Kolleg*innen, die bereits vollständig im Homeoffice waren, weiterhin an meinen beiden Arbeitstagen ins Büro kam. Dazu sei angemerkt, dass mein Sohn an diesen Tagen seine Therapie hatte und ich mir eigentlich gewünscht hatte, an anderen Tagen zu arbeiten. Ich fand das absolut unfair, aber ich war noch in der Probezeit. Was hätte ich machen sollen?

FALL 29: Degradierung und mangelnde Aufstiegschancen aufgrund coronabedingter Fehltage

Juliana, zwei Kinder, Erzieherin, Kita,
20 Mitarbeiter*innen

Ich bin Erzieherin und habe in einem Kindergarten als Gruppenleitung gearbeitet. Meine kleine Tochter ging in die Notbetreuung im Kindergarten, meine große Tochter wollte nicht in die Schulnotbetreuung, weil sie dort von zwei Jungs gemobbt wurde. Ich habe also meine Schwiegermutter mit ins Boot geholt, die meine Tochter im Homeschooling betreut hat. Ich habe mir keinen Tag freigenommen, nur wenn die Kinder wirklich krank waren. Leider häuften sich aber die Probleme im Homeschooling mit der Oma, und ich nahm mir regelmäßig einen Kinderkrankentag, um meine Tochter zu betreuen. Anfangs fand meine Chefin das okay, aber nach dem siebten Kinderkrankentag ermahnte sie mich schon. Sie sagte, dass sie als Gruppenleitung jemanden brauche, der immer zu hundert Prozent da ist. Und es wäre ihr lieber, sie hätte jemanden ohne Kinder eingestellt. Ich versuchte also, so wenig wie möglich zu fehlen, und mir ging es dann selbst an die Substanz. Ich wurde selbst krank und fiel zwei Wochen aus.

Kurz danach teilte sie mir mit, dass sie mir meine Position als Gruppenleitung entziehen wird, weil ich »ständig« bei meinen Kindern daheim bin, und dass ich mir überlegen soll, wo meine Prioritäten liegen. Sie gab die Stelle meiner zehn Jahre jüngeren kinderlosen Kollegin. Ich habe mich an die Vorsitzende der Mitarbeitervertretung gewandt, und diese empfahl mir, mich woanders zu bewerben. Die Vorsitzende war die beste Freundin meiner Chefin. Eine Klage habe ich nicht in Erwägung gezogen, da fast alle Einrichtungen in meiner Gegend mit dem kirchlichen Träger verbunden sind und ich dann wahrscheinlich keine Stelle mehr gefunden hätte.

Ich kündigte und fand eine Anstellung als Zusatzkraft mit Aussicht auf eine Anstellung als Gruppenleitung. Einen Monat nach Arbeitsbeginn erkrankten meine beiden Kinder an Corona, und ich übernahm die Betreuung der Kinder, während mein Mann arbeiten ging. Wir waren beide geboostert und entschieden uns dafür, dass ich mit den Kindern zu Hause bleibe, da mein Mann allein in einem Büro sitzt und keine weiteren Personen gefährdet. Ich dagegen wäre bei Fortsetzung meiner Arbeit im Falle einer Ansteckung ein Risiko für viele Kindergartenkinder, Eltern und mein Team. Meine Chefin lobte diese Entscheidung als sehr rücksichtsvoll und war damit auch einverstanden. Nach der Quarantäne meiner Kinder konnte ich mir aber wieder anhören, dass ich jetzt auf KEINEN Fall mehr mit den Kindern zu Hause bleiben soll und mir im Krankheitsfall meiner Kinder eine andere Betreuung suchen muss oder mein Mann halt mal aufpassen soll. Mein Mann nimmt sich genauso viele Kinderkrankentage wie ich, aber das bekommt auf meiner Arbeit niemand mit.

In den letzten drei Monaten war ich vier Tage mit den Kindern zu Hause, weil beide abwechselnd krank waren. Ich war selbst fünf Tage krank. Meine große Tochter habe ich sogar aus Angst vor der Reaktion in der Arbeit einmal mit Kopfschmerzen allein daheim gelassen, weil ich einfach nicht schon wieder fehlen wollte. Letzte Woche kam meine Chefin zu mir und teilte mir mit, dass ich wahrscheinlich keine Gruppenleitung werde, weil ich ständig wegen den Kindern krank sei und sie jemanden braucht, auf den sie sich immer verlassen kann.

Mich macht das so wütend. Ich komme in meinem Job nie weiter. Ständig werde ich aufs Abstellgleis gestellt und herumgeschubst. Die kinderlosen Mitarbeiter oder die, deren Kinder schon älter sind, werden immer bevorzugt, und ich habe ständig Angst, dass meine Kinder krank werden, weil ich dann wieder daheimbleiben und ich mir dumme Kommentare in der Arbeit anhören muss.

Von den zwanzig pandemiebedingten Kinderkrankentagen pro Jahr pro Kind habe ich mir nur elf genommen. Ich hätte mir also locker noch 29 Tage nehmen können, ohne dass mein Arbeitgeber was hätte sagen können. Das ist das Leid der Mütter, und ich hoffe so sehr, dass sich diese Diskriminierung eines Tages in Luft auflösen wird.

FALL 30: Nichtauszahlung von Corona-Boni aufgrund einer Schwangerschaft und Elternzeit

Silke, ein Kind, Referentin der Geschäftsführung, Verband, 20 Mitarbeiter*innen

Ich befand mich während der Pandemie im Mutterschutz, anschließend in Elternzeit. Zum Jahresende wurde in der Firma allen ein Corona-Bonus in Höhe von knapp tausend Euro ausgezahlt. Mitarbeiterinnen in Elternzeit und Mutterschutz wurden von der Zahlung ausgeschlossen. Keine Mutter erhielt eine Information zu den Zahlungen, ich erfuhr zufällig davon im Gespräch mit einer Kollegin und kontaktierte daraufhin die Personalerin. Sie meinte: »Kein Bonus in Elternzeit.« Auf Nachfrage von mir, dass ich im Mutterschutz gewesen sei und mir Sonderzahlungen zustünden, hieß es, es sei »beschlossen worden, Mitarbeiterinnen in Elternzeit und Mutterschutz keine Corona-Prämie zu zahlen«. Auch wurde mir telefonisch explizit abgeraten, für mein Recht zu kämpfen und »eine Welle« zu machen.

Ich nahm trotzdem Kontakt mit dem Geschäftsführer auf, legte ihm den Fall dar und wies auch auf das Antidiskriminierungsgesetz hin, nachdem ich dazu Infos auf sozialen Netzwerken gelesen hatte. Zwei Wochen später kam die Rückmeldung, man habe beschlossen, den Bonus anteilig auch an Mitarbeiterinnen in Elternzeit und Mutterschutz zu zahlen.

Rückblickend macht mich das Verhalten des Arbeitgebers sehr wütend: Ich hätte mir gewünscht, dass man mich nicht einfach à la »aus den Augen, aus dem Sinn« aufgrund meiner aktuellen Abwesenheit ausschließt. Kaum bin ich Mutter, werde ich nicht bedacht und ausgeschlossen. Das ist ein schmerzender Gedanke und hat mich schockiert. Ich habe während des bonusrelevanten Jahres neun Monate gearbeitet und hätte mich gern wertgeschätzt gefühlt. Ich hätte mir natürlich auch eine andere Reaktion bei meiner Kontaktaufnahme gewünscht. Erst mit der Pistole auf der Brust erhalte ich meinen Anspruch, und das nach einigen Jahren, die ich mit Herzblut für den Verband gearbeitet habe.

Schlimm fand ich auch, dass die Kollegin, die mir die Informationen zur Auszahlung des Bonus gegeben hat, befragt wurde, ob sie wisse, woher ich die Informationen habe und mit wem ich im Kontakt stehe.

Die Ungerechtigkeit hat mich viele schlaflose Nächte und Bauchschmerzen gekostet, da ich Zweifel hatte, ob ich das Richtige tue und mir damit nicht größere Nachteile im Arbeitsverhältnis schaffe. Ich bin stolz, dass ich mich für mein Recht (und das meiner beiden Kolleginnen in Elternzeit) eingesetzt habe und mich getraut habe, in die Konfrontation zu gehen. Weiterhin bleibt auch etwas Unwohlsein, weil mir die beiden Geschäftsführer (zwei Männer) nun nicht mehr wohlgesonnen sind.

FALL 31: Ablehnung von Telearbeit und Homeoffice
Alice, zwei Kinder, öffentlicher Dienst

Nachdem ich meinem Arbeitgeber die Schwangerschaft mitgeteilt hatte, wurde zunächst eine Gefährdungsbeurteilung erstellt. Dieser Prozess zog sich allerdings über Monate. Zunächst folgendes Ergebnis: Telearbeit sei nach einem entsprechenden Antrag für maximal die Hälfte der wöchentlichen Arbeitszeit möglich. Darüber hinausgehende Telearbeit sei nur nach Vorlage eines ärztlichen Attestes möglich.

Ich hatte Angst, mich als Schwangere mit Corona zu infizieren, und stellte einen Antrag auf hundert Prozent Telearbeit für die Zeit bis zum Mutterschutz. Dieser Antrag wurde abgelehnt, mir wurde maximal ein Tag Telearbeit pro Woche bewilligt. Die Begründung: Meine Probezeit sei noch nicht beendet.

Das wollte ich so nicht hinnehmen, vor allem weil ich meine Tätigkeiten zu hundert Prozent aus dem Homeoffice heraus machen konnte. Ich suchte das Gespräch sowohl mit meinem direkten Vorgesetzten als auch mit der Geschäftsleitung, um eine akzeptable Lösung zu finden. Beide teilten mir mit, dass Schwangere nicht zur Risikogruppe zählten, weshalb ich kein Recht auf mehr Homeoffice hätte. Die Geschäftsleitung drohte mir zudem mit Abmahnung und Kündigung, sollte ich mich nicht an die Präsenzpflicht halten.

Aufgrund der zunehmenden psychischen Belastung erhielt ich schließlich von meiner Ärztin ein Beschäftigungsverbot, das jegliche Tätigkeiten bis auf häusliche Telearbeit umfasste.

Dafür, dass ich mich durchgesetzt habe, um mich und mein Kind zu schützen, wurde ich von meinem direkten Vorgesetzten letztlich mit der negativen Leistungsbeurteilung bestraft. Zuvor war meine Arbeit zu keinem Zeitpunkt negativ bewertet worden. Im Gegenteil: Zahlreiche E-Mails von meinem Vorgesetzten sowie von Kolleg*innen beweisen, dass ich sehr gute Arbeit geleistet habe. Ich habe versucht, mit meinem Vorgesetzten zu reden, doch er blockte komplett ab. Die Bewertung wollte er partout nicht zurücknehmen. Es gab kein Gerichtsverfahren, aber ich habe hinsichtlich der negativen Leistungsbeurteilung einen Anwalt kontaktiert, der eine Gegenäußerung verfasste. Diese befindet sich nun ebenfalls in meiner Personalakte.

Ich hätte mir von meinem Arbeitgeber gewünscht, dass er meine berechtigte Sorge, mich als Schwangere mit Corona zu infizieren, ernst nimmt und mir Homeoffice ohne Wenn und Aber ermöglicht, damit ich mich und mein Kind schützen kann. Zudem hätte ich mir eine objektive und faire Beurteilung meiner Leistungen gewünscht, bei der meine Schwangerschaft keine Rolle spielt.

Ich fühlte mich für meine Schwangerschaft bestraft, herabgewürdigt und durch die Kündigungsdrohung sowie die negative Bewertung in meiner beruflichen Existenz bedroht. Ich fühlte mich genötigt und zudem in meiner Menschenwürde und meinem Recht auf meine Gesundheit und die meines ungeborenen Kindes verletzt. Die Benachteiligung hat dazu geführt, dass ich meine Schwangerschaft und die Zeit mit meiner Familie nicht unbeschwert erleben konnte. Darüber hinaus haben mein Selbstbewusstsein und mein Vertrauen in den Arbeitgeber stark gelitten. Ich bin nach wie vor entsetzt und wütend darüber, wie verantwortungs- und gewissenlos mein Arbeitgeber mich während der Schwangerschaft behandelt hat. Ich ärgere mich, weil ich mich in Bezug auf die negative Bewertung nicht durchsetzen konnte.

Vor Kurzem habe ich gesehen, dass mein Arbeitgeber meinen Namen von der Website gelöscht hat. Stattdessen steht dort jetzt überall der Name meiner Elternzeitvertretung. Hinzu kommt jetzt noch das Gefühl, bewusst aussortiert worden zu sein, auch wenn ich selbst gar nicht mehr dorthin zurückkehren möchte.

Corona – ein Brandbeschleuniger für Elterndiskriminierungen

Kaum einer hätte bei Ausbruch der Pandemie im März 2020 gedacht, dass sich unsere Gesellschaft und auch die Arbeitswelt für die folgenden Jahre so tiefgreifend verändern würden. Neben vielen Todesfällen und den unzähligen privaten Tragödien hat es insbesondere Kinder und Eltern hart getroffen. Sie waren die großen Verlierer der Pandemie. Ein Grund dafür war auch, dass sich Elterndiskriminierungen während der Coronakrise verstärkt haben. Wenn wir an die Situation von Familien während der Lockdowns und auch danach denken, bekommen wir automatisch Schnappatmung und Schweißperlen auf der Stirn: Kita- und Schulschließungen, Systemrelevanz-Anträge, monatelanges Homeschooling, verbunden mit dem Druck, irgendwie den Job im Homeoffice zu schmeißen, mit Corona-Kinderkrankengeld durchzukommen, ständige Angst vor einer Ansteckung und so weiter und so fort – all das war tagtäglich traurige Realität in Familien.

Neben der Zerreißprobe, irgendwie die Kinder zu betreuen und die wichtigsten Aufgaben im Job zu erfüllen, kämpften Eltern in der Pandemie noch mit viel subtileren Problemen. Der zuvor schon vorhandene Stempelabdruck, dass Eltern, insbesondere Mütter, unzuverlässig sind und »ständig« wegen kranker Kinder ausfallen und demzufolge nicht leistungsfähig sind, wurde durch die Coronakrise buchstäblich zum Brandzeichen auf der Stirn von Müttern – und auch Vätern. Durch schwierige Rahmenbedingungen wurden Eltern plötzlich unsichtbar im Betrieb, zu unattraktiven Bewerber*innen und Wackelkandidaten im Job – oder erst gar nicht eingestellt.

Krankheit, Quarantäne, geschlossene Kitas und Schulen – ein Totalausfall mit diskriminierenden Folgen

Zu den zahlreichen staatlich verordneten Lockdowns und Quarantäneregelungen aufgrund hoher Infektionsraten kam es phasenweise zu einem völligen Ausfall von Kitas und Schulen. Man muss es sich noch einmal vor Augen halten: Zwischen März 2020 und Mai 2021 – also an mehr als 180 Tagen – gab es keinen regulären Schulunterricht in Deutschland.[120] Zu Kitas konnten wir keine entsprechenden Zahlen finden, diese dürften aber sicherlich noch höher ausfallen.

Aber auch bei Teilöffnungen von Kitas und Schulen konnte man sich nicht sicher sein, ob man das Glück hatte, dass der Job nach der neuen Liste »systemrelevant« war. Weitere Ursache für Schließungen und Einschränkungen war zudem der hohe Krankenstand von Erzieher*innen und Lehrer*innen, die auch beim zwischenzeitlichen Normalbetrieb zu Schließungen während der Randzeiten oder einzelner Tage geführt haben. Keiner konnte sich mehr sicher sein, dass die Kinderbetreuung zu den normalen Kita- oder Schulöffnungszeiten funktioniert. Jederzeit konnte das Handy mit dem eingespeicherten Anrufer »Kita«, »Schule« oder »Hort« klingeln, und das Kind musste abgeholt werden. Das, was schon außerhalb der Pandemie für Stress gesorgt hatte, konnte jetzt mit einer zigfach höheren Wahrscheinlichkeit passieren.

Klar ist, dass bei einer »Pflichtenkollision« die Betreuung der Kinder Vorrang hat. Auch in rechtlicher Hinsicht ist das abgesichert. Eltern steht im Falle erforderlicher Kinderbetreuung ein Rechtsanspruch auf Freistellung – gegenüber dem*der Arbeitgeber*in – zu, allerdings nicht immer bezahlt.

Im Krankheitsfall erhalten gesetzlich versicherte Eltern für jedes Kind bis zu zehn Kinderkrankentage pro Jahr in Höhe von 90 Prozent des ausgefallenen Nettoarbeitsentgelts, gedeckelt auf 122,88 Euro pro Tag (gilt für 2022), erstattet, maximal jedoch 45 Tage. Während der Coronapandemie wurden diese auf bis zu neunzig Tage erhöht, nachdem der Gesetzgeber erkannt hatte, dass Eltern dringend unterstützt werden müssen. Dieser neue Anspruch löste in einigen Fällen finanzielle Sorgen, jedoch nicht das Problem der Abwesenheit arbeitender Eltern. Und schon gar nicht die damit verbundene Tatsache, dass ein kinderbedingter Ausfall während der Coronakrise ein Nährboden für Diskriminierungen im Job war. So wurde zum Beispiel Nele nur aufgrund der Tatsache, dass sie coronabedingt fehlte, weil sie mit ihren Kindern mehrmals in Quarantäne musste, in der Probezeit gekündigt. Auch Sonja, deren Sohn coronabedingt nicht in die Schule durfte, traf das gleiche Schicksal, und sie verlor ihren Minijob. Juliana dagegen wurde mehrmals degradiert – weil sie das Homeschooling ihrer Kinder übernehmen musste.

Diese Fälle machen uns traurig und wütend. Wieder einmal hat sich gezeigt: Eine verlässliche Kinderbetreuung ist eines der wichtigsten Fundamente für eine familienfreundliche und diskriminierungsfreie Arbeitswelt.

Ab ins Beschäftigungsverbot oder in die Kurzarbeit – die systematische Arbeitsmarktverdrängung von Eltern während der Coronakrise

Während der Coronakrise machten es sich einige Arbeitgeber*innen leicht, das Kinderbetreuungsproblem und kinderbedingte Abwesenheiten vom Tisch zu bekommen – frei nach dem Motto: »Du bleibst zu Hause, kümmerst dich um die Kinder, kriegst dafür Geld vom Staat und bist ruhig. Ich kann dafür jemand Neues einstellen und hab das Kinderbetreuungsproblem nicht mehr an der Backe.« Beliebte Modelle in diesem Zusammenhang waren das Drängen in Beschäftigungsverbote (die Krankenkasse zahlt), in die Kurzarbeit oder Arbeitslosigkeit (der Staat zahlt).

Viele Mütter, deren Elternzeit während der Pandemie endete, berichteten uns auch, dass sie unter Druck gesetzt wurden, den Wiedereinstieg weiter nach hinten zu verschieben und die Elternzeit zu verlängern. Immerhin gab im April 2020 jede vierte Frau an, wegen der Kinderbetreuung ihre Arbeitszeit verkürzt zu haben, bei Männern waren es nur 13 Prozent.[121]

Ein weiteres coronaspezifisches Diskriminierungsphänomen, das öfter an uns herangetragen wurde, war, dass Eltern, die während der Pandemie in den Mutterschutz oder in Elternzeit gingen – wie zum Beispiel Silke –, keinen Corona-Bonus erhielten.

Reizthema Homeoffice

Homeoffice und Eltern – das war schon immer ein Reizthema. Das Arbeiten von zu Hause war lange Zeit ein Wunschtraum vieler Eltern, der mehr Flexibilität und Selbstbestimmung versprach und nun plötzlich – auch bei einigen zuvor Unbelehrbaren – Einzug in den Büroalltag hielt. Mit fortdauernder Krise wurde Homeoffice plötzlich zur normalen Realität, irgendwann sogar gesetzlich als Pflicht verankert. Nicht zu vergessen ist auch, dass das Homeoffice gerade auch zum Schutz von Schwangeren von großer Bedeutung war und es unverständlich ist, dass sich Arbeitgeber*innen wie im Fall von Alice querstellten.

Schnell zeigten sich allerdings auch die Schattenseiten: Eltern berichteten zum Beispiel von vorausgesetzter ständiger Verfügbarkeit, Erhöhung des Arbeitspensums, Durchführung von Überstunden, Nichtdurchführung von Pausen – und zeitweise hieß es sogar, dass Homeoffice und Kinderbetreuung vereinbar seien und Eltern, die im Homeoffice arbeiten, keinen Anspruch auf Notbetreuung hätten. Insbesondere für Eltern war es fatal, dass es der Gesetzgeber trotz entsprechender Gesetzesvorhaben nicht geschafft hatte, das Thema

Homeoffice näher rechtlich auszugestalten. Hätte es dazu schon kluge Lösungen gegeben, wäre es zu wesentlich weniger Konflikten, Diskriminierungen und Belastungen für Eltern gekommen.

Wichtig ist auch, darauf hinzuweisen, dass es Eltern gab, die darum kämpften, ins Büro zu gehen. Viele Eltern konnten oder wollten mangels vorhandener technischer und räumlicher Möglichkeiten nicht von zu Hause aus arbeiten. Während die kinderlosen Kolleg*innen Fotos mit dem Hashtag #homeoffice bei Instagram posteten, auf denen sie entspannt mit dem Laptop auf dem Schoß auf der Couch saßen und einen Aperol Spritz in der Hand hielten, spielten sich hinter den Fassaden arbeitender Eltern ganz andere Szenen ab. Die Mutter zoomte genervt mit ihrem Chef im Wohnzimmer – obenrum Bluse, untenrum Jogginghose –, Kind eins schaute im Wohnzimmer mit Tunnelblick Peppa Wutz, Kind zwei versuchte im Kinderzimmer verzweifelt, am schlecht organisierten Onlineunterricht teilzunehmen, der Vater hatte sich seit Stunden im Badezimmer eingeschlossen, um in Ruhe mit Kunden telefonieren zu können.

Auch die Journalistin Sabine Rennefanz sieht das Thema Homeoffice kritisch und spricht in ihrem Buch *Frauen und Kinder zuletzt* über das »Verschwinden der Frau im Heimbüro«: »Homeoffice lässt sich spätestens seit der Coronapandemie nicht mehr als Erfolgsgeschichte verkaufen. Es bietet Flexibilität, aber auch ein großes Risiko für Frauen aus Positionen und Arbeitsprozessen verdrängt zu werden und beruflich aus dem Blickfeld zu geraten.«[122]

Die Selbstverständlichkeit, mit der davon ausgegangen wurde, dass eine Arbeit im Homeoffice störungsfrei möglich ist, zeigt einmal mehr, dass die Politik während der Coronakrise kaum in der Lage war, die Bedürfnisse von Familien in politische Entscheidungen einzubeziehen.

Typische Diskriminierungshandlungen während der Coronakrise

Auslöser waren vor allem die Fehlzeiten aufgrund von Quarantäne, kranker Kinder oder eigener Krankheit sowie aufgrund geschlossener Kitas, Schulen, Horte – in tatsächlicher oder möglicher Hinsicht. Daraus entsteht eine Vielzahl uns bereits bekannter Diskriminierungshandlungen:

- **Nichtberücksichtigung bei Bewerbungen**
- **Kündigungen,** insbesondere während der Probezeit
- **Verdrängung** in die Kurzarbeit und Beschäftigungsverbote
- Degradierungen sowie **nicht durchgeführte Beförderungen**
- **Nichtauszahlung von Corona-Boni** während der Schwangerschaft und Elternzeit
- **Druckausübung,** den Wiedereinstieg nach hinten zu schieben und Elternzeit zu verlängern
- **Nichtverlängerung** befristeter Arbeitsverträge

Was sagen Arbeitgeber*innen dazu?

Nicht nur Eltern, sondern auch viele Arbeitgeber*innen waren von den Auswirkungen der Pandemie völlig überfordert und standen unter Druck. Insbesondere kleine Unternehmen mussten um ihre Existenz kämpfen, vielleicht sogar Insolvenz anmelden, und waren so gezwungen, Personal zu kürzen. Dass dabei häufig die Wahl auf Eltern fiel, insbesondere weil diese als »unzuverlässig« oder »ständig abwesend aufgrund der Kinder« abgestempelt wurden, war allerdings nicht nachvollziehbar und zeigt eine zu kurzfristige Denkweise. Sicherlich trägt der Staat hier auch eine Mitschuld, denn bei vielen Maßnahmen hätten auch Arbeitgeber*innen besser und vor allem schneller unterstützt und aufgeklärt werden müssen. So wurden die erweiterten Kinderkrankentage gesetzlich zu spät umgesetzt.

Dennoch gab es auch Arbeitgeber*innen, die sich mit den Eltern in ein Boot gesetzt und schnell gemeinsam Ideen entwickelt haben, wie sie ihre Mitarbeiter*innen in dieser nie da gewesenen Situation schützen können. Einige Arbeitgeber*innen kamen dem Bedürfnis nach verkürzter Arbeitszeit entgegen, bei Wildling Shoes etwa war es, wie Gründerin Anna Yona berichtet, für alle möglich, die Arbeitszeit vorübergehend um 25 Prozent bei gleicher Bezahlung zu reduzieren. Besonders beansprucht wurde das natürlich von Eltern. Sehr eng an den Bedürfnissen orientiert waren auch spezielle Elternprogramme. Ein Schwerpunkt seien dabei besondere digitale Angebote gewesen, wie zum Beispiel Nachhilfe für Kinder verschiedener Altersstufen oder Impulsvorträge speziell für Eltern von einer Psychologin, berichtet Svenja Gerads, Projektmanagerin Diversity & Inclusion bei OTTO. DATEV eG hat das Homeoffice-Thema sogar durch eine dauerhafte Betriebsvereinbarung geregelt, unabhängig von den vorübergehenden Coronaregelungen. Nun können Mitarbeiter*innen in Absprache mit den Teams auch in Zukunft von zu Hause aus arbeiten.

Die Coronapandemie als Motor für eine familienfreundlichere Arbeitswelt?

Die genannten Positivbeispiele zeigen, dass die Coronakrise langfristig auch positive Effekte für arbeitende Eltern haben kann, indem neues Augenmerk auf die Vereinbarkeit von Beruf und Familie gelegt wurde. Traurig ist, dass der Auslöser für eine familienfreundliche Unternehmenspolitik vor allem der »ökonomische Nutzen« durch Aufrechterhaltung der Ressource arbeitende Mutter oder Vater war und nicht die Absicht, eine menschliche und faire Arbeitswelt zu erschaffen.

Unterm Strich steht dennoch fest: Die durch Corona verursachten Konflikte und deren Lösungen können Motoren sein, die in der

Zukunft, insbesondere auch im Hinblick auf Vereinbarkeit, Positives bewirken, vor allem mehr Verständnis und Empathie für die Bedürfnisse von Müttern und Vätern. Hoffen wir, dass diese nicht wirkungslos verpuffen und in Vergessenheit geraten, sondern langfristig auf der Agenda stehen und weiterentwickelt werden.

Agenda für Arbeitgeber*innen und Führungskräfte zum diskriminierungsfreien Abwesenheitsmanagement aufgrund von Elternpflichten – nicht nur im Falle einer Pandemie!

- **Verständnisvoller Umgang** mit plötzlichen Ausfällen und Kinderkrankentagen als Teil einer familienfreundlichen Unternehmenskultur
- Entwicklung eines **Abwesenheitsmanagements** für kurzfristige Ausfälle, die den Bedürfnissen von Arbeitnehmer*innen, Arbeitgeber*innen und Kolleg*innen entsprechen, zum Beispiel klare Vertretungsregelungen und Zuständigkeiten
- **Flexiblere Ausgestaltung des Arbeitsplatzes als Homeoffice** und Präsenz je nach Bedürfnissen
- Angebot von **flexiblen Arbeitszeiten und von Teilzeitmodellen**
- **Digitalisierung** und Flexibilisierung von Arbeitsprozessen in allen Branchen
- **Schulterschluss bei der Kinderbetreuung,** zum Beispiel durch Betriebskindergärten oder in Notfällen durch Babysitter-Vermittlung, digitale Kinderbetreuungsangebote, Sommerprogramme während der Ferien etc.

Notizzettel für Eltern

- *Kranke Kinder gehen vor! Dafür musst du dich niemals entschuldigen.*

- *Nimm die Kinderkrankentage auch in Anspruch und lasse dich nicht zu Überstundenabbau oder ähnlichen Modellen überreden.*
- *Dein Arbeitgeber*in wird es dir hoch anrechnen, wenn auch du nach Möglichkeiten Entgegenkommen zeigst, zum Beispiel durch eine gleichberechtigte Aufteilung von Kinderkrankentagen zwischen dir und deinem*deiner Partner*in, verlässliche Absprachen und Übergaben mit Kolleg*innen, die dich vertreten, Erreichbarkeit, wenn es brennen sollte (natürlich nur, sofern es der Gesundheitszustand deines Kindes und die Umstände erlauben).*
- *Wenn du deswegen herabgewürdigt, schikaniert oder gekündigt wirst, weil du Kinderkrankentage in Anspruch nimmst, stellt das eine diskriminierende Handlung dar, gegen die du rechtlich vorgehen kannst.*

Diskriminierung von Vätern

FALL 32: Kündigung nach Beantragung von Elternzeit
Daniel, ein Kind, Standesbeamter, öffentlicher Dienst

Ich habe mich als Standesbeamter aus der Nachbarkommune in meine Heimatstadt beworben und direkt beim Vorstellungsgespräch und bei meiner Bewerbung erzählt, dass ich Nachwuchs erwarte und gern zunächst zwei Monate Elternzeit nehmen würde. Die Bürgermeisterin schien sehr offen für eine gelebte Vereinbarkeit von Beruf und Familie zu sein, so zumindest mein erster Eindruck: Es sei mein gutes Recht, mich um mein Kind zu kümmern, und dies sei eine familienfreundliche Verwaltung – alles kein Problem. Also habe ich den Wechsel in die Verwaltung meines Wohnortes gewagt und dachte, ich hätte den Jackpot geknackt: Ich konnte zu Fuß zur Arbeit laufen und könnte meine Maus dann später auch in die Kita bringen, die direkt auf dem Arbeitsweg liegt.

Das große Erwachen kam, als ich dann tatsächlich nach der Geburt meiner Tochter in Elternzeit ging. Mir wurde gekündigt. Da ich noch in der Probezeit war, ging das auch ganz einfach. Personalrat, Gleichstellungsbeauftragte und mein direkter Vorgesetzter waren allesamt gegen die Entscheidung, das ist sogar schriftlich hinterlegt. Die Bürgermeisterin jedoch gab an, dass man aufgrund meiner eingereichten Elternzeit kein Vertrauensverhältnis mehr habe.

Ich habe diverse Möglichkeiten aufgezählt, um die Situation so zu lösen, dass es für beide Seiten funktioniert. Ich wäre meinem Arbeitgeber entgegengekommen und hätte die Elternzeit auch variabler angepasst auf die Bedürfnisse meines Arbeitgebers. Aber diese Vorschläge wurden noch nicht einmal mit mir durchgesprochen. Was mich wirklich am allermeisten ärgert: Hätte man mir nicht im Vorstellungsgespräch suggeriert, dass Elternzeit überhaupt kein Problem sei, dann hätte ich ja gar nicht meinen Job gewechselt. Jetzt ist mein Traumjob geplatzt!

FALL 33: Kündigung nach einer Elternzeitankündigung und einem Teilzeitwunsch

Thomas, ein Kind, Consulting Marketing Specialist, Verlag, 20 Mitarbeiter*innen

Ich hatte gerade einen neuen Job in einem Verlag gefunden, als wir erfuhren, dass wir Eltern werden. Nachdem meine Partnerin und ich uns darauf verständigt hatten, dass wir uns die Elternzeit gleichberechtigt aufteilen wollen, erzählte ich dies meinen Vorgesetzten. Alles total frühzeitig und transparent. Zunächst signalisierten meine Chefs mir auch ein grundsätzliches Verständnis, das wurde im Laufe der Zeit aber immer schwächer. Das Problem, so schien es mir: Die »Nummer zwei« im Unternehmen kündigte ebenfalls an, in Elternzeit zu gehen, was sie

sich, so der Inhaber, aufgrund ihrer jahrelangen Betriebszugehörigkeit ja verdient habe, im Gegensatz zu mir – so der O-Ton.

Ab da wurde ich nach und nach aufs Abstellgleis gestellt.
Die mir zugewiesenen Aufgaben bestanden zunehmend lediglich aus kleineren »Aushilfen« bei bestehenden Projekten, und
Feedbackgespräche fielen aus oder wurden verschoben. Nach
dem plötzlichen Ausstieg einer weiteren Mitarbeiterin trat die
neue Nummer zwei im Verlag an mich heran: Der Inhaber lasse
fragen, ob ich mir das mit der Elternzeit nicht noch einmal überlegen könne.

Ich signalisierte eine Verhandlungsbereitschaft meinerseits
und schlug verschiedene Möglichkeiten vor, zum Beispiel Teilzeitmodelle, die für beide Seiten funktionieren könnten. Schließlich erkannte ich ja auch die schwierige Lage meines Arbeitgebers – viele Arbeitskräfte fielen aus, und die Projekte wurden
nicht weniger –, und ich wollte gemeinsam eine Lösung finden.
Ich war auch absolut bereit, einen Kompromiss zu finden. Mein
Vorschlag: Statt sechs Monaten volle Elternzeit könnte ich meine
Arbeitszeit auf 75 Prozent reduzieren und zu einem späteren
Zeitpunkt noch mal drei oder vier Monate Elternzeit nehmen.
Der Inhaber bedankte sich für das Entgegenkommen und mein-
te, er käme auf mich zurück.

Nach Ende des gleichen Arbeitstages – ich war gerade nach
Hause gekommen – klingelte es an der Tür. Ein Kurier stand
da und überreichte mir eine kommentarlose Kündigung in der
Probezeit mit sofortiger Freistellung. Im Schreiben stand der
explizite Hinweis, dass meine Kündigung aufgrund des voraussichtlichen Geburtstermins noch innerhalb des rechtlichen Rah-
mens erfolge, also vor Beginn des Kündigungsschutzes.

Als ich am nächsten Tag meine Arbeitsmaterialien abgab, bestand ich auf einem direkten Gespräch mit dem Inhaber. Dies

gestaltete sich eher als Monolog von ihm – Quintessenz: Er wisse nicht, ob ich DAS (damit meinte er die Beantragung der Elternzeit) aus Unerfahrenheit oder Mutwilligkeit getan habe.

Ich war wütend und enttäuscht, aber ziemlich schnell kam auch eine Erleichterung dazu, aus diesem Umfeld weg zu sein. Mir hätte es wirklich geholfen, wenn Elternzeit nicht als Privileg gesehen wird, das man sich im Laufe der Jahre im Unternehmen erarbeiten muss. Ich habe sehr schnell einen neuen Job gefunden und kann diese Zeit, auch wenn ein bisschen Wut immer noch da ist, als positive Lernerfahrung verbuchen. Es ist Zeit, dass sich der Blick auf Eltern ändert! Damit so etwas nicht immer wieder passiert.

FALL 34: Nichtverlängerung eines befristeten Vertrages
Oscar, drei Kinder, Erzieher, Kita, sozialer Träger, 1.000 Mitarbeiter*innen

Ich habe als Erzieher in einer Kita gearbeitet, mit einem befristeten Vertrag. Ich war fest davon ausgegangen, dass der Vertrag verlängert wird, nichts sprach dagegen. Als meine Frau und ich Zwillinge erwarteten, reichte ich ausreichend früh meinen Elternzeitantrag ein. Schließlich wollte ich, dass wir im Team diese Zeit gemeinsam planen und überbrücken können, und hatte es extra so getimt, dass die Elternzeit mit Start des neuen Kitajahres endet. Dann aber kam der Hammer: Mir wurde kurz und knapp mitgeteilt, dass mein Arbeitsvertrag nun doch nicht verlängert würde. Aber das war noch nicht das Schlimmste. Ich war komplett baff, als es dann weiter hieß, ich könne es vergessen, mich dann auf eine andere Stelle bei dem Kitaträger zu bewerben. Diese Anordnung käme von »ganz oben«. Das Telefonat endete mit den Worten: »Wenn deine Elternzeit um ist, kannst du dich aber gern wieder hier bewerben.« Diese

Aussage habe ich so verstanden, dass der Träger als Arbeitgeber für mich in der Zeit zwischen Ende des Vertrages und dem Beginn meiner Elternzeit verschlossen war.

Ich kontaktierte daraufhin den Betriebsrat, doch dieser hat leider nicht viel gemacht, auch von Verdi habe ich mich beraten lassen, da hieß es, dass man aufgrund der Befristung nichts machen könne.

Ich glaube, für jeden Menschen ist es schlimm, seinen Job zu verlieren. Aber als Vater von drei Kindern, darunter zwei neugeborene Zwillinge, hat es mir kurzzeitig echt fast den Boden unter den Füßen weggerissen und die Elternzeit getrübt und mich viel Energie gekostet. Bis heute bin ich erschüttert, dass sich ausgerechnet ein vermeintlich sozialer Träger so verhält und ich als Vater in meinem Wunsch, gleichberechtigt mit meiner Frau die Kinder zu erziehen, ausgerechnet von einer Kita dabei nicht unterstützt wurde. Das ist für mich vollkommen unverständlich, vor allen Dingen vor dem Hintergrund des eklatanten Fachkräftemangels in dem Bereich.

FALL 35: Degradierung, Kündigung
Christian, zwei Kinder, Finanzbuchhalter, Steuerbüro, 9 Mitarbeiter*innen

Als meine Frau mit unserem zweiten Kind schwanger wurde, habe ich pünktlich sieben Wochen vor dem errechneten Geburtstermin Elternzeit eingereicht, insgesamt für sieben Monate. Mein Plan war, nach der Geburt direkt einen Monat zu nehmen und im darauffolgenden Jahr noch einmal sechs Monate.

Erst schien alles glatt durchzugehen, aber dann bekam ich im Urlaub einen Anruf von meinem Arbeitgeber. Man wolle mit mir über meine weitere Tätigkeit im Unternehmen sprechen. Es lohne sich ja nicht mehr, mich vor der Elternzeit noch – wie ursprünglich geplant – in einen anderen Bereich einzuarbeiten. Ich solle doch stattdessen nach meinem Urlaub das Archiv sortieren. Ich bin Finanzbuchhalter und liebe meinen Job. Nun sollte ich plötzlich acht Stunden lang Dokumente sortieren. Es kam mir vor wie eine Strafarbeit.

Wie geplant, ging ich nach der Geburt meines Kindes zunächst einen Monat in Elternzeit. Am ersten Tag meiner Rückkehr bekam ich die Kündigung. Einfach so. Mein Gefühl: Mein Vorgesetzter wollte meine Elternzeit nicht akzeptieren. Das schwang zwischen den Zeilen immer mit.

Ich habe gegen die Kündigung geklagt, weil ich sie einfach nicht hinnehmen wollte. Aber natürlich ohne Erfolg. Begründung der Richterin am Arbeitsgericht: Da ich in einem kleinen Familienbetrieb mit weniger als zehn Mitarbeitern arbeitete, musste die Kündigung auch nicht begründet werden. Mir blieb also nichts anderes übrig, als die Klage zurückzuziehen.

Bis heute trifft es mich echt, wenn ich an diese Erlebnisse denke. Es ist eine harte Nummer, so hängen gelassen zu werden. Statt mich aus vollen Zügen über die Geburt meines wundervollen Kindes zu freuen, fühlte ich mich die ganze Zeit hilflos und ohne Schutz der Willkür meines Arbeitgebers ausgeliefert.

Fall 36: Nachteile im Rahmen einer Facharztausbildung, Nichtgewährung einer Fortbildung

Konstantin, fünf Kinder, Facharzt für Neurochirurgie, Universitätsklinikum, Abteilung mit circa 30 Mitarbeiter*innen

Aufgrund des vorangegangenen Kaiserschnittes bei unserem ersten Sohn war jede weitere Schwangerschaft als eine Risikoschwangerschaft zu betrachten. Da meine Frau, damals Kinderärztin in Ausbildung, mit unserem zweiten Kind schwanger war, wollte ich sie unbedingt zur notwendigen Feindiagnostik zur Gynäkologin begleiten. An dem Tag, an dem diese Untersuchung stattfinden sollte, war ich im Rahmen meiner Facharztweiterbildung als erster Assistent als eines der ersten Male auf der Intensivstation für einen mehrstündigen neurochirurgischen Eingriff eingeteilt worden. Dies sind die Eingriffe, bei denen man am besten lernt, ein guter neurochirurgischer Operateur zu werden, und welche meist bis weit in die Abendstunden andauern und somit auch über die ohnehin nur auf dem Papier existierende Regelarbeitszeit hinausgehen. Auf meine Einlassung hin, dass mir die Teilnahme an diesem sehnlichst herbeigewünschten Eingriff aufgrund des Feindiagnostiktermins meiner Frau nicht bis zum Ende hin möglich sein werde, wurde ich vom damaligen OP-Planungsoberarzt vor allen Kolleg*innen in der Morgenbesprechung mit folgenden Worten gerügt: »Mensch Konstantin! Jetzt, wo es mit den großen Eingriffen losgehen soll? Da musst du dich entscheiden!«

Ich entschied mich für die Ultraschalluntersuchung meiner Frau und wurde fortan nicht mehr für die wichtigen großen Ausbildungseingriffe eingeteilt. Daraufhin haben die Oberärzte mir gegenüber erklärt, dass sie sich der weiteren Ausbildung meiner Person gegenüber zum Facharzt für Neurochirurgie verweigern werden. Nach wenigen Wochen fand ich mich für fast ein weiteres Jahr auf der neurochirurgischen Intensivstation wieder, auf der ich schon meine Pflichtzeit abgeleistet hatte.

Es waren zwölf weitere verschwendete Monate in einer mindestens sechs Jahre andauernden Facharztweiterbildung. Nachdem dann sämtliche Oberärzte nach Ablauf dieses Jahres eine weitere Investition in meine Ausbildung ablehnten und mir trotz eines noch drei Jahre laufenden Vertrages sowohl einen Wechsel der Klinik als auch des Fachgebiets nahegelegt haben, habe ich nach kurzem Kampf mit dem Arbeitnehmervertreter gemeinsam gegen die Oberärzteschaft der Klinik meine Kündigung eingereicht und mich wegbeworben.

Und plötzlich sind auch die Väter dran

Das klassische Vaterbild ist im Umbruch, wir haben diese Veränderung bereits skizziert: Die Zeiten, in denen der Großteil der Väter nach Verlassen des Kreißsaals wieder sofort an den Arbeitsplatz fährt, keine oder nur kurz Elternzeit anmeldet, Vollzeit arbeitet und selbstverständlich weiterhin Überstunden macht, werden über kurz oder lang der Vergangenheit angehören.

Das hat auch Auswirkungen auf mögliche Benachteiligungen erwerbstätiger Väter. Sie werden zunehmend angreifbarer, je häufiger und intensiver sie als aktiv fürsorgeleistende Väter in Unternehmen präsent sind und ihre Rechte einfordern, das zeigt sich deutlich anhand der von uns protokollierten Fälle. Die aus dem neuen Vaterverständnis resultierende Gleichung ist simpel: mehr Fürsorgearbeit = mehr Benachteiligung im Job.

Die Benachteiligung am Arbeitsplatz ist aufgrund aktiv gelebter Fürsorgearbeit real, auch wenn manch eine*r denkt: »Das ist doch Quatsch, Elterndiskriminierung betrifft doch nur Mütter.« Nein, Elterndiskriminierung ist schon längst bei den Vätern angekommen. Kündigungen, Degradierungen, Aufhebungsverträge, Nichtverlängerung befristeter Arbeitsverträge, abfällige Bemerkungen – unsere Fallgeschichten und die Studie der ADS zeigen, dass auch erwerbstätige Väter immer häufiger das erfahren, was bei Müttern fast schon als normale Folge einer Schwangerschaft und Geburt nahezu emotionslos zur Kenntnis genommen wird. Viele Diskriminierungshandlungen gegenüber Vätern decken sich mit Diskriminierungshandlungen gegenüber Müttern.

Eindeutiger Schwerpunkt von Väter-Diskriminierungshandlungen ist der Zeitraum der Elternzeit. Bei der Frage, ob oder wie lange Väter in Elternzeit gehen, werden Männer sogar häufiger diskriminiert als Frauen.[123] Warum das so ist, liegt auf der Hand: Elternzeit ist bei vielen Vorgesetzten weiblich besetzt, da für sie klar ist, dass Mütter hauptsächlich die Fürsorgearbeit nach der Geburt übernehmen. Wenn ein Vater wie Christian plötzlich um die Ecke kommt und sieben Monate Elternzeit anmeldet, sorgt das für Irritationen, da das oben beschriebene Vaterbild noch nicht in allen Vorgesetzten-Köpfen existiert. Ein Vater, der am Tag nach der Entbindung wieder im Büro erscheint und dessen Vaterschaft sich darin erschöpft, ein hübsch gerahmtes Bild vom Nachwuchs auf seinem Schreibtisch zu platzieren, »stört« den Betrieb nicht und ist kein unternehmerisches »Risiko«. Väter, die aus Sicht der Arbeitgeber*innen in puncto Präsenz und Performance »genauso weitermachen« wie vor der Geburt ihres Kindes – und deren meist weniger verdienende Partnerinnen den größten Teil der Fürsorgeleistung übernehmen und ihnen den Rücken freihalten –, werden in der Regel nicht diskriminiert. Bei Vätern, die sich hingegen dazu entschließen, sich aktiv am Familienleben zu beteiligen, Fürsorgeleistung zu übernehmen und ihre Rechte gegenüber Arbeitgeber*innen einzufordern, sieht das ganz anders aus, wie die von uns beschriebenen typischen »Papa-Fälle« zeigen. Laut ADS-Studie gibt es besonders mit Blick auf die Elternzeit Diskriminierungen gegenüber Vätern:[124]

1. 30 Prozent der Väter berichten, dass Vorgesetzte und Führungskräfte abfällig oder negativ auf die **Bekanntgabe der Elternzeit** reagiert hätten (Mütter 24 Prozent).

2. 26 Prozent der Väter berichten, dass Vorgesetzte und Führungskräfte abfällig oder negativ auf die **Dauer oder Aufteilung der geplanten Elternzeit** reagiert hätten (Mütter 23 Prozent).

3. 19 Prozent der Väter wurden unter Druck gesetzt, **keine Elternzeit** oder sie nicht in gewünschtem Umfang zu nehmen (Mütter 11 Prozent).

4. 16 Prozent der Väter wurden unter Druck gesetzt, **kürzer** als geplant in Elternzeit zu gehen (Mütter 12 Prozent).

Wobei wir an dieser Stelle auch noch einmal ganz klar betonen: Väterdiskriminierung kommt, wenn auch mit steigender Tendenz, sehr viel seltener vor als Mütterdiskriminierung. Sie muss daher immer in einem Atemzug mit Mütterdiskriminierung genannt werden und darf nicht dazu führen, dass die jahrzehntelangen und zahlenmäßig weit überwiegenden Fälle von Mütterdiskriminierungen in den Hintergrund geraten – nur weil es etwas Neues ist, dass nun auch Väter am ersten Tag nach der Elternzeit gekündigt werden. Wir konnten beobachten, dass Unternehmen eine Elternzeit von zwei Monaten, auch bekannt als »Vätermonate«, oftmals zähneknirschend tolerieren, jedoch dann diskriminieren, wenn Väter Elternzeiten anmelden, die länger andauern, beziehungsweise bei Elternzeiten in mehreren Abschnitten. Gern werden diese zur Unterstützung der Mutter im Wochenbett und dann noch einmal zu einem späteren Zeitpunkt genommen. Auch beim Wiedereinstieg zeigen sich, wie bei Christians Fall, Probleme, beispielsweise durch Kündigungen und Degradierungen.

Ein väterspezifisches Phänomen ist zudem, dass Arbeitgeber*innen Väterrechte immer wieder infrage stellen. Die Aussage »Wo steht das? Väter können doch gar keine Elternzeit anmelden!« hören wir leider immer noch. Tatsächlich scheint vielen Arbeitgeber*innen und Personalabteilungen nicht bekannt zu sein, dass auch Väter pro Kind bis zu 36 Monate Elternzeit anmelden können und die Elternzeit auf bis zu drei Abschnitte aufgeteilt werden darf. Solche

Beobachtungen haben wir bei Müttern nicht gemacht – was vermutlich dem Umstand geschuldet ist, dass Elternzeit nach wie vor hauptsächlich als Aufgabe von Müttern gesehen wird.

Interessant ist auch, dass Väter im Gegensatz zu Müttern häufig Wenn-dann-Drohungen erhalten: »Wenn du Elternzeit anmeldest, dann wirst du nicht befördert.« »Wenn du in Elternzeit gehst, dann wirst du nach der Probezeit nicht übernommen.« »Wenn du mehr als drei Monate Elternzeit nimmst, dann bedeutet das das Ende der Karriere.« Vorgesetzte, die wenig Verständnis für fürsorgeleistende Väter in einer gleichberechtigten Partnerschaft aufbringen, versuchen, Väter umzustimmen oder sie mit überholten Rollenbildern oder vermeintlich typisch männlichen Attributen oder schrecklichen Macho-Sprüchen wie etwa »Es reicht doch, wenn du deine Frau geschwängert hast, du musst doch nicht noch in Elternzeit gehen« unter Druck zu setzen.

Selbstverständlich tritt Väterdiskriminierung nicht nur während der Elternzeit auf, sondern immer dann, wenn Väter aus dem üblichen Rollenkorsett ausbrechen, also auch bei der Inanspruchnahme von Kinderkrankentagen oder, wie unsere Fallgeschichten auch gezeigt haben, bei der Inanspruchnahme von Teilzeit oder wie im Fall von Konstantin, der einen gemeinsamen Termin mit der schwangeren Frau bei der Gynäkologin wahrnehmen wollte.

Zuletzt sei noch ein interessanter Aspekt erwähnt: Väter, die in Elternzeit gehen, werden von anderen männlichen Kollegen, die in der Zeit die Arbeit des »urlaubenden« Papas übernehmen müssen, als »Verräter« oder »Kollegenschwein« gesehen, so hören wir es immer wieder. Viele Arbeitgeber*innen sehen es nicht als notwendig an, eine Stelle für zwei Monate zu besetzen, oftmals kommt es dann zu Mehrarbeit für Kolleg*innen. Das führt nicht selten zu Unmut, schlimmstenfalls auch zu offenen Anfeindungen.

Väter klagen nicht

Bislang gibt es kaum offizielle Urteile zu Väterdiskriminierungen. Dabei wären diese im Zusammenhang mit der AGG-Schutzlückenthematik hochinteressant. Insbesondere in Oscars Fall ist die Schutzlücke besonders deutlich sichtbar: Er kann sich nicht auf das – wir erinnern uns – hölzerne Maßregelungsverbot stützen, da ein befristeter Vertrag keine Rechtsausübung darstellt. Besser stehen dagegen die Chancen einer Diskriminierungsklage bei Daniel, Thomas und Christian, denen nach Anmeldung einer Elternzeit gekündigt wurde, da sie nach Ausübung eines ihnen zustehenden Rechtes – also der Elternzeitanmeldung – eine Kündigung erhalten haben.

Es bleibt zu hoffen, dass Väter in Zukunft mehr Mut haben, die Ungerechtigkeit als solche zu formulieren, und sich wehren. Entsprechende Gerichtsentscheidungen, die zu dem Ergebnis kommen, dass es Gesetzeslücken gibt, könnten Gesetzesvorhaben auch positiv beeinflussen. Im Zweifel ist es genau dein Fall, aufgrund dessen die Gesetze erweitert werden und der somit viele weitere Väter vor Diskriminierung schützen kann!

Typische Väter-Diskriminierungsfälle

- Abstreiten, Infragestellen und Androhung von Nachteilen im Zusammenhang mit **Elternzeitrechten**
- Kündigungen oder Aufhebungsverträge im Zusammenhang mit der Ankündigung oder Inanspruchnahme von Elternzeiten
- **Nichtverlängerungen befristeter Arbeitsverträge** aufgrund einer Elternzeit
- Degradierungen nach der Elternzeit oder zwischen Elternzeiten
- Ungerechtfertigte **Ablehnung von Teilzeitanträgen**
- Abfällige Bemerkungen von Vorgesetzten und Kolleg*innen, oftmals geprägt von tradierten Rollenbildern (»Macho«-Sprüche)
- **Anfeindungen von Kolleg*innen**

Was sagen Arbeitgeber*innen dazu?

Wir haben die von uns interviewten Arbeitgeber*innen zunächst gefragt, ob es einen Unterschied macht, wenn ein Vater oder eine Mutter ankündigt, dass sie Nachwuchs erwarte, wie sie Fehlzeiten managen und vor allem wie es gelingt, eine väterfreundliche und diskriminierungsfreie Unternehmenskultur zu schaffen.

Waldemar Zeiler, Gründer von einhorn products GmbH, betont, dass es für ihn keinen Unterschied mache, ob ein Mann oder eine Frau Nachwuchs bekommt: »Klar, bei Frauen bestehen besondere Schutzpflichten in Bezug auf die Schwangerschaft, aber sonst macht es doch keinen Unterschied. Theoretisch kann ein Vater genauso lang in Elternzeit gehen wie eine Mutter.« Allerdings gibt er ganz offen zu, dass er früher anders gedacht habe als heute: »Ich habe mich früher auch dabei erwischt, dass ich ganz anders reagiere, wenn mir ein männlicher Mitarbeiter sagt, dass er Vater wird. Es ging dann eher so in Richtung einmalige *celebration* und Buddytum. Wir gehen ein Bier trinken, und dann ist das Thema erledigt, den Rest macht dann ja schon die Frau.«

Auch Dr. Manja Schreiner, Hauptgeschäftsführerin der Fachgemeinschaft Bau Berlin und Brandenburg, räumt ein:

»Ich gebe zu, dass es auch in meinem Kopf Stereotype gibt, die mir sagen, wenn ein männlicher Mitarbeiter in Elternzeit geht, dann wird er nicht lange gehen. Aber selbst wenn ein Vater länger als zwei Monate in Elternzeit geht: In unserem Verband sind junge Väter, die lange in Elternzeit gehen wollen, überhaupt kein Problem. Ich kann das auch authentisch vorleben und erzähle meinen Mitarbeitern gern von meinen persönlichen Erfahrungen: Mein Mann war sechs Monate in Elternzeit. Und vor zwölf Jahren war er damit noch eine absolute Ausnahme. Danach hat er sogar einen Karrieresprung gemacht.«

Mit der elternzeitbedingten Abwesenheit – typischerweise nur für wenige Monate oder in mehreren Abschnitten – gehen zumindest die von uns befragten Arbeitgeber*innen locker um. Sie geben zu, dass es oftmals nicht einfach sei, für Ersatz zu sorgen, aber dass der Wille dazu da sei und es immer Lösungen gebe. Manja Schreiner erzählt: »Wir hatten mal einen Bewerber, der uns im Vorstellungsgespräch gesagt hat, dass er noch in der Probezeit in Elternzeit gehen will. Das war für mich überhaupt kein Problem.«

Michael Martens, Gründer von Fairlanguages, der zwar Väter beschäftigt, aber noch nicht in Elternzeit, berichtet uns, dass er für zwei, drei oder auch vier Monate keine extra Vertretung sucht. »Bei einem Onboarding-Prozess von zwei bis drei Monaten lohnt es sich natürlich nicht, die Stelle neu zu besetzen, die Aufgaben müssen dann von anderen übernommen werden. Ich würde in diesen Fällen versuchen, mit dem Team ganz offen über mögliche Sorgen und Überlastungen zu sprechen und gemeinsam Lösungen zu suchen. Wenn eh Wachstum ansteht, kann das Ergebnis natürlich auch sein, dass wir langfristig eine neue Position schaffen.«

Anna Yona sieht nach ihren Erfahrungen bei einer Vater-Elternzeit für beide Seiten Vorteile, auch wenn es nicht immer leicht ist: »Ich habe es schon innerlich gefeiert, als Sebastian, mein Co-Company-Lead, acht Monate in Elternzeit ging, obwohl es für mich persönlich schwierig war, da dies zu einer Zeit erfolgte, als ich persönlich meine Arbeitszeit reduzieren wollte. Ich gebe auch zu, dass er in dieser Zeit gefehlt hat und mich das viel Kraft gekostet hat. Aber dadurch haben sich auch neue Chancen aufgetan, und nach seiner Rückkehr haben wir gemeinsam neue Themen angepackt und viele positive Entwicklungen angestoßen.«

Nina Straßner wird deutlich in Bezug auf die mangelnde Bereitschaft der Arbeitgeber*innen, sich auf Väter in Elternzeit einzulassen und diese deswegen zu benachteiligen: »Es ist doch schon fast lächerlich, wenn es ein Unternehmen nicht auf die Reihe kriegt, einen oder auch mehrere Monate Elternzeit zu managen.

Irgendwer hat doch da irgendwas nicht im Griff, entweder das Personalmanagement oder das Konzept ist mit heißer Nadel gestrickt. Eltern sollten das nicht ausbaden müssen.«

Neben gutem Personalmanagement, einer väterfreundlichen Führungskultur, Offenheit, Verständnis, geprägt durch eigene Erfahrungen, und dem Willen, einen gangbaren Weg zu finden, um Vätern Auszeiten zu ermöglichen, bietet SAP noch mehr. So berichtet Nina Straßner, Global Head of People Initiatives bei SAP: »Väter nehmen Elternzeit oft nicht, weil sie Angst vor finanziellen Verlusten haben, daher kam auch die Idee der finanzierten Väterzeit bei SAP, um hier zumindest Impulse zu setzen, wo jemand auf Elternzeit verzichten will oder muss. Unsere Väter können während der nachgeburtlichen Mutterschutzfrist, also acht Wochen nach der Geburt, bei voller Bezahlung zwanzig Prozent weniger arbeiten. Wie das genau ausgestaltet wird – also einen Tag zu Hause bleiben unter der Woche oder kürzere Arbeitszeiten von Montag bis Freitag –, wird gemeinsam mit den Vorgesetzten vereinbart. Die Väterzeit wird sehr gern angenommen, und sie hat auch noch einen enormen Vorteil: Vaterschaft wird dadurch sichtbar, und die Führungskräfte stellen sich damit auch langfristig auf sie ein. Ein weiterer Aspekt ist: Die Mitarbeiter*innen sind glücklich, und daher haben wir so gut wie keinen Fachkräfteverlust. Glückliche Mitarbeiter*innen werden das Unternehmen seltener verlassen. Außerdem ist der Krankenstand deutlich rückläufig, wenn man flexibel aufgestellt ist.«

Auch wenn natürlich nicht alle Unternehmen wie SAP aufgestellt sind, sollten sich doch auch kleinere Unternehmen überlegen, welche Kompromisse sie eingehen können. Uns hat insbesondere auch interessiert, wie sich eine väterspezifische Unternehmenskultur in allen Bereichen etablieren lässt. Darauf antwortet Anna Yona, die es in ihrer Verantwortung sieht, sich für aktive Väter starkzumachen: »Ich lebe es vor und spreche Mitarbeiter, die gerade Vater geworden sind, auch mal direkt an und frage: Was machst du eigentlich hier? Du hast kleine Kinder, nimm dir doch Elternzeit oder reduziere deine Arbeitszeit.«

Auch Nina Straßner berichtet: »Wir bei SAP erinnern Väter durch unsere vielen väterspezifischen Angebote gemeinsam mit unserem Väternetzwerk immer wieder an ihre Vaterschaft und die damit verbundene Verantwortung.«

Die Beispiele dieser Arbeitgeber*innen zeigen: Diskriminierungshandlungen gegenüber Vätern lassen sich vor allem dann vermeiden, wenn Elternschaft und die damit verbundenen Auswirkungen als geschlechterunabhängig betrachtet werden und nicht nur Mütter, sondern auch Väter als Fürsorgeleistende gesehen, mitgedacht und zu aktiver Vaterschaft ermuntert werden. Dafür bedarf es einer mutigen, vorwärtsgewandten Unternehmenskultur, gut geschulter Führungskräfte, idealerweise besetzt mit aktiven Vätern und Müttern.

Der Vorteil ist, dass sich diese Maßnahmen auch unmittelbar auf Mütter auswirken werden. Wer keine Angst vor den negativen Auswirkungen der Elternzeit hat, nimmt diese öfter in Anspruch, entlastet damit seine Partnerin und gibt ihr Raum für einen schnelleren Wiedereinstieg – und dadurch auch weniger Angriffsfläche für Diskriminierungen. Fakt ist daher auch: Eine aktiv gelebte Vaterschaft führt zu weniger Diskriminierungen gegenüber Müttern!

Agenda für Arbeitgeber*innen und Führungskräfte zur Umsetzung einer väterfreundlichen und diskriminierungsfreien Unternehmenskultur

- Arbeitgeber*innen müssen anerkennen und darauf vorbereitet sein, dass auch Väter zunehmend **Fürsorgearbeit** übernehmen wollen und können.

- Führungskräfte müssen auch im Hinblick auf **Väterrechte** entsprechend geschult werden. Sie sollten eine väterfreundliche **Unternehmenskultur** verbreiten, den Bedürfnissen von Vätern offen begegnen, Vorbilder sein und Väter ermuntern, aktive Väter zu sein.
- Sie müssen sich darauf einstellen, dass Väter **länger Elternzeit** beanspruchen, Kinderkrankentage beanspruchen, flexible und reduzierte Arbeitszeiten benötigen, weniger reisen und keine Meetings nach siebzehn Uhr wahrnehmen können.
- Regelmäßiger Austausch mit Vätern, Förderung von **Väternetzwerken,** Benennung eines Väterbeauftragten
- Bereitstellung spezieller Informationsangebote für Väter mit einer Kommunikation, die Väter anspricht
- Besonderes **Personalmanagement** für Abwesenheiten von zwei bis sechs Monaten, insbesondere auch im Hinblick auf die für Väter typischen kürzeren oder gesplitteten Elternzeiten. Sinnvoll kann ein Pool von Springern oder Freelancern oder der Einsatz von Personalleasing sein. Väter-Elternzeiten werden dadurch von Kolleg*innen nicht als Belastung und Mehrarbeit wahrgenommen.
- Arbeitgeber*innen müssen dafür sorgen, dass aktive fürsorgeleistende Väter nicht von Kolleg*innen diskriminiert werden, und sollten der Verbreitung **zementierter Rollenbilder** im Unternehmen entgegenwirken.

Notizzettel für Väter

- *Elternzeit sollte offen angesprochen und gleichzeitig rechtswirksam angemeldet werden, um Blitz-Kündigungen vor der Elternzeit zu vermeiden. Achtung, wer Elternzeit 14 Monate vor Beginn anmeldet, hat noch keinen Sonderkündigungsschutz!*

- Es ist sinnvoll, sich bereits Gedanken zu machen, wie die Stelle während einer Elternzeitabwesenheit oder bei verkürzter Arbeitszeit organisiert werden kann (siehe oben Notizzettel zur Elternzeit).
- Vaterschaft sollte aktiv im Unternehmen gelebt werden, zum Beispiel durch Inanspruchnahme von Kinderkrankentagen, keine Teilnahme an Meetings nach siebzehn Uhr.
- Gründung von Väternetzwerken

Letzte Gedanken zur Fallsammlung

Wir wissen, diese Fallgeschichten muss man erst einmal verdauen. Vielleicht ging es dir beim Lesen auch so wie uns: Es kam eine Mischung aus Kopfschütteln, Fassungslosigkeit und Wut in uns hoch, manchmal sogar der Anflug einer Träne. Vielleicht erkennst du dich wieder, vielleicht hast du den Impuls, mit einer unserer Protagonist*innen zu reden oder sie einfach nur zu umarmen. Möglicherweise hat das Lesen der Fallgeschichten auch Mut in dir ausgelöst, über etwas zu sprechen, was du als deine Schuld, dein eigenes Versagen abgestempelt oder verdrängt hast. Vielleicht spürst du gerade eine neue Kraft in dir, die dazu führt, dass du dich noch heute gegen eine Ungerechtigkeit wehrst und aktiv wirst. Unsere Fallgeschichten sind bei Weitem nicht erschöpfend, deshalb ermuntern wir dich gern: Schreib uns, folge uns auf den sozialen Netzwerken, komm zu den Events, auf denen wir sprechen, gern bieten wir dir und auch deinem Fall eine Bühne an!

Bevor wir nun mit Appellen zum Schlussteil dieses Buches übergehen, möchten wir mit euch noch eine Frage teilen, die uns immer wieder gestellt wurde, als wir dieses Buch schrieben: »Was war die

Haupterkenntnis, nachdem ihr euch mit so vielen Diskriminierungsfällen beschäftigt habt?«

Da müssen wir nicht lange nachdenken, denn es ist so offensichtlich und zieht sich wie ein roter Faden durch das Buch:

Nahezu alle Elterndiskriminierungen sind darauf zurückzu-
führen, dass unsere Arbeitswelt auf diesen tradierten Rollenbildern beruht:

Frau = Fürsorgearbeit und Mann = Erwerbsarbeit.

Im Umkehrschluss bedeutet das: Wir werden erst dann das
Ziel einer diskriminierungsfreien Arbeitswelt erreichen, wenn
diese Gleichung aufgehoben wird und Eltern nicht mehr automatisch in stereotype Rollen gepresst werden und Elternschaft gleichberechtigt leben.

ALLE SIND GEFRAGT – UNSER APPELL FÜR EINE ELTERN- FREUNDLICHERE ARBEITSWELT

Elterndiskriminierung findet tagtäglich in deutschen Unternehmen statt und ist ein strukturelles Problem, das durch neue rechtliche Rahmenbedingungen und kluge Lösungen in der Praxis beseitigt werden muss. Wir sind überzeugt: Das Fundament dafür ist ein besserer Schutz durch eine Generalüberholung unserer Gesetzeslandschaft, insbesondere durch die Erweiterung des Allgemeinen Gleichbehandlungsgesetzes um ein neues Diskriminierungsmerkmal Elternschaft beziehungsweise Fürsorgeleistung.

Gleichzeitig müssen sich die Arbeitsbedingungen für Eltern verändern. Aber wie geht das? Wie können wir die Arbeitswelt so umkrempeln, dass Menschen, die Fürsorgeaufgaben übernehmen, nicht mehr systematisch benachteiligt werden? Wir haben auch nicht die eine Super-Duper-Lösung in der Hinterhand – sehr wahrscheinlich gibt es diese auch nicht. Vielmehr müssen alle, die zusammen im Vereinbarkeitsboot sitzen, in die gleiche Richtung paddeln – durch Mut, Dialog und vor allem Vertrauen. Über die Bedürfnisse der Eltern und den Schutz, den sie benötigen, haben wir aus erster Hand durch unsere Fallgeschichten berichtet. Bringt man diese mit den vielen Ideen und klugen Perspektiven der von uns befragten familienfreundlichen Arbeitgeber*innen zu einem gemeinsamen Kompass zusammen, könnte das der erste Schritt zu einer fairen Arbeitswelt für Eltern sein.

Wir wünschen uns, dass sich jede und jeder für eine elternfreundlichere Welt einsetzt, egal ob Politiker*in, Führungskraft, Kolleg*in, egal ob Eltern ohne oder mit Diskriminierungserfahrung. Wir alle können viel verändern für unsere Wähler*innen, Arbeitnehmer*innen, Kolleg*innen, Freund*innen, für unsere Töchter, Söhne und Neffen, Enkel und Urenkelinnen. Jede diskriminierte Mutter und jeder benachteiligte Vater verdienen hundert Prozent Solidarität und Gerechtigkeit in unserer Gesellschaft, auch wenn sie oder er nicht die Kraft, Energie oder Freiheit hat, sich dagegen zu wehren.

Unser Appell an die Mütter – seid mutig!

Lebenslauf einer Frau im 21. Jahrhundert
Nachdem sie dreimal mehr Bewerbungen schreiben musste als ein Mann, um zu einem Vorstellungsgespräch eingeladen zu werden, erhält sie einen Job, allerdings mit durchschnittlich 18 Prozent weniger Gehalt. Sie wird sexuell am Arbeitsplatz belästigt, wie es jeder achten Frau widerfährt. In der Schwangerschaft wird sie aufs Abstellgleis gestellt. Während ihrer Elternzeit wird sie von Sorgen wegen mangelnder Kitaplätze und eines abgelehnten Teilzeitantrags geplagt. Nach der Elternzeit ist sie auf Arbeitslosengeld angewiesen, weil man sie degradiert und ihr den Job gekündigt hat. Nach geraumer Zeit findet sie eine neue Stelle, nebenbei leistet sie täglich 52,4 Prozent mehr unbezahlte Sorgearbeit als ihr Partner. Sie versucht täglich, Familie und Arbeit zu vereinbaren, und gerät dabei an den Rand eines Burn-outs. Nachdem die Kinder aus dem Gröbsten heraus sind, pflegt sie ihre eigenen Eltern und die Schwiegereltern. Im Alter muss sie mit durchschnittlich 46 Prozent weniger Rente als ein Mann auskommen.[125]

Liebe Mütter, dieser symbolische Lebenslauf ist die bittere Realität unzähliger Frauen. Wir wissen, das Lesen tut weh. Was ihr täglich ohne oder mit Erwerbsarbeit leistet – egal ob euer Kind noch im Bauch ist, gerade geboren wurde, das erste Mal krabbelt, euch auf zwei Beinen davonläuft, schon größer ist als ihr selbst oder euch vielleicht »voll peinlich« findet –, ist für sich gesehen eine Meisterleistung und etwas, auf das ihr sehr stolz sein könnt! Wir wissen aus eigener Erfahrung: Das, was von unserer Gesellschaft als normal und selbstverständlich angesehen wird, nämlich ein Kind großzuziehen und daneben erwerbstätig zu sein, kann verdammt viel Kraft kosten und gleichzeitig der unfassbar schönste Job auf Erden sein. Eigentlich müsst ihr nach einer Geburt jede Sekunde Standing Ovations von allen Seiten erhalten. Stattdessen heißt es ganz schnell: Du wolltest ja das Kind, also kümmere dich auch drum. Du als Mutter wirst plötzlich zu einem Problem. Gleichzeitig gibt es unfassbar viele Menschen, die sich in eure Lebensentwürfe einmischen und versuchen, Probleme zu lösen, ohne eure wirklichen Bedürfnisse zu kennen. Daher können wir euch nur raten: Werdet laut, tut euch zusammen und wehrt euch! Lasst euch nicht diskriminieren und durchbrecht den typischen Lebenslauf einer Frau im 21. Jahrhundert!

Zeigt eure Bedürfnisse!
In diesem Buch haben wir ganz viel über Fürsorgearbeit geschrieben, und es wurde uns immer klarer: Dazu gehört auch Selbstfürsorge. Die Bedürfnisse der Mütter stehen nach einer Geburt oft hinten an und werden zwischen Stillen, Fläschchen, Wickeln und Einschlafbegleitung schnell vergessen. Dabei ist es so wichtig, dass wir nie verlernen, auch für uns selbst zu sorgen. Aber ihr müsst eure Bedürfnisse nicht nur euch selbst gegenüber formulieren, sondern auch eurer Umwelt kommunizieren. Das fängt zu Hause an: Sprecht mit euren Partnern, findet gemeinsam Lösungen und Kompromisse!

Besonders wichtig: Redet auch über Finanzen. Klar ist: Es macht mehr Spaß, mit dem*der Partner*in über den nächsten Urlaub auf Mallorca als über das Geld und Rente zu reden, womöglich sogar in einem Stadium, in dem das ganze Leben miteinander anscheinend noch vor einem liegt. Aber: Lieber jetzt ein bis zwei langweilige Gespräche führen, als später in Altersarmut zu leben, oder?

Gleiches gilt auch gegenüber dem*der Arbeitgeber*in. Wenn ihr eure Bedürfnisse klar anmeldet, kommuniziert und schriftlich fixieren lasst, sobald sie zugesagt werden, steigt die Wahrscheinlichkeit, dass ihr familienfreundlich arbeiten könnt und weniger von Diskriminierungen bedroht seid.

Denkt dran: Ihr seid nicht allein!

Gemeinsam sind wir mutiger, stärker, und meistens kommt man schneller zum Ziel. Das gilt ganz besonders auch dann, wenn ihr euch für eine Welt einsetzen wollt, in der Familien und Kinder nicht als Last empfunden werden, sondern willkommen sind. Ihr kennt eine Menge Eltern in eurem Betrieb, die lieber flexibel und zumindest teilweise im Homeoffice arbeiten wollen? Dann tut euch zusammen und fordert gemeinsam eure Rechte ein. Verfasst Beschwerdebriefe an eure Chef*innen, Betriebsrät*innen, Abgeordnete oder an die Presse, unterschreibt alle und tapeziert damit die Wände – so lang, bis euch die Arbeitsbedingungen gewährt werden, die ihr braucht, um Familie und Beruf zu vereinbaren!

Und wenn das doch länger dauern sollte, verzagt nicht. Dr. Karella Easwaran hat dazu auch eine kleine Botschaft für euch: »Mütter sollten sich gegenseitig unterstützen, auch wenn Geld und Ressourcen fehlen, negative Tendenzen wie Neid und Missmut vermeiden und die Verantwortung für das Leben und den Alltag selbst tragen. Passivität und Erwartung führen nur zur Frustration und Enttäuschung. Ich kann allen Müttern nur sagen: aufstehen und vorwärtsgehen!«

Werdet laut!

Jammern und verstecken hilft euch und anderen nicht weiter. Lasst euch bitte nicht in eine Opferrolle drängen und von Glaubenssätzen wie »Ich kann in Teilzeit mit dreißig Stunden unmöglich befördert werden« beeinflussen, wenn es euer größter Wunsch ist, mehr Verantwortung zu übernehmen. Stellt euch nicht selbst aufs Abstellgleis, nur weil die Arbeitsbedingungen nicht stimmen. Ihr seid

Mütter, und ihr seid hoch qualifiziert. Niemand kann so gut Projekte leiten, priorisieren und führen wie ihr.

Zeigt euch nach positiven Erfahrungen oder wenn ihr Pionierinnen seid – die erste Frau im Unternehmen, die nach der Elternzeit eine Führungsposition in Teilzeit ausübt oder drei Tage Homeoffice erkämpft hat. Gleiches gilt auch bei negativen Erfahrungen. Macht euch bemerkbar, wenn euch Unrecht widerfahren ist. Wehrt euch, für alle Mütter gemeinsam! Ihr seid die Kapitäninnen, ihr müsst die Vereinbarkeit so steuern, wie es für euch, für eure Familien, für eure Jobs funktioniert, sprecht mit Kolleg*innen, Nachbar*innen oder Freund*innen über eure Erfahrungen im Arbeitsleben, egal ob im Teammeeting, in der Kaffeeküche, auf einem Netzwerktreffen, auf der Bank am Spielplatz oder in der Garderobe im Kindergarten – tut euch zusammen, weist sofort laut und deutlich darauf hin, wenn ihr benachteiligt werdet. Viele Mütter, die uns schreiben, sind sich noch nicht einmal bewusst, worauf ihre Geschichte eigentlich hinausläuft: auf DISKRIMINIERUNG. Ab heute ist Schluss damit: Nennt das Kind beim Namen und traut euch, eure Rechte einzufordern, notfalls einzuklagen. Traut euch, eure Umgebung zu verändern und Forderungen zu stellen!

Unser Appell an die Väter – geht voran!

Liebe Väter, ja, Elterndiskriminierung trifft bei Weitem immer noch mehr Frauen als Männer – kein Wunder: Wir leben in einer mehrheitlich von Männern gestalteten Arbeitswelt mit der Folge, dass Frauen immer noch den größten Anteil an Fürsorgearbeit übernehmen. Aber, und das ist ein lautes Aber: Wir hoffen, dass ihr erkannt habt, dass es auch euch trifft. Direkt, wenn ihr etwa, nachdem ihr aus der Elternzeit wiedergekommen seid, für Strafaufgaben in den Keller verfrachtet werdet, oder indirekt, weil auch ihr und eure Kinder die gesellschaftlichen Folgen spüren werden. Bitte macht euch bewusst: Ihr habt bei der Beseitigung von Elterndiskriminierung eine Schlüsselrolle, ihr könnt zeigen, dass Vereinbarkeit einer gemeinsamen Anstrengung bedarf und nicht nur Muttersache ist. Und vor allem: dass ihr für neue Rollenbilder steht und es eben nicht so ist, dass Väter, wenn überhaupt, nur zwei Monate in Elternzeit gehen, automatisch weiter in Vollzeit arbeiten und nie spontan früher die Arbeit beenden, weil es selbstverständlich ist, dass die Mutter das kranke Kind von der Kita abholt und zum Schulelternabend geht. Schließlich geht es um die schönste Sache der Welt: Sei statt ein Gutenachtkuss-Papa ein Rund-um-die Uhr-Kuss-Papa.

Macht den ersten Schritt!

Klar ist: Eine Reise – egal wie lang – beginnt mit dem ersten Schritt. Immer. Es ist erst mal zweitrangig, wie ihr es macht – was zählt, ist: dass ihr es macht! Nehmt Elternzeit, arbeitet in Teilzeit, informiert euch frühzeitig über eure Rechte und fordert sie ein. Hinterfragt und durchbrecht automatisierte Rollenzuschreibungen wie »Ich verdiene halt mehr, und deswegen kümmert sich meine Frau um die Kinder«. Es dürfte in vielen Fällen trotzdem möglich sein, mehr als zwei Monate in Elternzeit zu gehen und in Teilzeit zu arbeiten – und zwar nicht, um das Haus zu renovieren, sondern um die Kinder von der Kita abzuholen.

Und ganz wichtig dabei: Sprache schafft Realität. Sagt niemals, dass ihr eurer Partnerin »helfen« oder sie »unterstützen« wollt, zum Beispiel wenn ihr Elternzeit oder flexible Arbeitszeitmodelle beantragt. Denn das wird wirklich niemandem gerecht. Nennt es so, wie es ist: Ihr übernehmt Verantwortung.

Redet mit!

Seien wir mal ehrlich: Eure Kinder brauchen euch, nicht nur für einen Gutenachtkuss oder den Ausflug am Wochenende, nein, sie brauchen euch in ihrem Alltag. Sie brauchen euch als Zahnfee, als Krankenschwester oder als Deko-Queen für den nächsten Kindergeburtstag oder einfach nur, um am Montagnachmittag im Kinderzimmer Bauklötze zu stapeln. Also seid da! Bietet euren Blick, euer Wissen, eure Erfahrung, eure Gefühle an. Seid ansprechbar und versteckt euch nicht, lebt ihnen vor, wie eine gerechtere Aufteilung der Fürsorgearbeit und eine gleichberechtigte Partnerschaft aussehen können.

Egal ob die Mütter-WhatsApp-Gruppe im Kindergarten, zu der Väter erst gar nicht hinzugefügt werden, weil man sie auf keinen Fall mit dem Kleinklein des Alltags belästigen will, oder das firmeninterne Elternnetzwerk, in dem nur Mütter sind – besteht darauf, dass ihr eingeladen werdet, dass eure Meinung zählt, und bietet eure Perspektive an! Und: Sucht euch Verbündete, Mütter und andere Väter, mit denen ihr euch austauschen könnt oder im Arbeitsleben Forderungen durchsetzen könnt.

Bleibt dran!

Lasst euch nicht entmutigen. Auch wenn ein, zwei oder drei Anläufe nötig sind, um ein gutes Stundenmodell mit dem*der Chef*in zu finden; oder wenn ihr einmal zu oft einen abwertenden Kommentar in der Kaffeeküche hört, wenn ihr um sechzehn Uhr »schon« Feierabend macht. Wenn sich eure Arbeitgeber*innen querstellen, etwa bei möglichen Teilzeitmodellen oder einer längeren Elternzeit, fragt immer wieder nach, bei euren Vorgesetzten, der Personalabteilung oder dem Betriebsrat. Fordert diese Rechte ein. Vielleicht ist es ja auch möglich, mal etwas auf Probe zu vereinbaren? Das gilt auch für euer Familienleben: Testet regelmäßig, welche Aufteilung für euch als Familie funktioniert, und ändert diese bei Bedarf. Nur weil eine bestimmte Verteilung vor drei Jahren richtig war, ist sie noch lange nicht in Stein gemeißelt.

Unser Appell an die Unternehmen – seid innovativ

Liebe Arbeitgeber*innen – noch immer begegnet ihr Müttern und Vätern viel zu oft mit Vorurteilen und unter Annahme tradierter Rollenbilder. Ihr versetzt euch zu selten in die Lage der Eltern und seht keine Notwendigkeit zur Veränderung, obwohl diese positive Auswirkungen haben kann. Wenn ihr nicht wisst, wie Vereinbarkeit gehen könnte: Vernetzt euch und lernt von Vorreiter-Unternehmen, die das Thema auf dem Schirm haben und es auch jenseits von schicken Familienfreundlichkeitssiegeln und -auszeichnungen mit Leben und Lösungen füllen. Einige dieser Leuchtturmunternehmen haben wir euch in diesem Buch vorgestellt. In den Gesprächen sind einige Ideen, wie ein Wandel zu einer familienfreundlichen Unternehmenskultur gelingen kann, bei uns hängen geblieben.

Sucht den Blick aus anderen Perspektiven

Wir alle müssen immer weiter lernen, auch Arbeitgeber*innen. Ihr seid vor allem erfolgreich, weil ihr euer Business gut kennt, Probleme und Hürden meistert, die Konkurrenz im Blick habt und immer wieder verschiedene Perspektiven von euren Mitarbeiter*innen einfordert. Wendet diese Skills doch auch einfach mal gegenüber den Müttern und Vätern in euren Unternehmen an! Seht ihr eine Schwangerschaft, Elternzeit, Teilzeit, ein Meeting vor fünfzehn Uhr generell als Problem an? Dann wechselt doch einfach mal den

Blickwinkel! All das kann auch als Aufgabe verstanden werden, für die WIR eine Lösung finden müssen. Fördert den Dialog in eurem Unternehmen, redet mit Eltern. Ermöglicht Führungskräften oder Recruiter*innen »Reverse Coachings«, also Coachings unter umgedrehten Vorzeichen – Jung coacht Alt oder Mutter coacht kinderlose Chefin –, und macht so die unterschiedlichen Bedürfnisse und Perspektiven aller Beteiligten spürbar. Schickt eure Führungskräfte und Personaler*innen in verbindliche Schulungen und Trainings zur Thematik, etwa wie sie versteckte Vorurteile, den sogenannten *unconscious bias*, benennen und überwinden können. Fester Bestandteil sollte dabei das Rollenverständnis von Müttern und Vätern sein. Keine Person mit Personalverantwortung sollte automatisch davon ausgehen, dass eine Mutter mit Beginn der Schwangerschaft weg vom Fenster ist und der Vater nach einer kurzen Elternzeit weiterhin bis acht Uhr abends im Büro sitzt.

Da geht mehr als Schema F

Liebe Arbeitgeber*innen, macht Müttern, aber auch explizit Vätern Angebote, um den Job und die Betreuung der Kinder zu erleichtern: Bietet Teilzeitmodelle oder Homeoffice an und startet Pilotprojekte zu Jobsharing oder Co-Leadership. Traut euch, dieses eine Jahr Elternzeit für Mütter als Standard infrage zu stellen, schlagt andere Optionen vor, wie zum Beispiel einen projektbezogenen früheren Wiedereinstieg. Und bitte blättert noch mal die vorherigen Kapitel durch, lest euch die jeweilige Agenda für Arbeitgeber*innen in unserer Fallsammlung durch und probiert Lösungen aus anderen Unternehmen auch mal bei euch aus!

Erklärt das Thema Vereinbarkeit zur Chef*innen-Sache

Geht gegen Diskriminierung vor! Schreitet ein, wenn bei euch Beschäftige benachteiligt werden, und macht den Mund auf – auch wenn es Mütter oder Väter sind! Unangemessene Kommentare von Vorgesetzten dürfen nicht ignoriert werden, Benachteiligungen müssen sanktioniert werden – sei es in Bewerbungsverfahren, Betriebsvereinbarungen, Sozialplänen oder bei der Auszahlung von Boni. Schafft Beschwerde- und Anlaufstellen für Betroffene, so wie es das Antidiskriminierungsgesetz vorschreibt, und eine*n Ansprechpartner*in für die Belange von Eltern. Liebe Vorständ*innen, Geschäftsführer*innen, Personaler*innen: Macht Vereinbarkeit zu eurem Thema und sorgt dafür, dass sie bis in die letzte Ader des Unternehmens gelebt wird. Appelliert an eure Führungskräfte und auch an eure Betriebsrät*innen, dass es auch in ihrer Verantwortung liegt, ein diskriminierungsfreies Arbeitsumfeld zu schaffen. Seid ein Vorbild und *Role Model,* so lässt sich eine familienfreundliche Kultur deutlich schneller entwickeln.

Unser Appell an die Politik – ihr seid in der Pflicht

Liebe Politikerinnen, liebe Politiker, immer wieder kommen wir an den Punkt, an dem wir uns fragen: In welcher Welt wollen wir in Zukunft leben? Diese Fragen muss sich eine Gesellschaft stellen, um ihr Handeln im Hier und Jetzt zu überdenken und neue Wege einzuschlagen. Denn die Werte, die Entscheidungen und das Handeln in der Gegenwart sind der Grundstein für unser zukünftiges Leben. Die Coronakrise hat vieles sichtbar gemacht. Die Erkenntnisse dieser Krise – positive und negative – müssen wir nutzen, um langfristig und nachhaltig Veränderungen herbeizuführen und ein Miteinander zu fördern, in dem die Probleme der Gegenwart nicht auf den Schultern der Kinder und ihren Eltern abgeladen und in die

Zukunft verschoben werden. Und ihr als Vertreter*innen der politischen Entscheidungen seid hier in der Pflicht! Ihr seid die Lotsen, legt das Regelwerk fest, priorisiert und schafft die Rahmenbedingen. Lasst uns in einer Welt leben, die heute schon an morgen denkt!

Lasst den Worten Gesetze folgen!

Vereinbarkeit von Beruf und Familie darf keine leere Worthülse bleiben, sondern muss ehrlich und glaubwürdig mit Leben gefüllt werden. Es braucht die richtigen gesetzlichen Rahmenbedingungen und ein zuverlässiges und zeitgemäßes Bildungs- und Betreuungssystem. Beides im Einklang ermöglicht Eltern, das für ihre Familie passende Arbeitsstundenmodell zu wählen und dabei die Sicherheit zu haben, dass ihre Kinder gut gefördert und versorgt werden. Im Koalitionsvertrag stehen gute Vorhaben, sowohl um Eltern vor Diskriminierung zu schützen, als auch um den Alltag für Familien sicherer und leichter zu machen. Setzt diese Vorhaben in Gesetze um, und zwar rasch!

Und denkt weiter, stellt noch viel mehr infrage: Warum gibt es mit dem Ehegattensplitting immer noch finanziell sehr attraktive Anreize für das Ein- oder Zuverdienermodell? Warum sprechen wir nicht viel mehr über alternative, gerechtere Steuermodelle für Familien? Wie können wir sicherstellen, dass Frauen finanziell bessergestellt werden und Löhne transparenter nachvollziehbar sind? Wie können wir den Gender-Pay-Gap schließen? Wie wollt ihr mehr Väter dazu bekommen, gleichberechtigt Fürsorgearbeit zu übernehmen, etwa über eine Erweiterung der Elterngeld-Partnermonate oder einen Sonderkündigungsschutz in der Schwangerschaft auch für Väter? Fest steht: Viele der aktuellen Regelungen setzen falsche Anreize, und die Lebensrealität vieler Familien entspricht nicht deren Wunschvorstellungen.

Übernehmt Verantwortung!

Familienpolitik ist die Grundlage vieler sozial- und wirtschaftspolitischen Entscheidungen, und wenn in diesem Ressort Fehler gemacht werden, hat das weitreichende Folgen für uns alle – das hat die Pandemie gezeigt. Ihr alle seid für gelebte Familienfreundlichkeit und Vereinbarkeit verantwortlich, egal für welches Thema ihr Expert*innen seid. Macht das Thema Vereinbarkeit von Familie und Beruf zu eurem Wahlkampfthema. Es ist eure Verantwortung, hinzuschauen und die gesellschaftliche und wirtschaftliche Bedeutung von Familien anzuerkennen und ihre Interessen zu vertreten! Dafür ist es wichtig, regelmäßig zu evaluieren, auch wenn Studien und Statistiken Versäumnisse der Familienpolitik der letzten Jahrzehnte entlarven. Und dafür reicht es nicht aus, auf Bündnisse wie das Unternehmensnetzwerk »Erfolgsfaktor Familie« hinzuweisen, wenn ihr nach euren Ideen für Vereinbarkeit gefragt werdet. Nein, ihr müsst es aushalten, dass das harte Wort Elterndiskriminierung Alltag in deutschen Unternehmen ist. Ihr müsst es auch aushalten, dass der Finger in die Wunde gelegt wird und dass es Widerstände geben wird, wenn ihr echte und ernst gemeinte Familienfreundlichkeit umsetzen wollt. Es ist an der Zeit, dass die Belange von Eltern und ihren Kindern nicht mehr auf dem politischen Abstellgleis landen, sondern dort behandelt werden, wo sie eine kritische Rolle spielen, nicht nur im Familienministerium, sondern auch in den Verantwortungsbereichen von Gesundheit, Wirtschaft, Arbeit und Sozialem, Finanzen, Bildung und dem Bundeskanzleramt. Es ist nicht Aufgabe der Eltern, systemische Probleme auf Kosten ihrer Existenz und des Wohlergehens der Kinder aufzufangen.

Werdet dieser Aufgabe gerecht! Nach dem Rücktritt von Bundesfamilienministerin Franziska Giffey im Mai 2021 wurde das Amt nicht neu besetzt, sondern bis zur Bundestagswahl ein gutes halbes Jahr lang von Justizministerin Christine Lambrecht quasi

»nebenher« mitbetreut – das Signal, das dadurch an Eltern gesendet wurde, war fatal und zeigt, dass Familienpolitik leider immer noch in der »Gedöns«-Ecke, wie Gerhard Schröder mal gesagt hat, verhaftet ist. Auch im letzten Bundestagswahlkampf spielte Familienpolitik nur eine untergeordnete Rolle. All das stärkt nicht das Vertrauen von Eltern in die Bundesregierung und das demokratische Miteinander. Dies muss sich ändern: Familien und ihre Bedürfnisse müssen in der Politik der Zukunft einen deutlich höheren Stellenwert bekommen!

Seid Vorreiter und wagt den Fortschritt!
Zeigt, dass ihr die Zukunft gestalten und nicht im ewigen Gestern hängen bleiben wollt, Lippenbekenntnisse reichen nicht aus! Aus Reden muss Handeln werden. Seid Vorreiter, auch mit Blick auf die im Koalitionsvertrag vereinbarte Reform des AGG, und schlagt innovative Wege ein, um eine gleichberechtigtere und gerechtere Verteilung von Fürsorgearbeit zu erreichen. Island beispielsweise verbietet per Gesetz den Gender-Pay-Gap, viele andere EU-Staaten haben schon die sogenannte zehntägige voll bezahlte Vaterschaftsfreistellung nach der Geburt. Deutschland ist eines der wenigen Länder in der EU, in dem dies noch nicht möglich ist. Traut euch und uns mehr zu! Es wäre nun eine einmalige Gelegenheit, beim Schutz vor der Diskriminierung von Fürsorgeleistenden nicht wieder zu den Schlusslichtern zu gehören, sondern vielmehr mit gutem Beispiel voranzuschreiten und den Beweis zu erbringen, dass die Regierung den Fortschritt tatsächlich wagt. Und: Wie wäre es, Vorreiter in der EU zu sein, der geschlechterunabhängige Fürsorgeleistung in den Rang des Diskriminierungsmerkmals erhebt?

SCHLUSS MIT ELTERN-DISKRIMINIERUNG

»Sei du selbst die Veränderung, die du dir wünschst für diese Welt« –
mit diesem Zitat von Mahatma Gandhi und den zehn wichtigsten
Kernaussagen aus diesem Buch möchten wir euch, liebe Leserinnen
und Leser, in Bewegung bringen. Tragt sie weiter, in sozialen Netzwerken, im Konferenzraum, an der Kaffeemaschine, am Sandkasten
oder auf der Yogamatte, tackert sie ans Schwarze Brett, lest sie euren
Chef*innen vor und diskutiert sie, denn nur so wird sich etwas
verändern!

1. **Du bist nicht allein:** 74 Prozent der Mütter und 52 Prozent der Väter haben schon einmal Nachteile im Job erlebt,
   weil sie Eltern sind. Das sind nur die offiziellen Zahlen, die
   Dunkelziffer ist vermutlich noch viel höher. Diese Zahlen
   dürfen nicht so stehen bleiben.

2. **Mit vereinten Kräften:** Elterndiskriminierung trifft vor
   allem Mütter. Aber auch immer mehr Väter erfahren Benachteiligungen, genau ab dem Moment, in dem sie ihre Vaterschaft aktiv leben wollen und Fürsorgearbeit übernehmen.

3. **Gute Besserung:** Diskriminierung macht Eltern krank und
   verringert die Lebenszufriedenheit. Das geht sogar so weit,
   dass viele Eltern das Gefühl haben, ihren Kindern nicht mehr
   gerecht zu werden. Wer sich gegen Elterndiskriminierung
   engagiert, trägt dazu bei, dass Eltern glücklicher und gesün-
   der sind.

4. **Elterndiskriminierung (be-)trifft uns alle:** Die Folgen kosten unsere Gesellschaft Geld und führen zu Steuerausfällen,
   Versorgungs- und Rentenlücken. Das hat gravierende Auswirkungen auf unsere Zukunft.

5. **Who cares?** Wesentliche Ursache für Elterndiskriminierung sind überholte Rollenbilder von Arbeitgeber*innen
   und traditionelle Rollenverteilungen zu Hause sowie der

Gender-Care-Gap und der Gender-Pay-Gap – diese müssen in den Köpfen und mit vielerlei Maßnahmen abgebaut werden.

6. **Reform statt rechtsfreier Raum:** Unsere Gesetzeslandschaft ist im Hinblick auf den Benachteiligungs- und Diskriminierungsschutz erwerbstätiger Eltern ein halbherzig geknüpfter Flickenteppich. Es gibt keine Allgemeinklausel, die besagt: »Die Benachteiligung von Eltern in der Arbeitswelt ist unzulässig.«

7. **Wir brauchen noch mehr Forschung und Zahlen:** Elterndiskriminierung ist noch immer nicht ausreichend statistisch und wissenschaftlich erfasst. Die Studie der ADS war erst der Anfang und muss gerade auch im Hinblick auf Mehrfachdiskriminierungen erweitert werden.

8. **Unternehmen müssen umdenken:** Im Kampf um die besten Talente sind eine eindeutige Position gegen Elterndiskriminierung und eine elternfreundliche Unternehmenskultur ein klarer Wettbewerbsvorteil. Zudem ist es ein Irrglaube, dass Unternehmen Mühen und Geld sparen, wenn sie Eltern degradieren, kündigen, oder ihnen Aufhebungsverträge unter die Nase halten. Ganz im Gegenteil: Wer Eltern als langjährige loyale Mitarbeiter*innen beschäftigt, vermeidet unnötige Kosten.

9. **Ab auf die Tagesordnung:** Elterndiskriminierung ist noch immer kein zentrales Thema auf der politischen Agenda. Das muss sich schleunigst ändern! Politiker*innen sollten bei diesem, wenn auch unbequemen Thema die Scheuklappen absetzen und stattdessen die Ärmel hochkrempeln.

10. **Es geht nur gemeinsam!** Jede*r Einzelne muss gegen Elterndiskriminierung vorgehen und verstehen, dass der Kuchen dadurch nicht kleiner wird – ganz im Gegenteil! Am Ende gewinnen wir alle.

DANKE

Wir haben dieses Buch zu zweit während der Coronapandemie geschrieben. Gesund, krank, in Quarantäne, sehr selten an ein und demselben Ort, dafür sehr oft mit unseren mal mehr, mal weniger gut gelaunten Kindern im Hintergrund, die uns immer wieder gefragt haben, was wir da so lang mit Stirnrunzeln am Laptop machen.

Als Erstes möchten wir uns daher bei unseren Töchtern und Söhnen bedanken, die uns jeden Tag vorleben, wie gut es ist, jederzeit das große Ganze und jede Kleinigkeit infrage zu stellen, und die uns die Kraft geben, etwas verändern zu wollen. Ein riesengroßes Danke auch an unsere Partner, dass sie diese Reise mit uns gegangen sind, uns immer wieder den Rücken freigehalten, manchmal auch zu später Stunde eine Datei gerettet haben und fast immer die Geduld hatten, mit uns unsere Gedanken zu entwirren.

Auch wenn die Pandemiebedingungen nicht ganz einfach waren, haben wir es geschafft, viele Menschen in dieses Projekt einzubinden. Zahlreiche Eltern hatten den Mut, uns ihre Geschichten zu erzählen und diese zu veröffentlichen, familienfreundliche Arbeitgeber*innen haben uns ihre Perspektive geschildert. Unsere Follower*innen haben uns mit vielen hilfreichen Impulsen, Nachrichten, Posts und Grafiken immer wieder inspiriert und in neue Gedankenrichtungen gestupst. All diesen großartigen Menschen gehört von Herzen unser Dank.

Niemals hätten wir den Mut und die Energie gehabt, #proparents zu starten, wenn wir nicht von Anfang an viele großartige, kritische und umarmende Unterstützer*innen an Bord gehabt hätten, eine immer weiter wachsende Gruppe an klugen Köpfen, die in diesem Land etwas verändern wollen.[126] Danke, ihr seid großartig!

Wir möchten uns auch bei unserem Verlag Eden Books, insbesondere bei Julia Gommel-Baharov und Juliane Noßack, und unserer Lektorin Iris Rinser bedanken, dass ihr zusammen mit uns die Forderung nach einem besseren Schutz für Eltern in Deutschland mit viel Geduld und immer offenen Türen zu einem Buch gemacht habt, dass hoffentlich viele Debatten und Veränderungen auslösen wird.

ANHANG

Kurzporträts Arbeitgeber*innen

Julia Bangerth ist Juristin und seit 2018 Vorstandsmitglied der DATEV eG mit über 8.000 Mitarbeitenden und unter anderem zuständig für den Bereich Personal. Schwerpunkte ihrer Tätigkeit sind die Themen Future of Work, Organisationskultur, agiles Arbeiten, Führung, neue Lernformen und vernetzte Zusammenarbeit. Zusammen mit Julia Bangerth wurden **Ulrike Hering,** Leiterin HR Skills & Competence Talent, und **Tanja Lederer,** Leiterin HR Business, interviewt.

Dr. Karella Easwaran wuchs in Addis Abeba/Äthiopien auf und erhielt mit 16 Jahren ein Stipendium, um in Ungarn Medizin zu studieren. Sie war als Assistenzärztin an der Uniklinik Köln tätig und gründete nach ihrer Prüfung zur Fachärztin für Kinderheilkunde und Jugendmedizin ihre Praxis in Köln-Sülz. Sie ist Erfinderin der *Beneficial Thinking*-Methode, eine Denkmethode basierend auf neurowissenschaftlichen Erkenntnissen und der *Mind Body*-Medizin. Sie ist Bestsellerautorin, unter anderem mit ihrem Buch *Das Geheimnis ausgeglichener Mütter* (Kösel).

Harald R. Fortmann ist Executive Partner der Personalberatung five14 GmbH. 14 Prozent der jährlichen Gewinne, die das Unternehmen erzielt, gehen an karitative Unternehmen, jedes Teammitglied engagiert sich zudem persönlich in karitativen und politischen Initiativen und Bildungseinrichtungen. Das Unternehmen wurde mehrfach ausgezeichnet, zuletzt von *FOCUS Business* als Top Personaldienstleister 2022 im Bereich Executive Search. Harald Fortmann war über 16 Jahre im Bundesverband Digitale Wirtschaft (BVDW) e. V. aktiv, sowohl im Präsidium wie als Botschafter der Arbeitswelt der Zukunft. Heute ist er im Vorstand des

Fachbereiches Personalberatungen im Bundesverband Deutscher Unternehmensberatungen (BDU) e. V. aktiv und Autor zahlreicher Bücher, darunter des Buches *Arbeitswelt der Zukunft* (Springer/Gabler).

Svenja Gerads ist seit August 2016 Teil der Otto Group und verantwortet seit April 2021 als Projektmanagerin die Themen Diversity & Inclusion (D&I) bei OTTO. In dieser Rolle entwickelte sie gemeinsam mit ihrer Tandemkollegin eine D&I-Strategie für die Organisation. Sie ist HR-Schnittstelle zu den Diversity-Netzwerken und Ansprechpartnerin für die Angebote rund um Vereinbarkeit von Familie und Beruf. Außerdem begleitet sie in einem firmenübergreifenden Pilotprojekt den Roll-out einer Trainingsreihe zum Thema »Unbewusste Voreingenommenheit« (*Unconscious Bias*), um die inklusive Unternehmenskultur bei OTTO weiter zu stärken und auszubauen.

Daniel Grimm war als Unternehmensberater bei McKinsey sowie in der Immobilienbranche tätig. 2022 wechselte er zum Kitaträger KMK kinderzimmer GmbH und arbeitet dort als Geschäftsführer. Der Träger betreut im Raum Hamburg und München circa 4.000 Kinder und beschäftigt 700 Mitarbeitende.

Nils Hofert ist Personalleiter der gesamten PME Familienservice Gruppe und **Meike Bukowski** leitet die Personalentwicklung der Zentrale. Das Unternehmen unterstützt im Auftrag von mehr als 1.400 Arbeitgeber*innen Mitarbeiterinnen und Mitarbeiter darin, Beruf und Privatleben gelungen zu vereinbaren. Die pme Familienservice Gruppe ist an mehr als 70 Orten in Deutschland und Tschechien vertreten und beschäftigt über 1.900 eigene Mitarbeiterinnen und Mitarbeiter. 2022 wurde das Unternehmen zum siebten Mal von der Zeitschrift *Focus Business* zum Top-Arbeitgeber des Landes ausgezeichnet und zum achten Mal in Folge mit dem Zertifikat zum audit berufundfamilie für die familien- und lebensphasenbewusste Personalpolitik ausgezeichnet.

Michael Martens hat in verschiedenen Beratungs- und Leitungspositionen digitale Transformationsprojekte umgesetzt. Seit 2018 ist er Gründer und Geschäftsführer des Unternehmens Fairlanguage. Er berät Organisationen rund um die Themen inklusive Kommunikation und Sichtbarkeit von Frauen und weiteren Geschlechtern in der Sprache. Das Unternehmen hat sechs Mitarbeitende und lebt eine Viertagewoche.

Sissi Rasche und **Marina Swart** sind Gründerinnen des Unternehmens Babybox & Family GmbH, einem Concept Store, der Erstlingssets für Babys aus hochwertigen Materialien, abgestimmt auf Alter und Jahreszeiten, für junge Eltern zusammenstellt. Sissi Rasche ist zudem freiberufliche Hebamme in Berlin und hostet zusammen mit Kareen Dannhauer den Podcast Hebammensalon, zu dem auch vor Kurzem das Buch *Willkommen im Hebammensalon* (Kösel) erschienen ist. Marina Swart hat über zwanzig Jahre Erfahrung im Bereich Finance, Supply Chain, IT sowie Marketing. Angestellt bei einem der größten *FMCG (Fast Moving Consumer Goods)*-Unternehmen der Welt, hatte sie zahlreiche nationale und internationale Managementfunktionen inne.

Yasemin Sancak hat Betriebswirtschaft studiert. Seit knapp zwei Jahren ist sie als selbstständige Beraterin, Trainerin und Coach für die Themen People & Culture sowie New Work tätig. Zuvor leitete sie über 15 Jahre Personalfunktionen vorwiegend im Beratungs- und Dienstleistungssektor, unter anderem als HR Director EMEA.

Dr. Manja Schreiner, promovierte Juristin, leitet seit Januar 2018 die Fachgemeinschaft Bau Berlin und Brandenburg, den größten Arbeitgeber und Wirtschaftsverband der Baubranche in der Region. Die Fachgemeinschaft betreut ca. 900 kleine und mittelständische Bauunternehmen. Zuvor war sie als Leiterin der Abteilung Organisation und Recht beim Zentralverband des Deutschen Handwerks und in der Rechtsabteilung des Bundesverbandes der Deutschen Industrie sowie als Justiziarin bei AIDA Cruises tätig. Manja Schreiner ist zudem politisch aktiv und seit Mai 2019 Stellvertretende Landesvorsitzende der CDU Berlin.

Dr. Yazid Shammout wuchs in Beirut auf, studierte an der Humboldt Universität zu Berlin und promovierte in Wirtschaftsgeschichte. 1997 gründete er die DANA Senioreneinrichtungen GmbH, die zu den zehn größten privaten Dienstleistern in der Seniorenbetreuung in Deutschland gehört. In den 17 Einrichtungen in Niedersachen und Schleswig-Holstein werden ca. 1.500 Bewohner*innen betreut. Das Unternehmen beschäftigt ca. 1.000 Mitarbeiter.

Nina Straßner ist als Rechtsanwältin und Fachanwältin für Arbeitsrecht tätig und setzt sich auf ihrem Blog *juramama.de* und als Speakerin für die Rechte von Müttern ein. Seit 2019 ist sie im Management von SAP tätig, dort entwickelt sie als Global Head for People Initiatives die besonderen Personalprogramme für die HR-Verantwortlichen auf der ganzen Welt. Sie ist Autorin des Buches *Keine Kinder sind auch keine Lösung* (Bastei Lübbe).

Sissy Tongendorff ist Head of Diversity and Inclusion bei Capgemini SE. Capgemini ist einer der weltweit führenden Partner für Unternehmen bei der Steuerung und Transformation ihres Geschäfts durch den Einsatz von Technologie. Capgemini beschäftigt über 340.000 Mitarbeiterinnen und Mitarbeiter in mehr als fünfzig Ländern. Sissy Tongendorff leitet dort unter anderem die externe Auditierung durch die berufundfamilie GmbH und gewann dafür zahlreiche Preise. Sie ist Platin-Gewinnerin des Women's IT Network (WIN) in der Kategorie »Outstanding Diversity Commitment«.

Anna Yona hat in Tel Aviv Literatur und Nahostgeschichte studiert. Weil sie für ihre in Israel barfuß aufgewachsenen Kinder kein passendes Schuhwerk finden konnte, hat Anna gemeinsam mit ihrem Mann Ran einen Minimalschuh entwickelt, mit dem Kinder ganz natürlich laufen können. Nach zweijähriger Forschung und Entwicklung haben sie im April 2015 das gemeinsame Unternehmen Wildling Shoes gegründet. Heute hat Wildling Shoes knapp 270 Mitarbeiter*innen – die meisten davon Frauen und junge Eltern in Teilzeit, die dezentral und digital im Homeoffice arbeiten. Nicht nur für diesen New-Work-Ansatz hat Wildling Shoes mehrere Auszeichnungen erhalten, unter anderem den »Deutschen Gründerpreis 2021« und den »Gründerpreis NRW 2018«.

Waldemar Zeiler hat International Business in Maastricht und Manila studiert, arbeitete als Unternehmensberater und hat mehrere Start-ups gegründet. 2015 gründete er gemeinsam mit Philip Siefer das Unternehmen einhorn, das nachhaltige Kondome und Perioden-Produkte produziert. Das Unternehmen reinvestiert die Hälfte seiner Profite in gemeinnützige Projekte in und außerhalb seiner Lieferkette und engagiert sich politisch für die Themen Nachhaltigkeit, Klimagerechtigkeit und Diversität. Einhorn hat 25 Mitarbeiter*innen und gehört sich selbst, nachdem sich die beiden Gründer selbst enteignet haben. Das Unternehmen ist Mitglied der Stiftung Verantwortungseigentum, deren Ziel die Einführung einer neuen Unternehmensform ist, bei der Gewinne nicht den Eigentümer*innen, sondern dem Unternehmen zugutekommen, und das Unternehmen unverkäuflich ist. Waldemar Zeiler ist zudem Autor des Buches *Unfuck the Economy* und engagiert sich als Vordenker und Speaker für ein verantwortungsvolles Unternehmertum und Wirtschaftssystem, das auf den Wert des Menschen und seine wahren Bedürfnisse ausgerichtet ist.

Weiterführende Informationen, Links und Empfehlungen:

Links zu #proparents und unserer Arbeit

Wenn ihr uns eure Erlebnisse in der Arbeitswelt als Eltern schildern oder mehr zu #proparents und unserer Forderung erfahren und auf dem Laufenden bleiben wollt, folgt uns auf Instagram oder LinkedIn oder besucht unsere Website:

https://proparentsinitiative.de/
https://proparentsinitiative.de/presse/

Beratungsangebote

Wer denkt, er oder sie könnte von Diskriminierung betroffen sein, egal wo und von wem, sollte sich rechtlich beraten lassen, beispielsweise von einem Anwalt oder einer Anwältin mit Erfahrung in dem entsprechenden Rechtsgebiet. Auch die Antidiskriminierungsstelle des Bundes ist in solchen Fällen eine gute Anlaufstelle. Falls ihr merkt, dass ihr eure Belastungsgrenze erreicht habt, kann es sinnvoll sein, sich von Familienberatungen unterstützen zu lassen.

https://www.antidiskriminierungsstelle.de/DE/startseite/startseite-node.html
https://www.antidiskriminierungsstelle.de/DE/wir-beraten-sie/andere-beratungsstellen-finden/andere-beratungsstellen-finden-node.html
https://www.bmfsfj.de
https://www.bke.de/virtual/ratsuchende/beratungsstellen.html
https://www.caritas.de/hilfeundberatung/ratgeber/familie/ueberforderteeltern/erziehungs-und-familienberatung
https://www.kobra-berlin.de
https://www.profamilia.de
https://www.smart-mama.de

Quellenliste/Literaturliste zu weiterführender Literatur, die auch uns inspiriert hat

Diese Bücher haben uns inspiriert und tragen viele unterschiedliche Perspektiven zu den Themen Vereinbarkeit, faire Rollenverteilung und zu einer gerechten Arbeitswelt für Eltern bei:

- Behrends, Jenna, Rabenvater Staat, dtv, 2019
- Cammarata, Patricia, Raus aus der Mental Load Falle, 2019
- Easwaran, Karella, Das Geheimnis ausgeglichener Mütter, Kösel, 2022
- Elmlid, Malin, Mein Mutterpass, mosaik, 2018
- Fröhlich, Laura, Die Frau Fürs Leben ist nicht das Mädchen für alles, Kösel, 2020
- Grüling, Birk, Eltern als Team, Kösel, 2021
- Kaiser, Mareice, Das Unwohlsein der modernen Mutter, Rowohlt, 2021
- Katterbach, Silke/Stöver, Kerstin, Effektiver und besser führen in Teilzeit, Springer Gabler, 2019
- Klüver, Nathalie, Deutschland, ein kinderfeindliches Land?, Kösel, 2022
- Kühne, Fränzi, Was Frauen niemals gefragt werden, Fischer, 2021
- Moorstedt, Tobias, Wir schlechten guten Väter: Warum Männer sich erfolgreich gegen Familienarbeit wehren – und warum wir das dringend ändern müssen, Dumont, 2022
- Mundlos, Christina, Mütter unerwünscht: Mobbing, Sexismus und Diskriminierung am Arbeitsplatz, tectum, 2017
- Rennefanz, Sabine, Frauen und Kinder zuletzt, Ch. Links, 2022
- Runge, Sandra, Don't worry be Mami, blanvalet, 2016
- Schutzbach, Franziska, Die Erschöpfung der Frauen: Wider die weibliche Verfügbarkeit, Droemer, 2021
- Soethof, Fabian, Väter können das auch, Kösel, 2022

- Zeiler, Waldemar, Unfuck the Economy, Goldmann, 2020
- Zeisler, Mariel/Robles, Isabel, Fifty-fifty Eltern, Humboldt, 2021
- Zykunov, Alexandra, Wir sind doch alle längst gleichberechtigt, Ullstein, 2022

Musterschreiben

Außergerichtliche fristwahrende Geltendmachung von Schadensersatzansprüchen

Sehr geehrte/geehrter XY,

hiermit teile ich Ihnen mit, dass ich im Sinne des Allgemeinen Gleichbehandlungsgesetzes (AGG) benachteiligt wurde. Der Benachteiligung liegt folgender Sachverhalt zugrunde (...)

Daher mache ich fristwahrend die Zahlung einer Entschädigung aus § 15 Abs. 4 AGG in angemessener Höhe, mindestens in Höhe von EUR XX geltend. Im Streitfall beabsichtige ich, die Höhe des Schadensersatzes in das Ermessen des Gerichtes zu stellen. Sollten sich noch weitere Schäden ergeben, werde ich Sie davon in Kenntnis setzen.

Ich bitte Sie um Bestätigung des Eingangs meines Schreibens.

Mit freundlichen Grüßen

Beschwerde, Beschwerdestelle, § 13 AGG

Sehr geehrte Mitglieder der Beschwerdestelle,

im Sinne des Allgemeinen Gleichbehandlungsgesetzes (AGG) fühle ich mich diskriminiert und möchte von meinem Recht auf Beschwerde gemäß § 13 Abs. 1 AGG Gebrauch machen.

Den Sachverhalt schildere ich wie folgt: (...)

An folgende weitere Ansprechpersonen habe ich mich bereits gewendet: (...)

Bitte behandeln Sie meine Beschwerde vertraulich. Darüber hinaus bitte ich um Unterstützung bei der Wahrung meines Rechtes, wegen dieser Beschwerde keine Nachteile zu erleiden (§ 16 AGG).

Bitte informieren Sie die zuständigen Stellen/Personen, um die erforderlichen Maßnahmen zum Schutz vor Benachteiligung zu treffen (§ 12 AGG).

Mit einem klärenden Gespräch mit (XY) bin ich einverstanden / bin ich nicht einverstanden.

Ich wende mich an Sie mit der Bitte um schnellstmögliche Prüfung meiner Beschwerde und Mitteilung des Ergebnisses.

Des Weiteren bitte ich um Abhilfe. Konkret verlange ich (XY).

Schadensersatz- und Entschädigungsansprüche wegen der erfolgten Benachteiligung gemäß § 15 Abs. 1 und 2 AGG geltend zu machen, behalte ich mir vor.

Ich bitte um Prüfung meiner Beschwerde und Mitteilung innerhalb der nächsten zwei Wochen. Für den Fall, dass die Prüfung länger dauert, bitte ich um eine Zwischennachricht.

Ich bitte Sie um Bestätigung des Eingangs meines Schreibens.

Mit freundlichen Grüßen

Angelehnt an das Musterschreiben der ADS, Ausfüllhinweise und weitere Infos unter:

https://www.antidiskriminierungsstelle.de/DE/wir-beraten-sie/
materialien-fuer-ratsuchende/handbuch-rechtl-diskriminierungsschutz/
_docs/anhang-musterschreiben.html;jsessionid=6C98F3B358C14BD
0C9E74BB8B9C24F79.intranet211?nn=305798#doc336210bodyText1

Beschwerde, Betriebsrat, § 85 BetrVG

Sehr geehrte/geehrter XY,

hiermit lege ich beim Betriebsrat gemäß § 85 BetrVG Beschwerde wegen Diskriminierung ein.

Dieser Beschwerde liegt folgender Sachverhalt zugrunde (...).

Diese Ausführungen kann ich wie folgt belegen (...).

Ich bitte Sie um Bestätigung des Eingangs meines Schreibens.

Mit freundlichen Grüßen

Nachweise und Anmerkungen

1 Familie, Lebensformen und Kinder – Auszug aus dem Datenreport 2021, S. 62 – https://www.destatis.de/DE/Service/Statistik-Campus/Datenreport/Downloads/datenreport-2021-kap-2.pdf?__blob=publicationFile

2 »Diskriminierungserfahrungen von fürsorgenden Erwerbstätigen im Kontext von Schwangerschaft, Elternzeit und Pflege von Angehörigen«, Sören Mohr u.a., Nomos 2022 (nachfolgend: »ADS-Studie«) – https://www.antidiskriminierungsstelle.de/SharedDocs/downloads/DE/publikationen/Rechtsgutachten/schwanger_eltern_pflege.pdf;jsessionid=8D05FF2CB96EDF499A69A07C30DCDF44.intranet211?__blob=publicationFile&v=2

3 »Elternzeit: Und raus bist du«, *Süddeutsche Zeitung* vom 9. Januar 2021 – https://www.sueddeutsche.de/wirtschaft/beginn-elternzeit-mutterschutz-rechner-1.5168561?reduced=true

4 https://www.openpetition.de/petition/online/proparents-brigitte-und-eltern-fordern-elternschaft-als-diskriminierungsmerkmal-ins-agg

5 ebenda

6 ebenda

7 https://www.instagram.com/proparentsinitiative/

8 Koalitionsvertrag 2021–2025 zwischen der SPD, Bündnis 90/Die Grünen und der FDP, S. 96 – https://www.bundesregierung.de/resource/blob/974430/1990812/04221173eef9a6720059cc353d759a2b/2021-12-10-koav2021-data.pdf?download=1

9 ebenda, S. 79

10 https://proparentsinitiative.de/presse/

11 »Studie zeigt: So verbreitet ist Eltern-Diskriminierung am Arbeitsplatz« – Interview mit Rainer Stocker von der ADS – https://www.brigitte.de/familie/schlau-werden/rainer-stocker--so-verbreitet-ist-eltern-diskriminierung-am-arbeitsplatz-13220820.html

12 Yvonne Ziegler u.a., *Karriereperspektiven berufstätiger Mütter*, Cuvillier Verlag, 2015

13 ebenda, S. 39 ff

14 »Frankfurter Karrierestudie belegt Diskriminierung von berufstätigen Müttern in der Arbeitswelt!« – Pressemitteilung vom 22. Juli 2015 – https://idw-online.de/de/news635150

15 Christina Mundlos, *Mütter unerwünscht*, Tectum, 2017

16 »Kurze Elternzeit schadet Müttern im Job« – Zeit Online, 24. August 2018 – https://www.zeit.de/arbeit/2018-08/babypause-muetter-elternzeit-job-bewerbung-benachteiligung

17 ADS-Studie – https://www.antidiskriminierungsstelle.de/SharedDocs/downloads/DE/publikationen/Rechtsgutachten/schwanger_eltern_pflege.html

18 Prof. Dr. Gregor Thüsing und Lena Bleckmann, *Diskriminierungsschutz von Fürsorgeleistenden – Caregiver Discrimination*, Nomos 2022 (Nachfolgend: ADS-Rechtsgutachten) – https://www.antidiskriminierungsstelle.de/SharedDocs/downloads/DE/publikationen/Rechtsgutachten/rechtsgutachten_caregiver.html

19 https://www.openpetition.de/petition/online/proparents-brigitte-und-eltern-fordern-elternschaft-als-diskriminierungsmerkmal-ins-agg

20 Christina Mundlos, *Mütter unerwünscht*, S. 113 f.

21 ADS-Studie, S.101

22 »Aufstand der Karriere-Eltern«, FAZ, 14. Oktober 2021 – https://www.faz.net/aktuell/karriere-hochschule/im-beruf-diskriminiert-aufstand-der-karriere-eltern-17574861.html

23 Handbuch *Rechtlicher Diskriminierungsschutz*, S. 33 – https://www.antidiskriminierungsstelle.de/SharedDocs/downloads/DE/publikationen/Handbuch_Diskriminierungsschutz/Kapitel_2.pdf?__blob=publicationFile&v=3

24 Bauer/Krieger/Günther, AGG EntGTranspG, Beck, 5. Aufl. 2018

25 EuGH, Urteil vom 06.03.2014, C-595/12 – Napoli – Zusatz: Im Ergebnis gab der EuGH der Klägerin allerdings recht, da es unklar war, wann das Training erneut standfinden werden würde und es somit nicht kurzfristig nachholbar war.

26 ADS-Rechtsgutachten, S. 69

27 https://www.bmfsfj.de/resource/blob/160276/3186dde7aa7d20b08979e6a78700148a/kinder-haushalt-pflege-wer-kuemmert-sich-dossier-sorgearbeit-deutsch-data.pdf

28 Väterreport. Update 2021 – https://www.bmfsfj.de/bmfsfj/service/publikationen/vaeterreport-update-2021-186180

29 Franziska Schutzbach, *Die Erschöpfung der Frauen*, Droemer, 2021, S. 256

30 ebenda

31 »Gender Pay Gap 2021: Frauen verdienten pro Stunde weiterhin 18 % weniger als Männer« – Pressemitteilung vom 7. März 2022 https://www.destatis.de/DE/Presse/Pressemitteilungen/2022/03/PD22_088_621.html

32 Studie »Mitten im Leben« des Bundesministeriums für Familie, Senioren, Frauen und Jugend, 2016 – https://www.bmfsfj.de/bmfsfj/service/publikationen/mitten-im-leben-83860

33 »Traditionelle Strukturen« bremsen Gleichstellung, Tagesschau online, 23. Februar 2022 – https://www.tagesschau.de/wirtschaft/unternehmen/studie-gleichstellung-101.html

34 https://www.bmfsfj.de/bmfsfj/eltern-in-der-corona-krise-179422

35 »Wir werden in ein, zwei Jahren sehen, wie einschneidend Corona für viele Frauen war«, Süddeutsche Online, 8. März 2021 – https://www.sueddeutsche.de/panorama/corona-krise-chancengleichheit-arbeit-frauentag-1.5226885

36 »Viele Eltern brechen nach zwei Jahren Pandemie zusammen« – Business Insider, 24. Juni 2022 –

https://www.businessinsider.de/politik/deutschland/viele-eltern-brechen-nach-zwei-jahren-pandemie-zusammen-die-zahl-der-muetter-mit-corona-burnout-steigt-kliniken-stossen-an-ihr-limit-a/

37 Karline ist eine der Initiatorinnen der Facebook-Gruppe #elterninderkrise

39 »Familienministerin Franziska Giffey: ›Homeoffice und Homeschooling gehen nicht zusammen‹« – www.familie.de, 17. Februar 2021 – https://www.familie.de/familienleben/familienministerin-franziska-giffey-homeoffice-und-homeschooling-gehen-nicht-zusammen/

40 https://proparentsinitiative.de/unterstuetzerinnen/

41 https://www.socium.uni-bremen.de/lib/download.php?file=911afaf83f.pdf&filename=20211207110702020.pdf

42 ebenda

43 ADS-Studie, S. 115

44 Studie »Mitten im Leben« des Bundesministeriums für Familie, Senioren, Frauen und Jugend, 2016 – https://www.bmfsfj.de/bmfsfj/service/publikationen/mitten-im-leben-83860

45 »Jede zweite Frau kann ihren Lebensunterhalt nicht mehr selbst bestreiten«, Ergebnis 2 der Brigitte Studie, 16. Februar 2021 – https://www.brigitte.de/academy/karriere/altersarmut-bei-frauen--das-sind-die-gruende-12393386.html

46 Studie »Mitten im Leben« des Bundesministeriums für Familie, Senioren, Frauen und Jugend, 2016 – https://www.bmfsfj.de/bmfsfj/service/publikationen/mitten-im-leben-83860

47 Zahlen für Westdeutschland, in: »Frauen auf dem deutschen Arbeitsmarkt«, Kurz-Expertise, Juni 2020 – https://www.bertelsmann-stiftung.de/fileadmin/files/user_upload/200616_Kurzexpertise_MotherhoodLifetimePenaltyFINAL.pdf

48 vgl. https://de.statista.com/infografik/22075/einkommensunterschied-von-muettern-und-kinderlosen-frauen-in-deutschland/

49 »Danke – für die Blumen« – *Süddeutsche Zeitung* vom 8. Mai 2019 – https://www.sueddeutsche.de/karriere/muttertag-muetter-job-benachteiligung-1.4438023

50 »Ungleiche Chancen bei der Jobsuche«, Pressemitteilung vom 2. März 2020 – https://wzb.eu/de/pressemitteilung/ungleiche-chancen-bei-der-jobsuche

51 VAMV – https://www.vamv.de/fileadmin/user_upload/bund/dokumente/Publikationen/VAMV-Image-Flyer_2018_web.pdf

52 »Alleinerziehende weiter unter Druck«, Anne Lenze, Bertelsmann Stiftung, 2021 – https://www.bertelsmann-stiftung.de/fileadmin/files/Projekte/Familie_und_Bildung/Studie_WB_Allein-erziehende_weiter_unter_Druck_2021.pdf

53 https://proparentsinitiative.de/unterstuetzerinnen/

54 https://mama-arbeitet.de/

55 https://proparentsinitiative.de/unterstuetzerinnen/

56 ADS-Studie, S. 106

57 »Wir werden in ein, zwei Jahren sehen, wie einschneidend Corona für viele Frauen war«, *Süddeutsche Zeitung*, 8. März 2021 – https://www.sueddeutsche.de/panorama/corona-krise-chancengleichheit-arbeit-frauentag-1.5226885

58 »Alleinerziehende weiter unter Druck«, Anne Lenze, Bertelsmann Stiftung, 2021, S. 27

59 ebenda, S. 29

60 ebenda, S. 25

61 Trendstudie Zukunft Vereinbarkeit, »Wie die kommende Elterngeneration Familie, Gesellschaft und Wirtschaft verändern wird«, 2021, – https://www.hays.de/documents/10192/118775/Trendstudie-Zukunft-Vereinbarkeit.pdf

62 ADS-Studie S. 84

63 https://de.statista.com/infografik/24835/anteil-der-vaeter-in-deutschland-die-elterngeld-beziehen/

64 »Väterreport. Update 2021« – https://www.bmfsfj.de/bmfsfj/service/publikationen/vaeterreport-update-2021-186180, S. 10

65 ebenda, S. 11

66 ebenda, S. 32

67 ADS-Studie, S. 80

68 https://www.berufundfamilie.de/studien-veroeffentlichungen-arbeitgebrattraktivitaet

69 https://www.destatis.de/DE/Themen/Gesellschaft-Umwelt/Bevoelkerung/Geburten/_inhalt.html

70 vgl. https://www.globalcitizen.org/de/content/fertility-rate-drop/

71 https://www.berufundfamilie.de/studien-veroeffentlichungen-arbeitgebrattraktivitaet

72 »Deutschland fehlen Hunderttausende Erzieher und Pfleger«, Spiegel Online, 28. Dezember 2021 – https://www.spiegel.de/wirtschaft/soziales/staedtetag-warnt-deutschland-fehlen-hunderttausende-erzieher-und-pfleger-a-b10d0704-85da-4e73-96cd-740eb89bdf977

73 »Fluktuation und deren Auswirkung auf Unternehmen«, Deloitte Österreich, 2019 – https://www2.deloitte.com/content/dam/Deloitte/at/Documents/consulting/at-deloitte-fluktuationsstudie-2019.pdf

74 »Jeder vierte Arbeitnehmer hat innerlich gekündigt«, *Focus Money*, 29. Juli 2014 – https://www.focus.de/finanzen/news/arbeitsmarkt/milliarden-verluste-fuer-unternehmen-unmotivierte-mitarbeiter-kosten-firmen-milliarden_id_2624152.html

75 https://www.berufundfamilie.de/studien-veroeffentlichungen-arbeitgebrattraktivitaet

76 Zum Beispiel: Richtlinie 92/85/EWG vom 19.10.1995 zum Gesundheitsschutz von schwangeren Arbeitnehmerinnen,

Wöchnerinnen und stillenden Arbeitnehmerinnen am Arbeitsplatz sowie die FREU-Vereinbarkeitsrichtlinie 2019/1158 vom 20. Juni 2019

77 BAG-Urteil vom 18. September 2014 – 8 AZR 753/13
78 https://www.bmfsfj.de/bmfsfj/service/gesetze/ vereinbarkeitsrichtlinienumsetzungsgesetz-vrug-198236
79 ADS-Rechtsgutachten, S. 89
80 ebenda, S. 68
81 Weitergehende Infos dazu finden sich auch im Evaluationsbericht zum AGG: https://www.antidiskriminierungsstelle.de/SharedDocs/ downloads/DE/publikationen/AGG/agg_evaluation.html
82 Erfahrungen mit dem Mutterschutz am Arbeitsplatz, Studie von SowiTra in Zusammenarbeit mit dem DGB (nachfolgend »DGB-Studie«), Mai 2022, S. 3-5, abrufbar über: https://www.dgb.de/ themen/++co++5d65518c-e662-11ec-bf84-001a4a160123
83 https://www.change.org/p/robert-habeck-schwanger-und-selbstständig-es-braucht-endlich-eine-reform-des-mutterschutzes
84 https://www.dgb.de/themen/++co++5d65518c-e662-11ec-bf84-001a4a160123
85 https://www.dgb.de/themen/++co++5d65518c-e662-11ec-bf84-001a4a160123
86 Art. 10 Abs. 2 der EU-Vereinbarkeitslinie EU 2019/1158 vom 20. Juni 2019
87 Enforcement Guidance: Unlawful Disparate Treatment of Workers with Caregiving Responsibilities – https://www.eeoc.gov/laws/ guidance/enforcement-guidance-unlawful-disparate-treatment-workers-caregiving-responsibilities
88 https://www.ris.bka.gv.at/GeltendeFassung.wxe?Abfrage=Bundes normen&Gesetzesnummer=20003395
89 Siehe unsere Literatur- und Linkliste im Anhang

90 https://www.antidiskriminierungsstelle.de/DE/wir-beraten-sie/materialien-fuer-ratsuchende/handbuch-rechtl-diskriminierungsschutz/handbuch-rechtl-diskriminierungsschutz-node.html

91 https://www.dgb.de/service/mitglied-werden

92 ADS-Studie, S. 78

93 ebenda, S. 76

94 ebenda, S. 78

95 ebenda

96 ebenda, S. 79

97 https://www.dgb.de/themen/++co++5d65518c-e662-11ec-bf84-001a4a160123

98 ADS-Studie, S. 79

99 ebenda, S. 107

100 ebenda, S. 111

101 Alexandra Zykunov, *Wir sind doch alle längst gleichberechtigt!*, Ullstein, 2022, S. 179

102 »Kurze Elternzeit schadet Müttern im Job« – Zeit Online, 24. August 2018 – https://www.zeit.de/arbeit/2018-08/babypause-muetter-elternzeit-job-bewerbung-benachteiligung

103 Alexandra Zykunov, *Wir sind doch alle längst gleichberechtigt!*, Ullstein, 2022, S. 73

104 »Fünf Gründe, warum Firmen mehr Mütter einstellen sollten«, 25. Oktober 2017 – https://www.merkur.de/leben/karriere/diesen-fuenf-gruenden-muessen-firmen-mehr-muetter-einstellen-zr-8806336.html

105 BAG-Urteil vom 18. September 2014 – 8 AZR 753/13

106 ADS-Studie, S. 81

107 Siehe ein vergleichbares Urteil des Arbeitsgerichts Köln vom 22.06.2017 – 8 Ca 5233/16

108 ebenda, S. 82

109 ADS-Studie, S. 82

110 ebenda, S. 94

111 ebenda, S. 90

112 ebenda

113 https://www.bmfsfj.de/bmfsfj/aktuelles/alle-meldungen/
rechtsanspruch-auf-ganztagsbetreuung-fuer-ab-2026-beschlossen-
178826

114 https://de.statista.com/statistik/daten/studie/1098738/umfrage/
anteil-der-teilzeitbeschaeftigung-in-den-eu-laendern/

115 https://www.destatis.de/DE/Themen/Arbeit/Arbeitsmarkt/
Qualitaet-Arbeit/Dimension-3/eltern-teilzeitarbeit.html

116 ADS-Studie, S. 92

117 Trendstudie Zukunft Vereinbarkeit, »Wie die kommende Elterngeneration Familie, Gesellschaft und Wirtschaft verändern wird« –
https://www.hays.de/documents/10192/118775/Trendstudie-
Zukunft-Vereinbarkeit.pdf

118 ADS-Studie, S. 94

119 ebenda, S. 93

120 Europas Schulen in der Corona- Pandemie – ein Ländervergleich,
Vera Freundl, Clara Stiegler und Larissa Zierow, 8.12.2021 – https://
www.ifo.de/DocDL/sd-2021-12-freundl-stiegler-zierow-schulen-
europa-corona.pdf

121 https://www.zeit.de/gesellschaft/schule/2021-09/oecd-
bildungsbericht-corona-schule-deutschland-studie

122 Rennefanz, Sabine, Frauen und Kinder zuletzt, Ch. Links, 2022 S. 50

123 ADS-Studie, S. 81

124 ebenda, S. 78 ff

125 https://www.iwd.de/artikel/gender-pension-gap-in-deutschland-
besonders-gross-462565/

126 https://proparentsinitiative.de/unterstuetzerinnen/

Susan J. Moldenhauer

Kenne deinen Wert!

Der Gehaltsratgeber für Frauen

304 Seiten | Klappenbroschur
Auch als E-Book erhältlich

**Susan J. Moldenhauer kennt die Antworten
und zeigt, was Frauen ändern können.**
SWR 1 Leute

Frauen verdienten in Deutschland auch im Jahr 2021 noch durchschnittlich 19 Prozent weniger als Männer – in Europa sind wir damit eines der Schlusslichter beim Thema gerechte Bezahlung. Zudem nimmt der Lohnunterschied zwischen Mann und Frau mit steigender Position im Unternehmen zu. Woran liegt das? Studien zeigen, dass Frauen schon mit einer niedrigeren Einschätzung ihres Erstgehalts in das Bewerbungsgespräch gehen, sich mit weniger zufriedengeben als Männer und seltener bis gar nicht nachverhandeln. Das lässt sich ändern!

Als Karriereberaterin und Coach verfolgt Susan J. Moldenhauer seit Jahren die Mission, für mehr Gerechtigkeit bei der Entlohnung zu sorgen. In ihrem ganzheitlichen Ratgeber für Gehaltsverhandlungen bestärkt sie Frauen darin, mit fundierter Vorbereitung und sicherer Haltung in die nächste Gehaltsverhandlung zu gehen. Denn nur wer den eigenen Wert kennt, fordert ihn auch ein.

 # Für Held*innen mit Herz und Haltung

Dr. med. Martina Lenzen-Schulte

Untenrum offen

Der Beckenboden nach der Geburt
Verharmlost – ignoriert – tabuisiert

272 Seiten | Klappenbroschur
Auch als E-Book erhältlich

Ein gut trainierter Bizeps – davon träumen viele Frauen. Dabei gibt es in unserem Körper Muskeln, die weitaus wichtiger sind.
Brigitte Online

Ihren Beckenboden bemerken viele Frauen erst, wenn er nach der Geburt ihres ersten Kindes verletzt wurde. Oft hören sie dann Phrasen wie: »Das haben doch viele« oder »Das vergeht schon wieder«. Über bereits bekannte Risiken wurden sie zuvor häufig nicht aufgeklärt.

Dabei sprechen die Zahlen für sich: Jede fünfte Frau ist nach einer Entbindung inkontinent, oft bleibend – bei fast 800.000 Geburten pro Jahr allein in Deutschland. Die üblichen Rückbildungskurse sind für die meisten nur ein Tropfen auf den heißen Stein, die Schädigung des Beckenbodens muss umfänglicher behandelt werden. Dieses Buch hilft Frauen dabei, sich die Kontrolle über ihren Körper zurückzuholen und beantwortet viele Fragen: Wie funktioniert der Beckenboden? Wie entlaste ich ihn nach einer Geburt? Wie können Beckenbodenschäden im Kreißsaal mit einem Geburtsplan vermieden werden? Was ist die beste Strategie, wenn es bereits zu Schäden gekommen ist? Martina Lenzen-Schulte führt durch das Labyrinth dieser Fragen und ermutigt Frauen: Lasst euch nicht mundtot machen!

Ein wichtiges Buch zu einem Tabu-Thema, welches in den nächsten Jahren immer stärker ins Bewusstsein von Frauen und Ärzt*innen rücken wird.

Eden Books
Ein Verlag der Edel Verlagsgruppe
Copyright © 2022 Edel Verlagsgruppe GmbH, Neumühlen 17, 22763 Hamburg
www.edenbooks.de
Copyright © 2022 Sandra Runge, Karline Wenzel
1. Auflage 2022

Einige der Personen im Text sind aus Gründen des Persönlichkeitsschutzes anonymisiert. Die Autorinnen haben dieses Buch nach bestem Wissen und Gewissen verfasst. Dennoch können inhaltliche Fehler nicht komplett ausgeschlossen werden. Die Ausführungen im Buch stellen weiterhin keine Rechtsberatung dar. Der Verlag und die Autorinnen übernehmen hierfür keine Haftung.

Lektorat: Iris Rinser
Korrektorat: Rotkel. Die Textwerkstatt
Layout und Satz: Datagrafix GSP GmbH, Berlin | www.datagrafix.com
Druck und Bindung: GGP Media GmbH, Pößneck
ISBN 978-3-95910-374-9

Printed in Germany

Eden Books unterstützt bei der Produktion dieses Buches das Projekt »Junge Riesen für die nächsten 100 Jahre«. Damit wird ein Anteil der unvermeidbaren CO_2-Emissionen im direkten Umfeld des Produktionsstandortes kompensiert.